혼자서 터득하는

부가가치세 신고실무 업무 가이드

혼자서 터득하는

부가가치세 신고실무 업무 가이드

2019년 2월 26일 초판 1쇄 발행
2019년 3월 28일 초판 2쇄 발행

지 은 이 | 곽장미, 조덕희
발 행 인 | 송상근
발 행 처 | 삼일인포마인
등록번호 | 1995. 6. 26 제3－633호
주　　소 | 서울특별시 용산구 한강대로 273 용산빌딩 4층
전　　화 | 02)3489－3100
팩　　스 | 02)3489－3141
가　　격 | 20,000원

ISBN 978－89－5942－723－9 93320

핵심세무시리즈

혼자서 터득하는

부가가치세 신고실무 업무 가이드

곽장미 · 조덕희 공저

머리말

세무회계사무실에 입사하는 초보직원 또는 중소기업에서 경리업무를 시작하는 직원이 처음 맡게 되는 업무는 대개 부가가치세 신고와 원천세 신고입니다. 대부분 간단한 분개만 배우고 세법공부는 하지 못한 채로 업무를 맡게 되니, 이유도 모르고 기존 경력자들의 짜증에 가까운 잔소리를 들으면서 범용회계프로그램을 이용하여 허겁지겁 신고를 하는 경우가 다반사입니다. 세무회계사무소는 더욱 열악한 환경입니다.

매년 1월과 7월의 확정신고기간만 되면 대부분의 사무실이 정신이 없습니다. 초보자라고 해서 하나하나를 성의 있게 지도해주지 못하는 현실을 떠올리며, 혼자서 신고를 할 수 있게 도움이 되는 가이드 같은 교재의 필요성을 절감하고, 이 책을 발간하게 되었습니다.

처음 교재를 집필하기 시작했을 때에는 전반적인 내용의 방향을 설정하기 위해서 많은 고민을 하였고, 전체적인 윤곽을 잡기 위하여 적지 않은 시행착오와 많은 시간이 소요되기도 하였습니다. 깊은 고민 끝에 얻은 tip은 우리 사무실에 초보자로 입사한 직원들과 아직 세무업무에 익숙하지 않은 직원들을 교육하기 위한 교재로 써야하겠다고 생각하였고, 나아가서는 특별한 교육을 하지 않아도 직원 혼자서 책 한권만으로도 부가가치세 신고가 가능하도록 이해하기 쉬운 표현과 단어로 지면을 메꾸어 나갔습니다. 스스로 생각했던 만큼의 완성도는 아니지만, 다행히 집필 초기

소정의 목적을 어느 정도 달성할 수 있는 결과물이라 생각하고 부족하나마 세상에 내놓게 되었습니다.

위에서도 여러 번 언급했듯이 이 책은 초심자들을 위한 책입니다. 가장 광범위하게 쓰이는 '더존 스마트 A'를 이용하여 부가가치세 신고를 처음부터 끝까지 할 수 있도록 인도하는 네비게이션 역할을 할 수 있는 책입니다. 그렇다고 단순히 신고순서만 나열하지는 않았습니다. 왜 더존에 이렇게 입력하는지, 그 입력의 결과물로 실제 신고서 및 각종 서식이 어떻게 작성되는지, 그리고 신고서는 왜 그렇게 작성되는지를 상세히 설명하였고 그 배경 이론도 최대한 쉽고 재미있게 쓰려고 노력했습니다. 무엇보다도 '공부'라는 것에 부담감을 가질 수 있는 다수의 독자들을 위해서 딱딱한 개론서와는 달리 소설 읽듯이 부담없이 읽어 나갈 수 있도록 실제 업무현장에서의 이야기들과 사례를 풍부히 수록하였습니다.

서점가에는 수많은 세법 책 들이 나와 있습니다. 책의 제목만 읽어나가도 상당한 시간이 걸리는 상황에서 산더미처럼 쌓여있는 책의 내용을 파악한다는 것은 사막에서 오아시스를 찾는 것처럼 쉽지 않은 일입니다. 이 책은 시중에 나와 있는 2천페이지가 넘어가는 이론서처럼 많은 주제를 담고 있지는 않습니다. 하지만 부가가치세에 대한 개념을 완벽하게 이해하고 일반적인 업종의 신고업무를 수행하는데 부족하지는 않을 것입니다. 모쪼록 이 책이 의도한 대로 초심자들에게 오아시스와 같은 안내서가 되었으면 합니다.

공동으로 집필을 시작하여 오랜시간을 기다려주신 조덕희 한국세무사고시회 국제이사님에게도 감사의 마음을 전합니다. 교재의 저자로서 이 책이 많은 세무회계의 입문자와 초보자들의 부가가치세 신고실무 업무에 실질적인 도움이 되기를 간절히 바라는 마음입니다.

감사합니다.

곽장미, 조덕희

차 례

I

부가가치세의 정의

우리는 소비를 하는 대부분의 순간마다 부가가치세를 내면서 생활합니다. 의식하지는 못하지만 점심으로 편의점 도시락을 사는 경우에도, 조그만 식당에서 밥을 먹을 때도, 택시를 탈 때도 부가가치세를 내고 삽니다. 하지만 잘 인식하지 못하고 지나가지요. 하지만 이 책을 읽으시는 여러분들은 세무사무실, 혹은 회계사무실 등 회계관련 자격사 사무실에서 일을 하거나, 혹은 각 회사의 경리업무를 담당하고 계시는 분들일 테니 단순히 신고하고 납부만 할 것이 아니라 부가가치세가 어떤 세금인지 알고 넘어갑시다.

정부가 세금을 걷으려면 반드시 법적 근거가 있어야 합니다. 법적 근거도 없이 세금을 걷는다는 것은 생각할 수 없습니다. 왕조국가였던 조선에서도, 그 이전의 로마에서도 세금은 항상 법에 의해서 징수되어 왔습니다. 우리가 신고하고 납부하는 부가가치세도 부가가치세법이라는 법적 근거가 있습니다. 우리는 부가가치세법에서 **누가**, **언제**, **어느 곳에서**, **얼마나 내는지** 규정하는 대로 세금을 신고하고 납부하게 됩니다.

부가가치세법은 제3조와 제4조에 부가가치세가 무엇인지 간접적으로 서술하고 있습니다. 이에 따르면 부가가치세는 '**① 사업자나 ② 재화를 수입하는 자가 ③ 재화 또는 용역을 공급하는 거래, 또는 ④ 재화를 수입하는 거래에 대해 내는 세금**'입니다. 이 문장을 풀어 쓰면 다음과 같이 부가가치세를 납부하는 것으로 볼 수 있습니다.

- A : 사업자 – ③ 재화 또는 용역을 공급하는 거래 + ④ 재화를 수입하는 거래
- B : 사업자 아닌 자 중 재화를 수입하는 자 – ④ 재화를 수입하는 거래

그런데 여기서 B는 우리의 주제가 아닙니다. B는 여러분이 해외 직구를 하는데 면세 한도가 넘어 가거나, 해외여행에서 돌아올 때 면세점에서

너무 많은 물건을 사서 입국하는 경우에나 문제가 되는 것이지, 여러분이 신고해야 하는 회사와는 전혀 관련이 없습니다. 따라서 우리 책에서는 이 부분은 다루지 않을 것입니다. 따라서 우리는 앞으로 부가가치세는 **'사업자가 재화 또는 용역을 공급하는 거래**, 또는 **재화를 수입하는 거래**에 대해 내는 세금'으로 알아 둡시다. 이 말을 이해하기 위해서 우리는 부가가치라는 게 뭔지, 부가가치세는 어떻게 계산하는지를 좀 이해할 필요가 있습니다.

1 부가가치의 의미

부가가치라는 말을 백과사전에서 찾아보면 "물건이나 서비스의 생산 과정에서 새로 덧붙인 가치"라고 설명하고 있습니다. 한자로는 '附加價値', 영어로는 'value added'입니다. 모두 원래의 가치가 아닌 **'덧붙여진 가치'**를 뜻합니다.

간단히 예를 들어 설명해 봅시다. 장난감 제조업자가 장난감을 제조해서 도매업자에게 100원에 팔고, 도매업자는 소매업자에게 이 장난감을 500원에 팔고, 소매업자는 장난감을 1,000원에 소비자에게 팔았다고 합시다. 이걸 그림으로 나타내면 다음과 같이 될 겁니다.

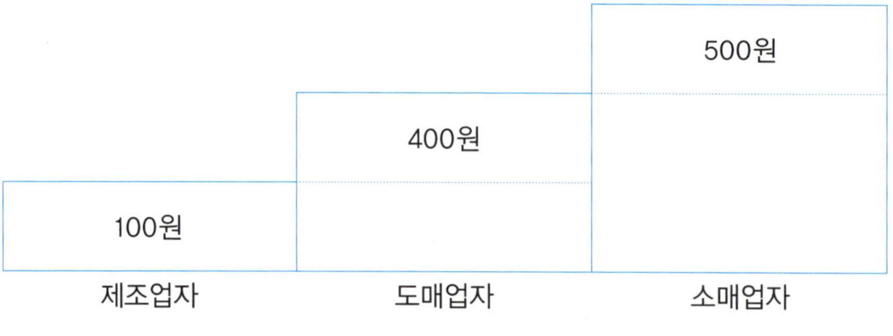

즉 제조업자는 100원, 도매업자는 400원, 소매업자는 500원의 가치(가격이라고 합시다)를 창출한 것이지요. 위의 거래에 걸쳐 창출한 총 부가가치는 1,000원이 됩니다.

2 부가가치세 계산방법

부가가치세율이 10%라면 위의 그림에서 제조에서 소매 판매단계까지 각각의 단계에서 부가가치세는 두가지 방법으로 계산할 수 있습니다.

- 1번 : 제조업자 100원 × 10% + 도매업자 (500원 − 100원) × 10% + 소매업자 (1,000원 − 500원) × 10% = 100원
- 2번 : 제조업자 100원 × 10% + 도매업자 (500원 × 10% − 100원 × 10%) + 소매업자 (1,000원 × 10% − 500원 × 10%) = 100원

둘 다 같은 것 아니냐구요? 물론 결과는 100원으로 같습니다만 아주 큰 차이가 있습니다. 1번과 같이 계산하려면 일정 기간을 정해서 **(매출−매입)의 금액을 확정 지은 후 납부**해야 합니다. 즉 사고 팔 때는 부가가치세를 부담하지 않다가 매출과 매입이 확정이 되면 각 사업자가 (매출−매입)에 10%를 곱하여 각 사업자가 납부하게 됩니다. 하지만 2번에 따라 부가가치세를 계산하면 각 거래 단계마다 사는 사람이 부가가치세를 내면 됩니다. 제조업자는 100원에 물건을 팔 때 부가가치세 10원을 도매업자에게 받아 두었다가 그 금액을 내고, 도매업자는 소매업자에게 물건을 팔 때 500원에 대한 부가가치세 50원을 받아 두었다가 제조업자에게 미리 낸 10원을 제외하고 40원의 부가가치세를 내면 됩니다.

위에서 부가가치세를 정의할 때 '부가가치에 대해 내는 세금'이라고 하지 않고 '재화 또는 용역을 공급하는 거래에 대해 내는 세금'이라고 정의하고 있는 이유가 이해되시나요? 거래 단계마다 각 사업자가 각 거래에

대해 세금을 내면 자동적으로 각 사업자가 납부해야 하는 부가가치세가 정해지기 때문입니다. 그러면 왜 1번이 아니고 2번에 따라 세금을 내라고 할까요? 가장 근본적인 이유는 1번에 따라 부가가치세를 내면 정책목표에 따라 과세되는 매출, 세율을 각각 품목별로 달리하여 과세할 수 있기 때문입니다. 물론 학문적으로 다른 이유도 많습니다만 그건 부가가치세 공부를 마친 다음에 따로 알아보도록 합시다.

3 부가가치세 신고서의 형식

일반과세자 부가가치세 [ ]예정 [ ]확정 [ ]기한후과세표준 [ ]영세율 등 조기환급 신고서

※ 뒤쪽의 작성방법을 읽고 작성하시기 바랍니다. (4쪽 중 제1쪽)

관리번호				처리기간	즉시
신고기간	년 제 기 (월 일 ~ 월 일)				
사업자	상 호 (법인명)		성 명 (대표자명)		사업자등록번호	- -
	생년월일		전화번호	사업장 /	주소지 /	휴대전화
	사업장주소			전자우편 주소	

❶ 신 고 내 용

구 분				금 액	세율	세 액
과세표준 및 매출세액	과세	세금계산서 발급분	(1)		10 / 100	
		매입자발행 세금계산서	(2)		10 / 100	
		신용카드 · 현금영수증 발행분	(3)		10 / 100	
		기타(정규영수증 외 매출분)	(4)			
	영세율	세금계산서 발급분	(5)		0 / 100	
		기 타	(6)		0 / 100	
	예 정 신 고 누 락 분		(7)			
	대 손 세 액 가 감		(8)			
	합 계		(9)		㉮	A
매입세액	세금계산서 수 취 분	일 반 매 입	(10)			
		수출기업 수입분 납부유예	(10-1)			
		고정자산 매입	(11)			
	예 정 신 고 누 락 분		(12)			
	매입자발행 세금계산서		(13)			
	그 밖의 공제매입세액		(14)			
	합계(10)-(10-1)+(11)+(12)+(13)+(14)		(15)			
	공제받지 못할 매입세액		(16)			
	차 감 계 (15)-(16)		(17)		㉯	B
납부(환급)세액 (매출세액㉮ - 매입세액㉯)					㉰	C
경감 · 공제 세액	그 밖 의 경 감 · 공 제 세 액		(18)			
	신용카드매출전표등 발행공제 등		(19)			
	합 계		(20)		㉱	
예 정 신 고 미 환 급 세 액			(21)		㉲	
예 정 고 지 세 액			(22)		㉳	
사업양수자의 대리납부 기납부세액			(23)		㉴	
매입자 납부특례 기납부세액			(24)		㉵	
가 산 세 액 계			(25)		㉶	
차감 · 가감하여 납부할 세액(환급받을 세액)(㉰-㉱-㉲-㉳-㉴-㉵+㉶)					(26)	
총괄 납부 사업자가 납부할 세액(환급받을 세액)						

❷ 국세환급금 계좌신고 (환급세액이 2천만원 미만인 경우)	거래은행	은행 지점	계좌번호	
❸ 폐 업 신 고	폐업일		폐업 사유	

❹ 과 세 표 준 명 세

업 태	종 목	생산요소	업종 코드	금 액
(27)				
(28)				
(29)				
(30)수입금액 제외				
(31)합 계				

「부가가치세법」 제48조 · 제49조 또는 제59조와 「국세기본법」 제45조의3에 따라 위의 내용을 신고하며, 위 내용을 충분히 검토하였고 신고인이 알고 있는 사실 그대로를 정확하게 적었음을 확인합니다.

년 월 일

신고인: (서명 또는 인)

세무대리인은 조세전문자격자로서 위 신고서를 성실하고 공정하게 작성하였음을 확인합니다.

세무대리인: (서명 또는 인)

세무서장 귀하

첨부서류	뒤쪽 참조

세무대리인	성 명		사업자등록번호		전화번호	

※ 이 쪽은 해당 사항이 있는 사업자만 사용합니다.

구분					금액	세율	세액
예정신고 누락분 명세	(7)매출	과세	세금계산서	(32)		10 / 100	
			기타	(33)		10 / 100	
		영세율	세금계산서	(34)		0 / 100	
			기타	(35)		0 / 100	
		합계		(36)			
	(12)매입	세금계산서		(37)			
		그 밖의 공제매입세액		(38)			
		합계		(39)			

구분				금액	세율	세액
(14) 그 밖의 공제 매입세액 명세	신용카드매출전표등 수령명세서 제출분	일반매입	(40)			
		고정자산매입	(41)			
	의제매입세액		(42)		뒤쪽 참조	
	재활용폐자원등 매입세액		(43)		뒤쪽 참조	
	과세사업전환 매입세액		(44)			
	재고매입세액		(45)			
	변제대손세액		(46)			
	외국인 관광객에 대한 환급세액		(47)			
	합계		(48)			

구분			금액	세율	세액
(16) 공제받지 못할 매입세액 명세	공제받지 못할 매입세액	(49)			
	공통매입세액 면세사업등분	(50)			
	대손처분받은 세액	(51)			
	합계	(52)			

구분			금액	세율	세액
(18) 그 밖의 경감·공제 세액 명세	전자신고 세액공제	(53)			
	전자세금계산서 발급세액 공제	(54)			
	택시운송사업자 경감세액	(55)			
	현금영수증사업자 세액공제	(56)			
	기타	(57)			
	합계	(58)			

구분				금액	세율	세액
(25) 가산세 명세	사업자미등록등		(59)		1 / 100	
	세금계산서	지연발급 등	(60)		1 / 100	
		지연수취	(61)		5 / 1,000	
		미발급 등	(62)		2 / 100	
	전자세금계산서 발급명세 전송	지연전송	(63)		5 / 1,000	
		미전송	(64)		1 / 100	
	세금계산서 합계표	제출 불성실	(65)		5 / 1,000	
		지연제출	(66)		3 / 1,000	
	신고 불성실	무신고(일반)	(67)		뒤쪽참조	
		무신고(부당)	(68)		뒤쪽참조	
		과소·초과환급신고(일반)	(69)		뒤쪽참조	
		과소·초과환급신고(부당)	(70)		뒤쪽참조	
	납부불성실		(71)		뒤쪽참조	
	영세율 과세표준신고 불성실		(72)		5 / 1,000	
	현금매출명세서 불성실		(73)		1 / 100	
	부동산임대공급가액명세서 불성실		(74)		1 / 100	
	매입자 납부특례	거래계좌 미사용	(75)		뒤쪽참조	
		거래계좌 지연입금	(76)		뒤쪽참조	
	합계		(77)			

	업태	종목	코드번호	금액
면세사업 수입금액	(78)			
	(79)			
	(80) 수입금액 제외			
			(81)합계	

계산서 발급 및 수취 명세	(82) 계산서 발급금액	
	(83) 계산서 수취금액	

앞서 설명 드린데로 부가가치세는 거래의 각 단계에서 '매출세액 - 매입세액 = 납부세액'의 형태로 세금을 계산하고 납부하게 됩니다. 위에서 보면 A가 매출세액, B가 매입세액, C가 납부세액인 것이죠. 물론 우리는 C에서 신고서 밑에 있는 경감공제세액 등 여러 가지를 가감하여 세금을 냅니다.

4 앞으로 공부할 과제는 무엇일까?

앞서 제가 세금은 '**① 누가, ② 언제, ③ 얼마를** 낼 것인가?'가 중요하다고 했습니다. 부가가치세에 있어서 ①은 사업자, ②는 과세기간, ③은 과세표준 및 세율, 매입세액공제, 각종 감면 및 가산세 등과 관련이 있습니다.

따라서 우리가 앞으로 같이 공부할 것 중 중요한 것은 다음과 같습니다.

가. 사업자의 구분 및 사업자등록, 과세기간의 구분

나. 과세되는 재화와 용역의 공급, 재화의 수입

다. 과세, 면세, 영세율의 적용

라. 세금계산서 제도

마. 매출거래에 대한 처리

바. 매입거래에 대한 처리

- 매입세액 불공제, 공통매입세액의 안분
- 의제매입세액 등 각종 매입세액공제

사. 기타 공제세액 및 가산세

아. 주사업장 총괄납부, 사업자단위 과세

자. 간이과세자의 신고

우리는 앞으로 이 순서대로 공부를 해 나갈 것입니다. 공부를 시작하기 전에 용어 몇 가지만 구분해보겠습니다.

우선 공급대가라고 하면 부가가치세를 포함한 총가격, 공급가액이라고 하면 부가가치세가 포함되지 않은 가격이라는 의미입니다. 예를 들어 선풍기 가격이 11만원이라고 한다면 공급대가는 11만원, 공급가액은 10만원이라는 의미입니다.

다음으로는 법령의 표시에 관한 것입니다. 법의 위계가 법 - 시행령 - 시행규칙 순이라는 것은 다들 아실 겁니다. 따라서 제가 괄호에 아무 언급 없이 '법'이라고 쓴다면 부가가치세법, '영'으로 쓴다면 부가가치세법 시행령, '칙'으로 쓴다면 부가가치세법 시행규칙을 의미합니다. 다른 관련법(주로 조세특례제한법)을 표시할 때는 관련 법령명을 명기하겠습니다.

Ⅱ

사업자

1 사업자의 정의

앞서 부가가치세는 사업자가 내는 세금이라고 말씀드렸습니다. 부가가치세법은 사업자를 '사업목적이 영리이든 비영리이든 관계없이 사업상 독립적으로 재화 또는 용역을 공급하는 자'로 정의하고 있습니다(법 제2조 제3항). 간단하지요? 그런데 이 한 문장은 많은 의미를 포함하고 있습니다.

(1) 사업상 = 계속 · 반복적으로

사업상 재화 및 용역을 공급하는 자이므로 일시적 · 우발적으로 재화, 용역을 공급하는 자는 사업자가 아니라는 뜻입니다. 여러분이 타고 있던 차를 판다고 해 봅시다. 여러분이 5년에 한번정도 타고 다니던 차를 판다고 한다면 여러분은 계속 · 반복적으로 재화를 공급하는 것이 아니므로 비사업자입니다. 하지만 중고차 판매업자가 매입한 중고차를 판다면, 중고차 판매업자는 계속 · 반복적으로 중고차의 매매행위를 하고 있는 것이므로 사업자가 됩니다.

(2) 독립적으로

이 말은 자기의 계산 혹은 자기의 책임으로 재화 또는 용역을 공급해야 하고, 하나의 사업에 부수되거나 단순히 그 사업의 연장에 불과한 행위는 독립된 사업으로 보지 않는다는 뜻입니다. 따라서 어떤 사람이 사장님에게 고용되어서 물건을 판다면 그 사람은 사업자가 아닌 것이고, 따라서 근로자는 부가가치세를 납부하지 않아도 되는 것입니다. 또한 뒤에서 설명하겠지만 소득세가 비과세 되는 농가 부업 중 축산, 양어 등은 면세되는데, 이는 농가 부업을 독립적인 사업으로 보지 않고 원래 면세인 농업의 일부로 본다는 뜻입니다. 이 부분이 어렵게 느껴지면 나중에 부수 재화 및 용역의 공급을 공부할 때 다시 공부해 보겠습니다.

(3) 세무서에 사업자등록을 한 사업자만 부가가치세를 내는 것 아닌가요?

아닙니다. 법 조항에 사업자등록 여부에 관한 언급은 없습니다. 따라서 사업자등록 유무와 관계없이 사업자는 부가가치세를 신고·납부해야 합니다. 실제로 실무상으로는 사업자등록을 하지 않고 중고거래 장터에서 사업적으로 중고 매매거래를 하는 사람들을 적발하여 부가가치세 및 소득세를 부과하고 있습니다.

2 사업자의 구분

사업자는 다음과 같이 구분할 수 있습니다.

<table>
<tr><td rowspan="3">① 사업자</td><td rowspan="2">② 과세사업자</td><td>일반과세자</td><td rowspan="2">납세의무자</td></tr>
<tr><td>③ 간이과세자</td></tr>
<tr><td colspan="2">면세사업자</td><td>납세의무 없음</td></tr>
</table>

이중 우리가 주로 공부해야 할 것은 ① 사업자가 아니라 ② 과세사업자입니다. 부가가치세법은 면세사업자의 경우 각종 협력의무만 규정하고 있을 뿐 신고, 납부 의무를 부여하고 있지 않으며, 사업자등록도 부가가치세법의 규정에 따라 하는 것이 아니라 소득세법 및 법인세법에 따라 하게 됩니다.

또한 간이과세자는 직전연도의 공급대가 합계액이 4,800만원 미만인 사업자를 의미합니다. 뒤에서 설명하겠지만 직전 과세기간이 아니라 직전연도로 판정하고 공급가액이 아니라 공급대가의 합계액을 기준으로 판단한다는 점에 주의하여야 합니다.

사업자의 구분은 뒤에서 설명할 과세기간, 납부세액 계산 등에 영향을 미치므로 잘 기억해 두셔야 합니다.

3 사업자등록

사업자는 사업개시일로부터 20일 이내에 사업장 관할 세무서장에게 사업자등록을 하여야 합니다. 단 신규로 사업을 시작하려는 자는 사업개시일부터 20일 이내에 사업자등록을 할 수 있습니다(법 제8조 제1항). 사업자는 사업장의 관할 세무서에 부가가치세를 신고하고 납부해야 하므로 사업장이 어디인지, 사업개시일은 언제인지, 세무서에 사업자등록은 어떻게 하는지에 대해서 알아보도록 합시다.

(1) 사업장

1) 사업장의 개념

사업장은 사업자가 사업을 하기 위하여 거래의 전부 또는 일부를 하는 고정된 장소로서 부가가치세법상 다음 사항의 기준이 됩니다.

① 사업자등록

② 세금계산서의 발급, 수취

③ 과세표준 및 세액계산, 신고, 납부, 환급, 결정, 경정

사업장에 관한 구체적인 규정은 영 제8조에 규정되어 있습니다. 대표적인 것은 다음과 같습니다.

구분	사업장
광업	광업사무소 소재지
제조업	최종제품을 완성하는 장소(따로 제품의 포장만을 하거나 용기에 충전만 하는 장소는 제외)
건설업, 운수업 부동산 매매업	• 법인 : 법인의 등기부상 소재지(지점 소재지 포함) • 개인 : 사업에 관한 업무를 총괄하는 장소
부동산 임대업	부동산의 등기부상 소재지
무인자판기를 통해 재화, 용역을 공급하는 사업	사업에 관한 업무를 총괄하는 장소
비거주자, 외국법인	소득세법, 법인세법에 따른 국내 사업장

실무상 사업장은 사업자가 사업장으로 신고하는 장소라고 생각하면 됩니다. 다만 업종에 따라 특별한 요건이 필요한 경우가 있으니 자세한 것은 세무서에 문의해야 합니다. 예를 들어 도·소매업의 경우 통신판매업이 아닌 한 상품의 진열 및 판매 장소가 있어야 하므로 주택을 사업장으로 하여서는 사업자등록이 나오지 않고, 축산품이나 어패류 판매의 경우에도 공부상 근린생활시설이 아닌 건물을 임대하면 사업자등록이 나오지 않습니다.

2) 사업장의 판단 : 직매장, 하치장, 임시사업장

결론부터 말씀드리면 직매장은 사업장이지만 하치장 및 임시사업장은 사업장이 아닙니다. 직매장은 재화·용역의 공급이 이루어지므로 사업장으로 판단할 수 있으나, 하치장은 재화를 보관하고 관리만 하는 곳이므로 사업장이 될 수 없으며, 임시사업장은 기존 사업장에 포함되는 것으로 봅니다.

제일모직을 예로 들어봅시다. 회사는 옷을 만들어 공장 인근의 창고에서 보관하다가 제일모직 매장으로 배송하여 팝니다. 또 명절 등 특별한 기간에는 보름 정도 임시 매장을 운영하기도 하지요. 여기서 직매장은 매장에 해당하므로 당연히 사업장이고, 창고는 물건을 보관하는 하치장이므로 사업장이 아니며, 임시로 운영하는 매장은 다른 매장에 포함되는 것으로 봅니다.

(2) 사업개시일(영 제6조)

제조업은 제조장별로 재화의 제조를 시작하는 날, 광업은 사업장별로 광물의 채취・채광을 시작하는 날, 그 이외의 사업은 재화나 용역의 공급을 시작하는 날을 말합니다. 다만 어떤 사업이 법령 개정 등으로 면세사업에서 과세사업으로 전환되는 경우에는 과세 전환일을 사업개시일로 봅니다.

(3) 사업자등록

1) 사업자등록의 신청

원칙적으로 사업자등록은 사업장별로 하여야 합니다. 사업장이 2곳 이상이라면 각각 사업자등록을 해야 하지요. 사업자등록을 하려는 사람은 다음의 서류를 갖추어 사업장 관할 세무서장에게 사업자등록을 하여야 하며, 신청서를 받은 관할 세무서장은 사업자 등록신청일로부터 3일 이내에 사업자등록증을 발급하여야 합니다. 다만 사업장 시설이나 사업현황을 확인하기 위하여 국세청장이 필요하다고 인정하는 경우에는 발급기한을 5일 이내에서 연장가능하고, 신청 내용에 보정이 필요한 것으로 인정될 때에는 10일 이내의 기간을 정하여 보정을 요구할 수 있습니다.

구 분	첨부서류
법령에 따라 허가를 받거나 등록 또는 신고를 하여야 하는 사업	사업허가증 사본, 사업등록증 사본 또는 신고확인증 사본
사업장을 임차한 경우	임대차계약서 사본

위의 서류 중 사업개시일 이전에 사업자등록을 신청하는 경우로서 해당 법인의 설립등기 전 또는 사업의 허가·등록·신고 전에 사업자등록을 할 때는 법인설립을 위한 사업허가신청서 사본, 사업등록신청서 사본, 사업신고서 사본 또는 사업계획서를 내고 사업자등록을 신청할 수 있습니다.

2) 사업자등록의 정정

사업자등록 후 사업장을 이전하는 등의 변동 사항이 생기면 등록사항을 변경해야 합니다. 정정 신청을 하면 세무서는 아래와 같이 신청 사유에 따라 신청일 당일, 신청일로부터 3일 이내에 정정하여 교부하여야 합니다.

① 신청일 당일 교부해야 하는 경우

- 상호 변경
- 사이버몰에 인적사항 등의 정보를 등록한 사업자(통신판매사업자)가 사이버몰의 명칭 또는 인터넷 도메인 이름을 변경하는 경우

② 신청일로부터 3일 이내에 교부해야 하는 경우

- 법인 대표자 변경
- 사업 종류의 변동
- 사업장 이전
- 상속으로 인한 사업자 명의 변경

- 공동사업자의 구성원, 또는 출자 지분의 변경
- 임대인, 임대차 목적물, 그 면적, 보증금, 임차료 또는 임대차 기간이 변경되거나 새로 상가건물을 임차한 경우
- 사업자단위 과세 사업자가 사업자단위 적용 사업장을 변경하는 경우, 종된 사업장을 신설, 이전하는 경우

이러한 사업자등록과 관련된 협력의무를 이행하지 않는 경우 매입세액이 불공제되거나 사업자등록 불성실가산세 등이 부과되는 경우가 있으니 주의하여야 합니다.

III

과세기간

과세기간은 세금을 계산하고 납부하는 기준 시간을 의미합니다. 일반과세자는 1년을 반으로 나누어 1.1.~6.30.까지를 1기, 7.1.~12.31.까지를 2기로 구분하여 다음과 같이 구분합니다.

구분	과세기간		신고·납부기한
제 1 기 (1.1.~6.30.)	예정신고기간	1.1.~3.31.	4.25.
	과세기간 최종 3월	4.1.~6.30.	7.25.
제 2 기 (7.1.~12.31.)	예정신고기간	7.1.~9.30.	10.25.
	과세기간 최종 3월	10.1.~12.31.	1.25.

간이과세자는 기를 구분하지 않고 1.1.~12.31.까지를 과세기간으로 봅니다.

신규로 사업을 시작하는 경우 최초 과세기간은 어떻게 계산할까요? 사업개시일~그날이 속하는 과세기간 종료일을 최초 과세기간으로 봅니다. 사업개시일 전에 사업자등록을 신청하였다면 사업자등록 신청일~해당과세기간 종료일이 최초 과세기간이 되겠지요. 따라서 3.15.에 3.7.을 사업개시일로 하여 사업자등록을 신청하였다면 3.7.~6.30.이 최초 과세기간이 됩니다. 사업자가 폐업하는 경우에는 해당 과세기간 개시일~폐업일까지가 과세기간이 됩니다.

IV

과세거래 : 재화와 용역의 공급, 재화의 수입

앞서 부가가치세는 재화와 용역의 공급, 재화의 수입에 대해 부과하는 세금이라고 배웠습니다. 이제 구체적으로 재화와 용역의 공급이 무엇인지 살펴보고, 언제 재화나 용역을 공급한 것으로 보고 과세하는지 살펴보도록 하겠습니다.

1 재화의 공급

재화의 공급이란 '계약상 또는 법률상의 모든 원인에 따라 재화를 인도하거나 양도하는 것'을 말합니다(법 제9조 제1항). 따라서 우리는 재화가 무엇인지, 인도 혹은 양도라는 것이 무엇인지 공부를 해야 할 필요성이 있습니다.

(1) 재화의 정의

'재화'란 재산 가치가 있는 다음의 물건과 권리를 말합니다.

1) 물건(영 제2조 제1항, 제2항)

① 상품, 제품, 원료, 기계, 건물 등 모든 유체물(형체가 있는 물건)

모든 유체물이라고 하였으므로 휴대폰이나 옷과 같은 것 뿐만 아니라 물, 흙, 퇴비 등도 모두 물건에 해당합니다.

그러면 상품권은 어떨까요? 상품권은 돈을 먼저 지급하였다는 사실을 나타내고, 화폐의 대용으로 쓰이는 것이므로 물건에 해당하지 않습니다.

② 전기, 가스, 열 등 관리할 수 있는 자연력

2) 권리

'권리'란 광업권, 특허권, 저작권 등으로서 물건 외에 재산적 가치가 있는 모든 것을 의미합니다. 따라서 흔히 사업장을 다른 사람에게 넘기고 받는 권리금도 영업권에 해당하므로 과세대상이 됩니다.

(2) 인도 혹은 양도란?

물건의 통제권을 넘겨주는 것을 말합니다. 그것의 원인이 되는 것은 따지지 않습니다. 따라서 매매계약, 가공계약 또는 교환계약에 따라 넘겨주는 것은 물론 현물출자, 경매, 수용 등 모든 원인은 불문합니다. 다만 법에서 공매, 경매 및 수용절차에 따라 재화를 인도, 양도하는 것은 재화의 공급으로 보지 않도록 규정하고 있으므로 건물 등이 수용되는 경우에는 물건의 인도로 보지 않습니다(영 제18조 제3항).

또한 재화 및 권리를 양도, 인도하는 것이 재화의 공급이므로 재화 및 권리를 대여하는 것은 용역의 공급에 해당합니다. 예를 들어 자동차를 파는 것은 재화의 공급이지만 자동차를 빌려주는 것은 용역의 공급에 해당합니다. 따라서 자동차를 파는 현대자동차는 물건을 공급하는 것이고, 차를 빌려주는 렌트회사는 용역을 공급하고 있는 것입니다.

(3) 재화 공급의 특례 : 재화의 간주공급

그런데 재화를 양도하는 것이 아닌데도 재화의 공급으로 간주하는 경우가 있습니다. 재화를 팔지 않아도 이런 경우에는 부가가치세를 내야 한다는 것이지요. 팔지도 않았는데 부가가치세를 내는 것이 이치에 맞지 않는 것 아닌가 하고 생각할 수 있지만 합당한 이유가 있습니다.

여기서부터는 조금 내용이 어렵지만 중요한 개념이니 이해가 되지 않아도 잘 따라오셔야 합니다. 우선 어떤 경우가 있는지 살펴봅시다. 재화의 공급 특례는 아래와 같이 분류할 수 있습니다.

<table>
<tr><th colspan="2">구 분</th><th>공급시기</th><th>세금계산서 발행 의무</th></tr>
<tr><td rowspan="3">자기가 생산·취득한 재화의 공급의제</td><td>면세사업에 전용
비영업용 소형승용차
개인적 공급</td><td>재화를 사용·소비하는 때</td><td rowspan="3">없음</td></tr>
<tr><td>사업장 증여</td><td>재화를 증여하는 때</td></tr>
<tr><td>폐업시 잔존재화</td><td>폐업일</td></tr>
<tr><td colspan="2">판매목적으로 타사업장에 반출한 재화</td><td>재화를 반출하는 때</td><td>있음</td></tr>
</table>

1) 자기가 생산하거나 취득한 재화의 공급의제

자기가 생산하거나 취득한 재화를 공급의제로 보는데는 전제 조건이 있습니다. 그것은 해당 **재화를 살 때 매입세액을 공제 받은 경우**에만 적용한다는 것입니다. 즉 자기가 생산하거나 취득한 재화의 공급의제는

① 매입 × 세율로 차감하여 공제받은 세액을

② 팔 때 매출 × 세율로 과세할 수 없는 경우에,

공제받은 매입 × 세율을 다시 납부하라는 것입니다. 법 제10조 제2항 제1호 본문을 보면 이점은 명확히 알 수 있습니다. 법은 자기가 생산하거나 취득한 재화를 '자기의 과세사업과 관련하여 생산하거나 취득한 재화로서 사업자가 재화를 공급받을 때 매출세액에서 매입세액이 공제된 재화'라고 분명히 규정하고 있습니다.

예를 들어서 신발가게가 신발을 구매했는데 신발공장에서 세금계산서를 받고 구매한 것이 아니라 땡처리하는 곳에서 증빙 없이 현금을 주고 사온 물건이라면, 즉 매입세액 공제를 받을 수 없는 신발이라면 재화의 공급의제의 요건을 갖추었다고 해도 간주공급의 대상이 아닙니다.

① 면세사업에의 전용

자기가 생산·취득한 과세 재화를 자기의 면세사업에 사용하는 경우입니다. 대부분 과세사업과 면세사업을 같이 영위하는 겸영 사업자의 경우에서 볼 수 있습니다. 이것을 이해하기 위해서는 두 가지의 전제가 필요합니다.

- 부가가치세는 매출 × 10% - 적격증빙이 있는 매입 × 10%로 계산
- 면세 재화를 공급할 때는 부가가치세를 내지 않고, 매입자는 납부한 부가가치세가 없으므로 매입세액을 공제받지 못한다.

사 례

부동산임대업자가 사무실로 임대하기 위해 5층짜리 사무용 건물을 11억원(부가세 포함)에 매입(각층의 면적은 동일)
부동산임대업자가 부가가치세 매입세액공제를 1억원을 받은 후 5층을 주택으로 개조해 주택으로 임대.
주택의 임대는 면세. 뒤에서 배울 감가율은 미적용.
이 사업자는 건물 매입 시 1억원의 부가가치세 매입세액공제를 받았는데 만일 이 건물의 5층이 처음부터 주택이었다면 부가가치세 1억원 중 2천만원은 매입세액공제를 받지 못했을 것입니다. 즉
실제 공제받은 매입세액 = 1억원
처음부터 5층이 주택이었을 경우의 공제 받을 매입세액 = 1억원 × 4개층/5개층 = 8천만원이 되었겠지요. 따라서 과세사업에 사용한다고 하여 공제받았던 2천만원을 면세사업에 사용했으니 다시 납부하라는 것입니다.

② 승용자동차 등의 비사업용에의 전용

여기서는 중요한 것이 자동차 뿐 아니라 그와 관련된 모든 재화를 포함한다는 것입니다. 기름값, 부품값 등 모든 것이 포함됩니다. 두 번째는 매입세액 공제를 받은 경우에만 간주공급 대상이 되고, 그 취지 또한 공제

받은 세액을 다시 내라는 것입니다.

부가가치세법은 다음의 경우를 간주공급으로 규정하고 있습니다(법 제10조 제2항, 영 제19조).

㉠ 운수업, 자동차 판매업, 자동차임대업, 운전학원업, 무인경비업의 출동 차량 및 이들 업종과 유사한 업종을 경영하는 사업자가 자기가 생산·취득한 재화 중 승용자동차와 그 자동차의 유지를 위한 재화를 해당 업종에 직접 사용하지 않고 다른 용도로 사용하는 것

㉡ 사업자가 자기가 생산·취득한 재화를 비영업용 승용자동차로 사용·소비하거나 그 자동차의 유지를 위하여 사용·소비하는 것

일단 ㉠의 경우는 업종이 자동차가 본인의 과세사업을 위해 사용되는 경우입니다. 차가 그 업종을 위해 직접 사용되지요. 당연히 매입세액공제를 받아야 합니다. 하지만 그 재화를 다른 용도에 사용한다면 매입세액공제 받은 부분을 다시 내라는 것입니다. 렌트카 회사 사장님은 차를 빌려주는 것이 본인의 사업이므로 렌트하기 위해 구입한 자동차는 매입세액공제를 받습니다. 그런데 사장님이 렌트하기 위해 구입한 자동차를 본인이 사용한다면 영업을 위해 사용한 것이 아니므로 그와 관련되어 공제받은 매입세액은 다시 내라는 것입니다.

㉡의 경우에는 좀 다르죠. 이것은 업종과는 관련이 없습니다. 매입세액공제를 공부할 때 다루겠지만 영업용이 아닌 승용자동차는 매입세액이 공제되지 않습니다. 그런데 그와 관련된 재화를 비영업용 승용차의 유지를 위해 쓴다면 해당되는 매입세액을 다시 납부해야 할 것입니다. 주유소 사장님이 매입세액 공제를 받은 휘발유를 자신의 출퇴근용 승용차의 연료로 사용하는 경우를 생각해 봅시다. 매입세액공제를 허용한다면 주유소 사장님은 결국 자기 차의 연료를 일반인보다 싸게 사용하게 될 것입니다. 이러한 경우를 방지하기 위해서 ㉡의 경우를 과세하는 것입니다.

③ 개인적 공급

사업자가 자기가 생산 · 취득한 재화를 사업과 관계없이

- 자기의 개인적인 목적이나 그 밖의 목적을 위하여 사용 · 소비하거나
- 그 사용인 또는 그 밖의 자가 사용 · 소비하게 하는 것으로서 사업자가 그 대가를 받지 않거나 시가보다 낮은 대가를 받는 경우 재화의 공급으로 봅니다(법 제10조 제4항). 다만 사업자가 사업과 관련하여 실비 변상적이거나 복리 후생적인 목적으로 사용인에게 재화를 공급하는 것으로
  - 작업복, 작업모, 작업화
  - 직장 체육비, 직장 문화비와 관련된 재화는 개인적 공급으로 보지 않습니다.

여기서 중요한 것은 대가를 받거나 받지 않아도 시가로 과세한다는 것과 다른 간주공급과 같이 매입세액을 공제 받은 재화에 대해서만 적용한다는 것입니다. 계속 강조하지만 자기가 생산 · 취득한 재화의 공급의제는 매입세액이 공제된 재화에 대해서만 적용합니다.

사 례

1. 코오롱스포츠는 임직원에게만 20만원짜리 옷을 20% 할인하여 16만원에 판매하였고 직원은 카드로 16만원을 결제한 경우의 공급대가는 카드매출 16만원과 기타매출 4만원을 합쳐 20만원입니다.
2. 코오롱스포츠가 직원 체육대회를 하면서 자체 제작한 단체 티셔츠를 직원에게 나누어 주거나, 스스로 작업복를 생산하여 생산라인에 있는 직원들의 작업복으로 준 경우, 직장 체육비, 작업복에 해당하므로 재화의 공급으로 보지 않습니다.

④ 사업상 증여

사업자가 자기가 생산·취득한 재화를 자기의 고객이나 불특정 다수인에게 증여하는 경우는 재화의 공급으로 봅니다. 사업상 증여는 원래 대가의 수반이 없기 때문에 재화의 공급에 해당하지 않습니다. 하지만 이를 방치할 경우 결국 매입세액 공제만 해 주고 매출세액은 발생하지 않게 되기 때문에 특별히 재화의 공급으로 의제하는 것입니다.

다만 다음의 경우에는 재화의 공급으로 보지 않습니다(법 제10조 제5항, 영 제20조 등).

㉠ 증여하는 재화의 대가가 주된 거래인 재화 공급의 대가에 포함되는 경우

㉡ 사업을 위하여 대가를 받지 않고 다른 사업자에게 주는 견본품

㉢ 불특정 다수인에게 무상으로 배포하는 광고선전용 재화

㉣ 재난 및 안전관리 기본법에 따라 특별재난지역에 공급하는 물품

㉤ 자기적립마일리지 등으로만 전부 결제를 받고 공급하는 재화

㉠은 나중에 부수 재화·용역의 공급에 관해 살펴볼 때 설명하는 것으로 하고 나머지만 살펴보겠습니다. ㉡과 ㉢의 경우는 판촉물의 경우를 생각해 보면 쉽습니다. 개업한 식당에 가면 가끔 식당 이름과 위치, 전화번호 등이 적힌 물티슈나 라이터 등을 주는 경우가 있습니다. 이 경우 이 판촉물을 제작해서 판매하는 사람은 식당 주인에게 제품을 공급하기 전에 견본품을 몇 개 보내게 될 것이고, 식당 주인은 나중에 공급받은 판촉물을 고객이나 가게 앞을 지나는 사람에게 무상으로 나누어 주게 됩니다. 이때 판촉물 제작업자가 주는 견본품, 식당 주인이 무상으로 나누어 주는 판촉물은 재화의 공급으로 보지 않는다는 것입니다.

㉤의 경우에는 설명이 필요합니다. 고객이 상품을 구입하면 5%를 적립해 주는 인터넷 쇼핑 사업자가 있다고 합시다. 이 사업자는 기업회계기

준과 부가가치세법에서 요구하는 매출 분개가 다릅니다.

- 고객이 냉장고를 100만원에 구입하고 현금결제하였을 때

〈기업회계기준〉			〈부가가치세법〉		
차변)	현금	100만원	차변)	현금	100만원
대변)	매출	95만원	대변)	매출	100만원
	선수수익	5만원			

- 고객이 적립한 마일리지로 판매가격 3만원에 usb를 구매하였을 때

〈기업회계기준〉			〈부가가치세법〉
차변)	선수수익	3만원	없음
대변)	매출	3만원	

기업회계기준은 마일리지를 적립할 때 적립된 마일리지만큼 매출을 인식하지 않지만 부가가치세법은 마일리지의 적립과 상관없이 총금액을 매출로 인식하고 마일리지를 사용할 때는 매출로 계상하지 않습니다. 즉, 재화의 공급으로 보지 않는 것입니다.

이러한 사업상 증여는 종종 경품, 기증품, 판매장려금품과 혼동되는 경우가 많은데 구분에 주의하여야 합니다.

경품은 사업자가 자기의 고객 중에 추첨을 통하여 재화를 증여하는 것을 말하는데 시가 상당액을 사업상 증여로 보아 재화의 공급으로 봅니다. 마트에서 구입액이 일정금액 이상 되는 고객들을 대상으로 추첨을 통해 지급하는 것은 경품이지만, 신규 매장 오픈행사에서 행사 도우미들이 지나가는 사람을 붙잡고 다트를 던져 기념품을 주는 것은 경품이 아니라 판촉물로 사업상 증여로 보지 않습니다.

두 번째 기증품은 사업자가 자기의 제품 또는 상품을 구입하는 자에게 구입하는 당시에 그 구입액 비율에 따라 증여하는 물품을 말합니다. 이

기증품은 주된 재화의 공급에 포함하므로 재화의 공급으로 보지 않습니다. 경품과 다른 점은 추첨을 통해서 지급하는 것이 아니라 상품을 구입하는 모든 사람들에게 준다는 것입니다. 마트에서 일정금액 이상을 구입하면 라면을 덤으로 주는 경우에 해당하겠지요. 이러한 기증품의 가액은 원래 구입했던 금액에 포함되어 있는 것이므로 따로 재화의 공급으로 보지는 않습니다.

마지막으로 판매장려금은 사업자가 판매촉진을 위하여 거래상대자의 판매실적에 따라 일정률의 장려금품을 지급 혹은 공급하는 것을 말합니다. 이 경우 금전으로 지급하면 과세표준에서 공제하지 않으며 재화로 공급하는 것은 사업상 증여에 해당하므로 과세합니다.

⑤ 폐업 시 잔존재화의 자가공급

사업자가 폐업시에 남아있는 재화는 자기에게 공급한 것으로 봅니다. 폐업한 이후에는 어떤 사람이 동 재화를 소비하더라도 부가가치세를 징수할 수 없으므로 폐업시에 남아있는 재화는 모두 사업자 본인에게 공급한 것으로 보고 과세하는 것입니다.

2) 판매 목적으로 타사업장에 반출한 재화의 공급의제

① 공급의제의 취지

둘 이상의 사업장을 가진 사업자가 한 사업장에서 다른 사업장으로 물건을 옮기는 것은 장소의 이동에 불과하므로 본래 재화의 공급에 해당하지 않습니다. 하지만 우리나라 부가가치세법은 사업장별로 부가가치세를 신고하고 납부하도록 하고 있습니다. 따라서 판매목적으로 타사업장에 재화를 공급하는 것을 재화의 공급으로 보지 않는다면 일부 사업장에서는 환급만 계속해서 발생하고 다른 사업장에서는 납부만 계속 발생하는 상황이 벌어지게 됩니다.

예를 들어 식품공장을 운영하는 개인사업자가 식품공장에서 직매장으로 만두를 반출하는 상황을 가정해 봅시다. 만두를 반출할 때 공급으로 보지 않는다면 공장은 만두를 만들기 위한 매입만 있을 것이므로 계속 환급만 발생하고, 직매장은 매입없이 만두 매출만 있을 것이므로 계속 납부만 하게 됩니다. 이 경우 1기분 납부는 직매장에서 7.25.에 하겠지만 공장의 환급은 이 보다 한 달 늦은 8.25.까지 하게 되어있으므로 식품회사는 1달간 자금압박을 받게 됩니다. 이러한 경우를 방지하기 위해 재화를 판매목적으로 타사업장으로 반출하게 되면 재화의 공급으로 의제하는 것입니다.

다만 모든 재화의 반출을 재화의 공급으로 보는 것은 아니고

- 자기의 사업장에서 원자재로 이용하거나
- 기술개발을 위하여 시험용으로 사용하거나
- 수선비 등에 대체하여 사용하거나
- 사후 무료서비스 제공을 위해 사용하거나
- 불량품 교환, 또는 광고 선전목적으로 사업장에 진열하려는 목적인 경우는

외부에의 판매목적이 아니므로 재화의 공급으로 의제하지 않습니다.

② 재화의 공급의제로 보지 않는 경우

사업자가 뒤에서 설명할 사업자단위 과세제도나 주사업장 총괄납부제도를 운영하는 경우에는 판매목적의 타 사업장 반출을 재화로 보지 않습니다.

다만 주사업장 총괄납부사업자가 굳이 세금계산서를 발행하고 예정신고, 혹은 확정신고를 한 경우라면 재화의 공급으로 인정해 줍니다. 사업자단위 신고 납부자는 여러 개의 사업장에 대해 동일한 사업자번호로 통합하여 신고 · 납부하게 되므로 공급의제를 적용하지 않더라도 부작용이

발생하지 않으며, 총괄납부사업자는 여러 사업장이 각각의 사업자번호를 가지고는 있지만 납부와 환급을 통산하게 되므로 부작용이 발생하지 않기 때문입니다.

③ 재화를 매입세액공제 받았는지 여부에 대한 검토

앞서 자기가 생산하거나 취득한 재화 중 면세사업에의 전용, 승용자동차 등의 비영업용에의 전용, 개인적 공급, 사업장 증여, 폐업시 잔존재화 공급의 경우에는 매입세액을 공제받은 재화에 대해서만 재화의 공급의제로 본다고 하였습니다. 그러면 판매목적의 타사업장 반출의 경우에는 어떨까요? 이 경우에는 재화의 매입세액공제 여부는 전혀 상관이 없습니다.

(4) 재화의 공급으로 보지 않는 경우

앞서 재화의 공급은 물건의 통제권을 넘겨주는 것을 말하고 그것의 원인이 되는 것은 따지지 않는다고 하였습니다. 하지만 특정한 경우에는 법으로 재화의 공급으로 보지 않고 있는데 다음과 같습니다.

① 사업의 양도 - 대리납부제도 설명 참조

② 담보의 제공, 조세의 물납, 법률에 따른 공매 · 경매, 법률에 따른 수용

(5) 재화의 공급시기

재화의 공급시기는 매우 중요한 개념입니다. 세금계산서의 발행일을 의미하기 때문입니다. 실무상으로는 세금계산서 발급일에 분개를 하고 공급시기에 대해서는 신경을 쓰지 않는데, 법에서 정한 재화의 공급시기와 다르게 세금계산서를 발급하면 사실과 다른 세금계산서가 되므로 공급자는 가산세를, 공급받는 자는 매입세액공제를 받지 못하는 상황이 발생할 수 있습니다.

사실 이 책의 주 대상인 세무사 혹은 회계사 사무실의 직원이라면 이런

경우에 할 수 있는 것이 별로 없습니다. 세금계산서를 직접 발급하는 것도 아니고 매출과 관련된 공급계약서를 볼 수 있는 것도 아닙니다. 하지만 재화의 공급시기는 정확히 알아두었다가 혹시라도 잘못 발급되었다면 거래처 사장님에게 재발급을 하도록 권유해야 합니다.

1) 일반적인 공급시기

① 현금판매, 외상판매, 장기할부판매가 아닌 할부판매 - 재화가 인도되거나 사용가능하게 된 때
② 재화의 공급으로 보는 가공 - 가공된 재화를 인도하는 때
③ 상품권 등을 판매하는 경우 - 재화가 실제로 인도되는 때

모두 재화를 제공하는 때를 의미합니다. ③처럼 상품권을 판매할 때도 상품권은 재화가 아니므로 매출로 인식하지 않고, 고객이 실제 상품권으로 재화를 구입할 때 매출로 인식합니다.

2) 장기할부판매 등의 공급시기

장기할부판매는
- 재화를 공급한 후 대가를 2회 이상 분할하여 받고
- 재화를 공급한 날~최종 할부금 지급일이 1년 이상인 것을 말합니다.

이에 반해 중간지급 조건부 공급은
- 계약금 받은 날~재화를 공급하는 날까지의 기간이 6개월 이상이고
- 동 기간 내에 계약금 이외의 대가를 분할하여 받는 것을 말합니다.

두 경우의 차이는 무엇일까요? 두 가지가 있습니다. 먼저 **장기할부판매는 재화를 인도한 후에 돈을 받기로 한 것**이고, 중간지급 조건부 공급은 **재화를 공급하기 전에 돈을 받기로 한 계약**이라는 점입니다.

공작기계를 판매하는 회사를 예로 들어봅시다. 회사가 공작기계를 다 만들어서 다른 회사에 판 후 12개월로 나누어 대금을 받기로 계약서를 작

성했다면 장기할부판매가 될 것입니다. 하지만 계약금을 받고 공작기계를 만들기 시작해서 7개월에 걸쳐 완성한 후 넘겨주는 경우, 중간에 중도금을 받고 기계를 넘겨줄 때 잔금을 받기로 했다면 중간지급 조건부 공급이 되는 것입니다.

두 번째는 계약금에 관한 것입니다. 장기할부 판매는 물건을 팔고 나서 대가를 받는 것이므로 계약금이라는 것이 있을 수 없고 따라서 기간을 계산할 때 재화를 공급한 날부터 계산합니다. 이에 반해 중간지급 조건부 공급은 물건을 공급하기 전에 대가를 받는 것이므로 계약금이 존재해야 하는 것이고, '계약금 이외의 대가를 분할하여 받을 것'이라고 하였으므로 돈은 계약금까지 포함하면 최소한 3번 이상 분할하여 받는 것입니다.

그럼 이러한 조건 하의 공급의 경우 공급시기는 어떻게 될까요?

① 장기할부 판매 – 대가의 각 부분을 받기로 한 때

② 완성도기준지급조건부 또는 중간지급조건부로 재화를 공급하는 경우

– 대가의 각 부분을 받기로 한 때, <u>다만 재화가 인도되거나 이용 가능하게 되는 날 이후에 받기로 한 대가의 부분에 대해서는 재화가 인도되거나 이용 가능하게 되는 날을 공급시기로 봅니다.</u>

②의 경우에는 ①과 달리 '다만' 이후의 단서가 붙어 있는데 이것에 대한 의미를 예를 들어 설명해 봅시다.

사 례

공작기계회사가 2019.1.1.에 다음과 같이 계약을 체결했다고 가정

- 계약금 지급 : 2019.1.1.지급
- 중도금 지급 : 2019.4.1., 2019.6.30., 2019.9.30.
- 잔금 지급 : 2020.1.10.
- 기계 인도 : 2019.7.31.

이 경우 계약일(2019.1.1.)~기계 인도일(2019.7.31.)까지가 6개월 이상이고, 2019.1.1.~2019.7.31.까지 계약금 이외의 대가를 2번 이상 받았으므로

중간지급조건부 계약이 맞습니다. 따라서 2019.1.1., 2019.4.1., 2019.6.30.의 세금계산서는 해당 날짜에 발행하면 됩니다. 그렇다면 2019.9.30. 및 2020.1.10.의 세금계산서도 동일자에 발행하면 될까요? 그렇지 않습니다. 단서 규정에 따라 기계의 인도일인 2019.7.31.에 발행해야 하는 것입니다. 돈을 받는 날 세금계산서를 발행하면 사실과 다른 세금계산서가 되어 공급자는 가산세를 내고 공급받는 자는 최악의 경우 매입세액이 불공제 될 수 있습니다.

3) 재화의 공급의제의 경우

구 분		공급시기
자기가 생산, 취득한 재화의 공급의제	면세사업에의 전용	재화를 사용, 소비하는 때
	승용자동차 등의 비영업용에의 전용	
	개인적 공급	
	사업상증여	재화를 증여하는 때
	폐업시 잔존재화의 자기공급	폐업일
판매목적의 타사업장 반출재화의 공급의제		재화를 반출하는 때

4) 특수한 경우의 공급시기

① 반환조건부 판매, 동의 조건부 판매, 그 밖의 조건부 판매 및 기한부 판매

홈쇼핑 광고를 보다 보면 먼저 사용해 본 후 구매하라는 경우가 있는데, 이 경우 반환기간 내에 물건을 반환하면 공급자 입장에서는 매출로 계상할 수 없습니다. 이러한 경우처럼 어떠한 조건이 붙어 있다면, 해당 조건이 성취되어야 실질적인 재화의 인도가 이루어지는 것이므로 그 조건이 성취되거나 기한이 지나 판매가 확정되는 때를 재화의 공급시기로 봅니다.

② 전력이나 그 밖에 공급단위를 구획할 수 없는 재화를 계속적으로 공급하는 경우 – 대가의 각 부분을 받기로 한 때

③ 수출 재화

㉠ 내국물품의 국외 반출 및 중계무역방식 수출 – 수출재화의 선적기일

㉡ 원양어업 및 위탁판매수출 – 수출재화의 공급가액이 확정되는 때

㉢ 외국인도수출 및 위탁가공무역방식의 수출 – 외국에서 해당 재화가 인도되는 때. 따라서 사업자가 위탁가공을 위하여 원자재를 국외의 수탁가공업체에 대가 없이 반출하는 경우에는 재화의 공급으로 보지 않습니다. 국외의 수탁가공사업자가 가공을 모두 완료하여 외국에서 해당 재화가 인도되는 때를 공급시기로 하기 때문입니다.

㉣ 사업자가 보세구역 안에서 보세구역 밖의 국내에 재화를 공급하는 경우가 재화의 수입에 해당할 때 – 수입신고 수리일

④ 사업자가 여신전문금융업법에 따른 시설대여업자로부터 시설 등을 임차하고 시설 등을 공급자 또는 세관장으로부터 직접 인도받은 경우

- 사업자가 공급자로부터 재화를 직접 공급받거나 외국으로부터 재화를 직접 수입한 것으로 보아 위 공급시기 규정을 적용합니다.

⑤ 위탁판매, 혹은 대리인에 의한 매매

- 수탁자 혹은 대리인의 공급을 기준으로 적용합니다. 다만 특성상 위탁자나 본인을 알 수 없는 경우에는 위탁자와 수탁자 또는 본인과 대리인 사이에도 별개의 공급이 이루어진 것으로 보아 공급시기를 적용합니다.

⑥ 폐업 전에 공급한 재화의 공급시기 특례

위의 규정에도 불구하고 사업자가 폐업 전에 공급한 재화의 공급시기는 폐업일을 공급시기로 봅니다.

2 용역의 공급

용역의 공급이란 '계약상 또는 법률상의 모든 원인에 따른 것으로서 역무를 제공하는 것과 시설물, 권리 등의 재화를 사용하게 하는 것'을 말합니다(법 제11조 제1항). 재화는 매우 다양하므로 우리나라 부가가치세법에서는 재화는 개념 등 만을 서술하고 있으나 용역은 개별 업종을 상세히 규정하고 있습니다. 현실적으로 대부분의 재화와 용역을 같이 공급하고 있기 때문에 대부분은 재화의 공급으로 정의하고, 특정한 것만 용역의 공급으로 규정하기 때문입니다. 따라서 여기에 해당하는 것만이 용역의 공급이라는 점을 분명히 인식해야 합니다.

음식점을 예로 들어보면 음식점에서는 음식물이라는 재화 외에, 숟가락 등의 재화를 이용하게 하는 물적용역의 공급, 서비스라는 인적용역의 공급을 동시에 제공합니다. 부가가치세법은 이러한 경우 음식이라는 재화 보다, 용역의 공급이 더 큰 비중을 차지하고 있는 것으로 보아 음식점을 용역을 공급하는 사업자로 구분합니다.

(1) 용역의 정의

'용역'이란 재산 외에 재산 가치가 있는 모든 역무와 그 밖의 행위를 의미합니다. 용역을 공급하는 사업은 다음 중 어느 하나에 해당하는 것을 말합니다(영 제3조 제1항).

① 건설업 ② 숙박 및 음식점업 ③ 운수업 ④ 방송통신 및 정보서비스업

⑤ 금융 및 보험업

⑥ 부동산업 및 임대업. 다만 전 · 답 · 과수원 · 목장용지 · 임야 또는 염전임대업은 제외

⑦ 전문, 과학 및 기술서비스업, 사업시설관리 및 사업지원 서비스업

⑧ 공공행정, 국방 및 기술서비스업

⑨ 교육서비스업 ⑩ 보건업 및 사회복지 서비스업

⑪ 예술, 스포츠 및 여가관련 서비스업

⑫ 협회 및 단체, 수리 및 기타 개인서비스업

⑬ 가구 내 고용활동 및 달리 분류되지 않은 자가소비 생산활동

⑭ 국제 및 외국기관의 사업

단 위의 규정에도 불구하고 건설업과 부동산업 중 다음 어느 하나에 해당하는 사업은 재화를 공급하는 사업으로 봅니다.

① 부동산 매매(주거용, 또는 비거주용 건축물 및 그 밖의 건축물을 자영건설하여 분양 판매하는 경우를 포함) 또는 그 중개를 사업목적으로 나타내어 부동산을 판매하는 사업

② 사업상 목적으로 1과세기간 중에 1회 이상 부동산을 취득하고 2회 이상 판매하는 사업

(2) 용역공급의 범위

1) 역무를 제공하는 것

헤어샵 혹은 청소 서비스 등 인적인 용역을 제공하는 것을 말합니다.

2) 시설물, 권리 등 재화를 사용하게 하는 것

펜션 임대와 같이 시설물을 이용하게 하거나 특허권, 실용신안권, 상표권 등 산업재산권과 같은 권리를 이용하게 하는 것을 말합니다. 이 경우 산업재산권 등과 같은 등록된 권리 만이 아니라 기술상 노하우, 지식, 경험 등을 제공하는 것도 용역의 공급으로 봅니다(영 제25조의 3).

단 위와 같은 공급 중 **대가를 받지 않고 타인에게 용역을 공급**하는 것은 용역의 공급이 아닙니다. 조금 전에 음식점은 용역의 공급으로 본다고

했지요? 따라서 시청 광장에서 월드컵 응원 행사가 있었는데 우리나라가 이겨서 부근의 커피전문점 사장님이 음료를 공짜로 제공했다면 용역의 공급으로 보지 않습니다. 그런데 반대로 소매점 사장님이 물을 공짜로 제공했다면 어떨까요? 원칙상으로는 사업상 증여로 재화의 간주공급으로 보아야 할 것입니다.

그런데 용역의 무상공급에 대해서는 단 하나의 예외가 있습니다. 사업자가 소득세법이나 법인세법에 따른 특수관계자에게 사업용 부동산의 임대용역을 무상으로 공급하는 경우에는 용역의 공급으로 보아 과세합니다.

(3) 용역공급의 특례 - 간주공급

재화의 공급과 같이 용역의 공급도 공급의제 특례가 있습니다. 다만 법에서만 규정하고 시행령에서 구체적인 과세 내용을 정하지 않고 있어서 실제로 용역의 공급에 따른 간주공급이 적용되는 경우는 없습니다. 따라서 다음과 같은 경우에는 재화와 달리 용역의 간주공급에는 해당하지만 부가가치세를 과세하지는 않습니다.

① 사업자가 자기의 사업과 관련하여 사업장 내에서 그 사용인에게 음식용역을 무상으로 제공하는 경우

② 사업자가 사용인의 직무상 부상 또는 질병을 무상으로 치료하는 경우

③ 사업장이 각각 다른 수개의 사업을 겸영하는 사업자가 그중 한 사업장의 재화·용역의 공급에 필수적으로 부수되는 용역을 자기의 다른 사업장에서 공급하는 경우

(4) 용역의 공급시기

1) 일반적인 경우

역무의 제공이 완료되는 때 또는 시설물, 권리 등이 사용되는 때

2) 장기할부조건부 또는 그 밖의 조건부로 용역을 공급하는 경우

대가의 각 부분을 받기로 한 때

3) 완성도기준지급조건부 또는 중간지급조건부로 재화를 공급하는 경우

대가의 각 부분을 받기로 한 때. 다만 역무의 제공이 완료되는 날 이후에 받기로 한 대가의 부분에 대해서는 역무의 제공이 완료되는 날을 공급시기로 봅니다.

위 2) 또는 3)에서 장기할부조건부, 완성도기준지급조건부, 중간지급조건부의 구분은 재화의 공급과 동일합니다.

4) 공급단위를 구획할 수 없는 용역을 계속적으로 공급하는 경우

대가의 각 부분을 받기로 한 때

5) 역무의 제공이 완료된 때 또는 대가를 받기로 한 때를 공급시기로 볼 수 없는 경우 : 역무의 제공이 완료되고 그 공급가액이 확정되는 때

6) 예정신고기간 또는 과세기간의 종료일을 공급시기로 보는 경우

① 부동산 임대용역의 전세금 또는 임대보증금에 대한 간주임대료

② 부동산 임대용역을 둘 이상의 과세기간에 걸쳐 공급하고 그 대가를 선불 또는 후불로 받는 경우 월수에 따라 안분계산한 임대료

③ 둘 이상의 과세기간에 걸쳐 계속적으로 다음의 용역을 제공하고 그 대가를 <u>선불로</u> 받는 경우

㉠ 스포츠센터에서 연회비를 미리 받고 시설을 이용하게 하는 경우

㉡ 사업자가 다른 사업자와 상표권 사용계약을 할 때 사용대가 전액을 일시불로 받은 경우

㉢ 노인복지법에 따른 유료노인복지시설을 설치·운용하는 사업자가

시설을 분양받은 자로부터 입주 후 수영장·헬스클럽장 등을 이용하는 대가를 입주 전에 미리 받고 시설물을 이용하게 하는 것

㉣ 그 밖에 ㉠~㉢과 유사한 용역

7) 폐업 전에 공급한 용역의 공급시기

위 1)~6)의 규정에도 불구하고 사업자가 폐업 전에 공급한 용역의 공급시기가 폐업일 이후에 도래하는 경우에는 그 폐업일

(5) 재화·용역의 공급시기 특례

재화·용역의 공급에서 설명한 바와는 별도로 두 가지 모두에 적용되는 공급시기 특례규정이 있습니다. 모두 세금계산서 혹은 영수증의 발행일자와 관련된 것인데 뒤에서 배울 세금계산서 제도와는 별도로 다음의 사항은 꼭 기억해 둡시다.

1) 선 세금계산서 혹은 영수증의 발행

세금계산서나 영수증은 원래 재화와 용역의 공급시기에 발급하여야 합니다. 따라서 원칙적으로 공급시기 전에 발행한 세금계산서나 영수증은 사실과 다른 세금계산서이므로 가산세 등을 물어야 합니다. 다만 다음과 같은 경우에는 특별히 세금계산서 혹은 영수증의 발급일을 공급시기로 봅니다.

① 공급시기 전에 대금을 수령하고 그와 동시에 세금계산서 혹은 영수증을 발급하는 경우

② 공급시기 전에 세금계산서를 발급하고 발급일로부터 7일 이내에 그 대가를 수령하는 경우

③ 계약서 등에 대금청구시기와 지급시기를 따로 적고, 대금청구시기와 지급시기 사이의 기간이 30일 이내이며, 대금청구시기를 발급일

로 하여 세금계산서를 발행한 경우

2) 장기할부판매 등의 특례

아래의 경우는 아무런 조건 없이 공급시기가 되기 전에 세금계산서 혹은 영수증을 발급하면 그 발급일을 공급시기로 봅니다. 모두 대가를 받기 전에 재화가 인도되었거나 역무의 제공이 완료된 경우라서 세금계산서만 발급받고 매입세액만 부당하게 공급받는 문제가 발생하지 않는 경우에 해당합니다.

① 장기할부판매로 재화를 공급하거나 장기할부조건부로 용역을 공급하는 경우

② 전력이나 그 밖에 공급단위를 구획할 수 없는 재화를 계속적으로 공급하는 경우

③ 공급단위를 구획할 수 없는 용역을 계속적으로 공급하는 경우

3 재화의 수입

'재화의 수입'이란 다음의 물품을 국내에 반입하는 것(보세구역을 거치는 것은 보세구역에서 반입하는 것)을 말합니다(법 제13조).

① 외국으로부터 국내에 도착한 물품으로서 수입신고가 수리되기 전의 것. 외국선박에 의해 공해에서 채집되거나 잡힌 수산물 포함.

② 수출신고가 수리된 물품

재화의 공급 혹은 수입과 관련하여서 보세구역이라는 개념을 알아두어야 합니다. 보세구역은 일시적으로 세금의 부과를 유예한 구역을 의미합니다. 이러한 보세구역으로의 재화의 유입, 유출, 보세구역 내 재화의 이동은 다음과 같이 구분합니다.

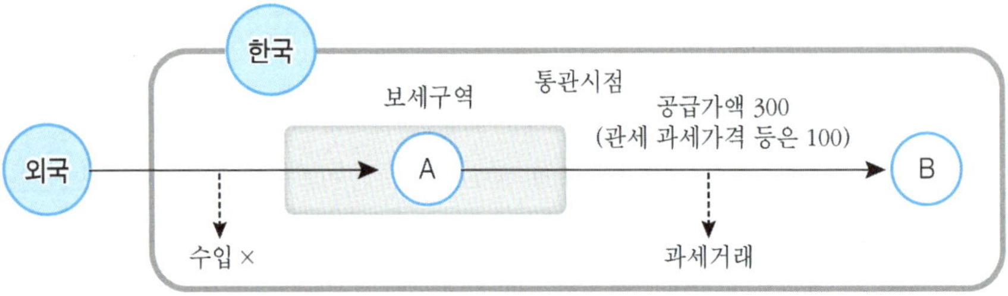

외국에서 보세구역으로 재화가 반입되는 것은 재화의 수입으로 보지 아니합니다. 보세구역에서 보세구역 외의 지역으로 반입되는 것을 재화의 수입으로 과세하는 것입니다. 또한 사업자 A가 보세구역 내의 다른 사업자에게 공급하거나, 보세구역 밖의 사업자 B가 보세구역 내의 사업자 A에게 공급하는 것은 재화의 공급으로 봅니다. 보세구역 내에서 보세구역 외의 국내에 재화를 공급하는 경우 과세는 다음과 같습니다.

① 공급시기 : 수입신고 수리일

② 과세방법

구 분	부가가치세	위 사례의 경우
세관장 징수분	수입재화의 과세표준 × 10%	100 × 10%
사업자 A 거래징수분	⇩ (공급가액 − 세관장의 수입재화 과세표준) × 10%	(300−100)×10%

V

영세율과 면세

1 생산지국 과세원칙과 소비지국 과세원칙 – 국경세의 조정

영세율 제도를 이해하기 위해서는 국경세의 조정이 어떻게 이루어지는지 이해할 필요가 있습니다. 수출재화의 가격에 대해 생각해 봅시다. 우선 수출하는 거래에 대해 생산지국에서 부과한 부가가치세를 전혀 조정하지 않고 소비하는 국가에서는 수입하는 재화에 관세를 전혀 부과하지 않는 경우가 있을 것입니다. 국경을 넘어 거래되는 재화에 대해 기존에 붙어 있는 부가가치세에 대해 전혀 조정을 하지 않는 것이지요. 이렇게 되면 생산지 국가의 부가가치세율에 따라 동일한 제품의 가격이 달라져서 소비자의 경우에는 부가가치세율이 낮은 국가의 제품을 소비하게 될 것입니다.

예를 들어 원래 가치는 100,000원이고 모든 가치가 동일한 상품 A가 있고, 일본의 부가가치세율이 5%이고 우리나라는 부가가치세율이 10%라고 가정합시다. 우리나라와 일본이 A를 미국에 수출하고 국경세 조정이 되지 않는다면 미국소비자 입장에서는 우리나라에서 수입한 것은 110,000원, 일본에서 수입한 것은 105,000원이 될 것입니다. 당연히 미국소비자는 일본산 제품만 사용할 것입니다.

두 번째로 생산하는 국가에서 발생한 부가가치세를 수출할 때 전액 사업자에게 환급해 주고 생산지 국가에서는 동일한 관세를 부과하는 방법이 있을 수 있습니다. 이 경우 부가가치세는 생산지국에서 부과되는 것이 아니라 소비하는 국가에서 부과됩니다. 이런 방식의 국경세 조정을 소비지국 과세원칙이라고 합니다. 앞서 예에서 우리나라는 부가가치세 10,000원, 일본은 5,000원을 생산자에게 환급해 주므로 미국 소비자 입장에서는 A의 가격이 수입국을 불문하고 100,000원으로 동일하게 됩니다.

2 영세율과 면세의 개념

과세되는 재화나 용역의 공급과 관련된 흐름을 예를 들어 설명해 봅시다. 제조업자가 인형을 만들어서 1,100에 소매업자에게 팔고, 소비자는 영세율 적용을 받는 소매업자에게 3,000원을 지불하고 옷을 산다고 가정합시다. 공급단계를 축소하기 위해서 제조업자는 인형을 만드는데 전혀 비용이 들지 않았고, 영세율은 소매업자 단계에서 적용한다고 하면 가격의 흐름은 다음과 같을 것입니다.

구 분	제조업자		소매업자(영세율)		소비자
	공급가액	부가가치세	공급가액	부가가치세	
매 출	1,000	100	3,000	0	
매 입			1,000	100	3,000
납부세액		100		−100	
부가가치세 총계	0				

영세율을 적용하면 위의 표와 같이 제조업자가 납부한 부가가치세를 소매업자가 환급받게 됩니다. 왜 그럴까요? 영세율적용에서 중요한 점은 매출을 할 때 영의 세율을 적용하는 것 뿐만이 아니라 소매업자가 매입한 재화에 대한 매입세액 공제도 같이 적용하기 때문입니다. 면세제도는 소매업자가 지급한 매입세액에 대해 매입세액 공제를 적용하지 않습니다.

만일 소매업자에게 면세를 적용한다면 소매업자는 영세율 적용시의 이익 3,000원−1,000원의 이익을 유지하기 위해 인형을 3,100원에 판매할 수밖에 없고 위의 표는 아래와 같이 바뀌게 될 것입니다.

구 분	제조업자		소매업자(면세)		소비자
	공급가액	부가가치세	공급가액	부가가치세	
매 출	1,000	100	3,100	0	
매 입			1,000	0	3,100
납부세액		100		0	
부가가치세 총계	100				

즉, 면세를 적용하기 전에 발생한 부가가치 1,000원에 대한 세액 100원의 효과는 사라지지 않는 것이지요. 이 차이를 잘 이해하고 계셔야 합니다. 이제 구체적으로 영세율을 언제 적용하는 것인지 알아봅시다.

3 영세율

영세율 제도는 일정한 재화 또는 용역의 공급에 대해 0%의 세율을 적용하는 제도를 말합니다. 영세율 제도는 원래 국경세 조정을 위한 것이므로 주로 수출 등 해외로 공급하는 재화나 용역에 대해 적용하는 것이지만 우리나라 조세특례제한법은 국내에서 공급하는 재화 용역에 대해서도 부가가치세 부담을 완전히 없애기 위해 특정한 경우는 영세율을 적용하도록 하고 있습니다.

(1) 영세율 적용 대상자

영세율 적용 대상자는 영의 세율을 적용받는 것일 뿐 나머지는 과세거래자와 동일합니다. 따라서 과세사업자만 영세율을 적용받을 수 있고 면세사업자는 영세율을 적용받지 못합니다. 또한 과세사업자 중 간이과세자는 매출에 대해서는 영세율을 적용받지만 매입세액공제는 받을 수 없습니다.

구 분		영세율적용	매입세액공제
과세사업자	일반과세자	○	○
	간이과세자	○	×
면세사업자		×	

또한 영세율은 원칙적으로 거주자 혹은 내국법인에 대하여 적용하며, 사업자가 비거주자 혹은 외국법인이면 상대국에서 우리와 동일한 영세율을 적용하는 경우에만 영세율을 적용합니다.

(2) 영세율 적용 대상 거래

1) 재화의 수출

① 본래의 수출

수출이란 다음을 말합니다(법 제21조).

㉠ 내국물품을 외국으로 반출하는 것. 대한민국 선박에 의하여 채집되거나 포획한 수산물 포함

㉡ 국내의 사업장에서 계약과 대가 수령 등의 거래가 이루어지는 것으로 중개무역 방식의 수출, 위탁판매 수출, 외국인도수출, 위탁가공무역 방식의 수출

이때 대금의 결제 방식, 신용장의 수반 여부, 대가의 수반 여부는 모두 따지지 않습니다. 따라서 다음의 경우에도 영세율을 적용합니다.

㉠ 사업자가 재화를 국외로 무상으로 반출하는 경우의 시가

㉡ 재화의 수출금액과 신용장의 금액이 달라 차액을 별도로 받는 경우의 동 차액

다만 국외사업자에게 견본품을 보내는 것은 재화의 공급으로 보지 않으므로 당연히 영세율을 적용하지 않습니다.

② 재화의 수출로 보아 영세율을 적용하는 거래

주로 최종수출품의 제작, 판매에 소요되는 원재료 등이 해외로 반출되지 않은 경우에도 영세율을 적용하기 위한 규정입니다. 수출품 생산자가 재화를 처음부터 끝까지 제조하는 경우는 흔치 않습니다. 수출품에 들어갈 원재료나 부분품을 다른 사업자에게서 구매해야 하지요. 이렇게 원재료나 부분품을 수출품 생산업자에게 공급하는 사업자에게 영세율을 적용하기 위해 국가에서는 내국신용장이나 구매확인서라는 제도를 운영하고 있습니다. 구매확인서 혹은 내국신용장이 무엇이고 이 제도가 어떻게 운영되는지를 설명하려면 너무 많은 지면이 필요하므로 생략하고 다음의 사항만 알아둡시다.

㉠ 구매확인서 및 내국신용장은 영세율 첨부서류로서 꼭 세무서에 제출해야 하는 부속서류이므로 제출하지 않으면 가산세를 물어야 한다.

㉡ 해당 과세기간에 영세율로 신고한 구매확인서 및 내국신용장은 과세기간 종료일로부터 25일 내에 발급되어야 한다.

국내거래를 수출로 보아 영세율을 적용하는 경우는 다음과 같습니다.

㉠ 사업자가 내국신용장 또는 구매확인서에 의해 공급하는 재화(금지금 제외)

㉡ 사업자가 다음의 요건을 모두 충족하고 공급하는 재화

- 국외의 비거주자 또는 외국법인과 직접 계약에 따라 공급
- 대금을 외국환은행에서 원화로 받을 것
- 동 비거주자, 외국법인이 지정하는 국내의 다른 사업자에게 인도
- 동 사업자가 비거주자 등과의 계약에 따라 인도받은 재화를 그대로 반출하거나 제조, 가공한 후 반출

㉢ 사업자가 한국국제협력단, 한국국제보건의료재단, 대한적십자사에 공급하고 해당 기관이 그 목적사업을 위하여 외국에 무상으로 반출하는 재화

2) 용역의 국외 공급

용역의 **공급 장소가 국외**이면 되고 대금의 결제 방식 등은 불문합니다. 예를 든다면 건설업자 중 해외에서 건설공사를 도급받은 원천건설사로부터 재도급 받은 사업자가 국외에서 건설용역을 제공하고 그 대가를 국내에서 원청업자에게서 받는 경우에도 영세율을 적용합니다. 반대로 해외건설사로부터 수주한 국내 건설공사에 대해서는 그 대가를 어디에서(국외, 국내) 수취했던지 영세율을 적용하지 않습니다. 용역의 공급 장소가 국내이기 때문입니다.

3) 선박 또는 항공기에 의한 외국항행용역

항행용역을 하면서 수반되는 다음의 여러 가지 서비스에 대해서도 영세율을 적용합니다.

① 다른 외국항행업자가 운용하는 선박 또는 항공기의 탑승권을 판매하거나 화물운송계약을 체결하는 것
② 외국을 항행하는 선박 또는 항공기 내에서 승객에게 공급하는 것
③ 자기의 승객만이 전용하는 버스에 탑승하게 하는 것
④ 자기의 승객만이 전용하는 호텔에 투숙하게 하는 것
⑤ 운송주선업자가 국제복합운송계약에 의하여 화주로부터 화물을 인수하고 자기 책임과 계산으로 타인의 선박 또는 항공기 등의 운송수단을 이용하여 화물을 운송하고 화주로부터 운임을 받는 국제운송용역
⑥ 항공법에 따른 상업서류 송달용역

4) 외화획득을 위한 재화 또는 용역의 공급

다음의 거래는 모두 국내 거래이지만 외화획득을 장려하기 위해 영세율을 적용합니다. 실무에 있어서 중요한 순으로 알아봅시다.

① 수출업자와 직접 도급계약에 의해 수출재화를 임가공하는 수출재화 임가공용역

반드시 수출업자와 직접 도급계약을 체결해야 하고 사업자가 수출업자에게 부가세를 별도로 기재한 세금계산서를 발행하지 않은 경우에만 적용합니다.

② 내국신용장이나 구매확인서에 의한 수출재화 임가공용역

이 경우에는 영세율 세금계산서가 발행되므로 '①'을 고려할 필요는 없습니다.

③ 외국을 항행하는 선박 및 항공기 또는 원양어선에 공급하는 재화, 용역

사업자가 부가가치세를 별도로 기재한 세금계산서를 발행하지 않은 경우에만 적용합니다.

④ 국내에서 국내사업장이 없는 비거주자 혹은 외국법인에게 공급되는 다음의 재화 또는 용역

㉠ 비거주자 또는 외국법인이 지정하는 국내사업자에게 인도되는 재화로서 해당 사업자의 과세사업에 사용되는 재화

㉡ 전문, 과학 및 기술 서비스업

수의업, 제조업 및 기타 산업의 회사 본부에 공급하는 것은 제외

㉢ 무형재산권 임대업, 통신업

㉣ 컨테이너 수리업, 보세구역 내의 보관창고업, 해운업법에 따른 해운대리점업, 해운중개업 및 선박관리업

㉤ 출판, 영상, 방송통신 및 뉴스제공업, 영화관 및 비디오 감상실 운영업은 제외한 영상・오디오 기록물 제작 및 배급업, 소프트웨어 개발업, 컴퓨터 프로그래밍, 시스템통합관리업, 자료처리, 호스팅, 포털 및 기타 인터넷 정보서비스업, 기타 정보서비스업

Ⓑ 상품중개업

Ⓢ 사업시설관리 및 사업지원 서비스업(조경 관리 및 유지 서비스업, 여행사 및 기타 여행보조서비스업 제외)

Ⓞ 교육지원 서비스업, 임상시험용역, 관세법상 보세운송용역

이 때 Ⓛ, Ⓢ에 해당하는 경우는 상대국에서 동일한 규정을 적용하는 경우에만 한정합니다. 또한 이를 적용하기 위해서는 다음을 검토해야 합니다.

- 국내에 거소를 둔 개인, 외교공관 소속직원, 우리나라에 상주하는 국제연합군, 미군 및 군무원은 대상에서 제외합니다.
- 대금을 외국환은행에서 원화로 받거나, 국외의 비거주자 혹은 외국법인으로부터 외화로 직접 송금받아 외국환은행에 매각하거나, 국내사업장이 없는 비거주자 혹은 외국법인에 재화를 공급하거나 용역을 제공하고 받는 대가를 해당 비거주자 또는 외국법인에 지급할 금액에서 빼는 방법으로 수취해야 합니다.

⑤ 국내사업장이 있는 비거주자 또는 외국법인에게 국내에서 국외의 비거주자 또는 외국법인과 직접 계약하여 공급하는 ④에 해당하는 재화 또는 사업에 해당하는 용역

대금에 관한 요건은 ④와 동일합니다.

⑥ 우리나라에 상주하는 외교공관, 영사기관(명예영사관원을 장으로 하는 영사기관은 제외), 국제연합과 이에 준하는 국제기구(우리나라가 당사국인 조약과 그밖의 국내 법령에 따라 특권과 면제를 부여받을 수 있는 경우만 해당) 등에 재화 또는 용역을 공급하는 경우

⑦ 외교공관 등의 소속직원으로서 해당 국가로부터 공무원 신분을 부여받은 자 또는 외교부장관으로부터 이에 준하는 신분임을 확인받은 자 중 내국인이 아닌 자에게 다음의 요건을 모두 갖추고 재화·

용역을 공급하는 경우

㉠ 관할 세무서장으로부터 외교관 면세점으로 지정받은 사업장에서 외교부장관이 발행하는 면세카드를 제시받을 것

㉡ 음식·숙박용역, 개별소비세 외국인전용 판매장에서 판매하는 면세물품, 석유류, 주류, 전력, 외교부장관의 승인을 받아 구입하는 자동차에 해당할 것

㉢ 외교관 면세판매기록표에 의하여 외교관 등에게 공급한 것이 확인될 것

⑧ 우리나라에 상주하는 국제연합군 또는 미군에 공급하는 재화 또는 용역

⑨ 관광진흥법 시행령 상의 일반여행업자가 외국인 관광객에게 공급하는 관광알선 용역으로서 대가를 외국환은행에서 원화로 받거나 외화 현금으로 받은 것 중 외국인 관광객과의 거래임이 확인되는 것

⑩ 개별소비세법에 따른 지정을 받아 외국인 전용 판매장을 경영하는 자 또는 주한외국군인 및 외국인 선원 전용 유흥음식점업을 경영하는 자가 국내에서 공급하는 재화 또는 용역으로서 그 대가를 외화로 받고 그 외화를 외국환은행에서 외화로 환전하는 것

5) 조세특례제한법에 따른 영세율적용대상거래(조특법 제105조)

이 규정은 소비지국 과세원칙이나 외화 획득과는 전혀 관계없이 국내소비에 대한 부가가치세 부담을 완전히 제거하기 위하여 특별히 규정하고 있는 것인데 몇 가지만 살펴보겠습니다.

① 장애인용 보장구(의수족, 휠체어, 보정기 등), 장애인용 특수 정보통신기기 및 장애인의 정보통신기기 이용에 필요한 특수소프트웨어

② 어민에게 공급하는 어업용 기자재

③ 농민 또는 임업에 종사하는 자에게 직접 공급하거나 국가 및 지자

체, 각 협동조합 및 이들의 중앙회, 농협경제지주회사 및 그 자회사를 통하여 공급하는 일정한 농업용, 축산업용, 또는 임업용 기자재

④ 군부대 혹은 군기관에 공급(군인복지기본법에 따른 체육시설 중 군 골프장 및 이와 유사한 시설에 공급하는 경우는 제외)하는 석유류

(3) 영세율을 적용받기 위해 제출해야 하는 서류

영세율을 적용받기 위해서는 다음의 서류를 꼭 제출해야 합니다.

1) 영세율 매출명세서

2) 영세율 첨부서류

① 재화의 수출

수출실적명세서(소포우편으로 수출한 경우에는 소포수령증), 수출계약서 사본 또는 외화입금증명서 등

② 용역의 국외 공급

외국환은행에서 발급한 외화입금증명서 또는 국외에서 제공하는 용역에 관한 계약서

③ 선박이나 항공기의 외국항행용역

선박은 외국환은행이 발급하는 외화입금증명서, 항공기는 공급가액 확정명세서

영세율 첨부서류는 예정 혹은 확정신고 시에 제출하지 않을 경우 첨부하지 않은 부분에 대해서는 신고를 하지 않거나 과소 신고한 것으로 보아 영세율 과세표준 과소신고(무신고)가산세가 적용되므로 주의하여야 합니다.

4 면세

(1) 재화 · 용역의 공급에 대한 면세(법 제26조)

1) 기초생활필수품에 대한 면세

기초생활필수품에 대해 부가가치세가 과세되면 서민들의 부담이 커지므로 생활에 필수적인 재화 · 용역의 공급에 대해서는 면세를 적용하고 있는데 다음과 같은 것들이 있습니다.

① 미가공 식료품 및 우리나라에서 생산되어 식용으로 제공되지 않는 미가공 농산물, 축산물, 수산물과 임산물.

이 경우 두 가지 점에 주의하셔야 합니다.

- 우선 식품은 수입산 이든 국내생산품 이든 구분 없이 면세를 적용
- 식용이 아닌 농산물, 축산물, 수산물, 임산물은 국내산만 면세

예를 들어 낚시를 할 때 미끼로 사용하는 갯지렁이의 경우 우리나라에서 생산된 것은 면세지만 중국에서 수입된 것은 면세하지 않습니다. 또한 미가공된 식료품만 면세하므로, 가공된 식료품은 과세합니다. 생김을 판매하는 것은 면세에 해당하지만 마트에서 파는 포장 김은 과세하는 것입니다. 그런데 이 '미가공'이라는 말은 가공하지 않거나 원생산물의 본래의 성상이 변하지 않는 정도의 1차가공(탈곡, 정미, 제분, 정육, 건조, 냉동, 염장, 포장)한 것도 포함하고 있습니다. 구체적으로는 다음과 같습니다(영 제34조).

㉠ 단순가공식료품

데친 채소류, 김치, 단무지, 장아찌, 젓갈류, 게장, 두부, 메주, 간장 된장, 고추장을 말합니다. 이 경우 제조시설을 갖추고 판매목적으로 관입, 병입, 또는 이와 유사한 형태로 포장해서 공급하는 것은 면세하지 않으며 단순히 운반 편의를 위해 일시적으로 관

입, 병입 등의 포장을 하는 경우에는 면세를 적용합니다.

예를 들어 김치공장에서 재래시장 반찬가게에 운반만 하기 위해 큰 비닐에 포장하여 대량으로 공급하는 것은 면세하지만 소비자에게 팔 목적으로 소량 단위로 비닐 팩에 넣어서 판매하는 종가집 김치는 과세되는 것입니다.

㉡ 원생산물 본래의 성질이 변하지 않는 정도로 1차가공을 하는 과정에서 필수적으로 발생하는 부산물

㉢ 미가공 식료품을 단순히 혼합한 것

㉣ 쌀에 인삼추출물, 아미노산 등 식품 첨가물을 첨가·코팅하거나 버섯균을 배양시킨 것

따라서 조미료, 향신료 등을 가미하여 가공처리한 것으로 맛김, 볶거나 조미한 멸치, 조미하여 건조한 쥐치포 등의 어포류는 면세하지 않습니다.

② 수돗물 ③ 연탄과 무연탄 ④ 여성용 생리처리 위생용품

⑤ 여객운송용역. <u>다만 항공기, 우등고속버스, 전세버스, 택시, 특수자동차 특종선박 및 고속철도에 의한 운송용역은 제외</u>

이때 뒤에서 다시 설명하겠지만 세금계산서 제도와 관련하여 부가가치세가 과세된다 하더라도 위의 밑줄 친 부분을 공급받은 사업자는 전세버스를 제외하고는 매입세액공제를 받지 못합니다. 이유는 동 사업자는 공급받는 자가 세금계산서 발급을 요구하여도 세금계산서를 발급해 줄 수 없기 때문입니다.

⑥ 주택과 이에 부수되는 토지의 임대용역

⑦ 공동주택관리법에 따른 관리 규약에 따라 관리주체 또는 입주자대표회의가 복리시설인 공동주택 어린이집에 제공하는 임대용역

2) 기초생활필수품에 대한 면세

① 의료 보건 용역

㉠ 의사, 치과의사, 한의사, 수의사가 제공하는 용역

㉡ 조산사, 간호사, 임상병리사, 치과기공사, 접골사, 안마사가 제공하는 용역

㉢ 장의업자가 제공하는 장의 용역

㉣ 노인장기요양보험법에 따른 장기요양기관이 장기요양인정을 받은 자에게 제공하는 가사활동의 지원 또는 간병 용역

㉤ 사회적기업 인증을 받은 사회적기업이 직접 제공하는 간병, 산후조리, 보육용역

다만, 의사, 한의사, 치과의사가 제공하는 용역 중 다음의 것은 제외합니다.

㉠ 미용목적의 성형수술

- 쌍거풀 수술, 코성형 수술, 유방확대・축소술(유방암 수술에 따른 유방 재건술은 제외), 지방흡입술, 주름살제거술
- 안면윤곽술, 치아미백・라미네이트・잇몸성형술 등의 성형수술, 성형수술로 인한 후유증 치료, 선천성 기형의 재건수술과 종양제거에 따른 재건수술은 제외
- 악안면 교정술(치아교정치료가 선행되는 악안면 교정술은 제외)

㉡ 미용목적 피부관련 시술

또한 수의사가 제공하는 용역 중 면세는 다음에 한정하여 적용합니다.

㉠ 축산물위생관리법에 의한 가축에 의한 진료용역

㉡ 기르는어업육성법에 의한 수산동물에 대한 진료용역

㉢ 장애인 보조견 표지를 발급받은 장애인 보조견에 대한 진료용역

㉣ 기초생활보장법에 따른 수급자가 기르는 동물의 진료용역

㉰ 질병 예방을 목적으로 하는 동물의 진료용역으로서 농림축산식품부장관이 기획재정부장관과 협의하여 고시하는 진료용역

- 예방접종, 심장사상충 · 회충약 등 예방약 투약, 옴 · 진드기 등의 예방을 위한 예방제 도포, 중성화 수술, 혈액검사 등의 병리학적 검사

여러분이 가정에서 키우는 반려동물은 가축으로 분류되지 않기 때문에, 기초생활수급자를 제외한 분들의 반려견의 일반적인 진료는 부가가치세가 과세되는 것입니다.

② 주무관청의 <u>허가 또는 인가</u>를 받거나 주무관청에 등록 또는 신고된 학원, 강습소에서 제공하는 용역

인허가를 받는 것 등에 해당하므로 체육교실이나 기타 교습소 등 인허가 대상이 아닌 교육은 과세하는 것이며, 인허가 받은 것이라도 무도학원 및 자동차운전학원은 과세합니다. 또한 교육용역 제공에 필요한 교재, 실습자재, 그 밖의 교육용구의 대가, 수강료 등의 대가는 주된 용역인 교육용역에 부수되는 재화 또는 용역으로 면세합니다.

③ 도서 및 도서 대여용역, 신문 · 잡지, 관보 및 뉴스통신. 단 광고는 제외

도서에는 도서에 부수하여 도서의 내용을 담은 음반 또는 비디오테이프를 첨부하여 통상 하나의 공급단위로 공급하는 것과 전자출판물을 포함하며, 신문 · 잡지는 등록된 정기 간행물로 한정하여 면세를 적용합니다. 또한 뉴스통신사업을 경영하는 법인이 특정회원을 대상으로 하는 금융정보 등 특정한 정보를 제공하는 경우에는 면세대상에서 제외합니다.

④ 예술창작품(골동품은 제외), 예술행사, 문화행사와 아마추어 운동경기

⑤ 도서관, 과학관, 박물관, 미술관, 동물원, 식물원, 민속문화자원을 소개하는 장소 및 전쟁기념관에 입장하게 하는 것

3) 부가가치의 생산요소에 대한 면세

부가가치의 생산요소는 보통 토지, 자본, 노동으로 분류합니다. 따라서 이에 대한 대가는 부가가치세를 면세합니다.

① 토지의 공급

② 금융·보험용역 - 자본에 대한 대가

금융업자 뿐 아니라 사업을 하는 자가 주된 사업에 부수하여 금융·보험용역 및 이와 유사한 용역을 제공하여도 면세를 적용합니다. 다만 다음의 것에 대해서는 면세를 적용하지 않습니다.

㉠ 복권·입장권·상품권·지급형주화·금지금에 관한 대행용역. 단 수익증권 등 금융업자의 금융상품 판매대행용역은 제외

㉡ 기업합병 또는 기업매수의 중개·주선·대리, 신용정보서비스 및 은행업과 관련된 전산시스템과 소프트웨어의 판매·대여용역. 따라서 은행에서 공인인증서를 발급하고 받는 수수료는 과세

㉢ 부동산 임대용역, 감가상각 자산의 대여용역(단, 여신전문금융업법에 따른 시설대여업자가 제공하는 시설대여용역은 제외)

㉠ ~ ㉢은 부수재화 혹은 용역의 공급과 관련된 조항인데 부수재화 용역을 공부할 때 설명드리겠습니다.

③ 특정한 자가 직업상 제공하는 인적용역 - 노동에 대한 대가

원래 노동에 대한 대가는 임금입니다. 하지만 임금을 받는 근로자는

사업자가 아니므로 부가가치세법의 대상이 아닙니다. 하지만 사회가 복잡해지면서 근로자가 아니면서 근로자와 유사한 용역을 제공하는 직업들이 생겼습니다. 우리가 사업소득에 대한 원천세율만큼 원천징수를 해야 하는 사업소득자들과 같은 사람입니다.

본래 사업소득자들이 제공하는 용역은 과세 대상입니다. 하지만 물적 · 인적 설비를 갖추지 않고 독립적으로 용역을 제공하는 경우 실질이 근로자와 비슷하므로 면세를 적용하는 것이지요. 따라서 다음의 경우는 부가가치세를 면세합니다.

㉠ 개인이 계속적 · 반복적으로 사업에 이용하는 건축물 · 기계장치 등의 사업설비 없이 근로자를 고용하지 않고 독립된 자격으로 용역을 공급하고 대가를 받는 인적용역

- 저술 · 서화 · 도안 · 조각 · 작곡 · 음악 · 무용 · 만화 · 삽화 · 만담 · 배우 · 성우 · 가수와 이와 유사한 용역
- 건축감독 · 학술용역과 이와 유사한 용역
- 접대부 · 댄서와 이와 유사한 용역
- 보험가입자의 모집, 저축의 장려 또는 집금을 하고 실적에 따라 보험회사 또는 금융기관으로부터 모집수당 · 장려수당 · 집금수당 또는 이와 유사한 성질의 대가를 받는 용역과 서적 · 음반 등의 외판원이 판매실적에 따라 대가를 받는 용역
- 고용관계 없는 자가 다수인에게 강연을 하고 강연료 · 강사료 등의 대가를 받는 용역
- 라디오 · 텔레비전 방송 등을 통하여 해설 · 계몽 또는 연기를 하거나 심사를 하고 사례금 또는 이와 유사한 성질의 대가를 받는 용역
- 작명 · 관상 · 점술 또는 이와 유사한 용역

- 개인이 일의 성과에 따라 수당 또는 이와 유사한 성질의 대가를 받는 용역

㉡ 개인·법인 또는 법인격 없는 사단·재단 기타단체가 독립된 자격으로 용역을 공급하고 대가를 받는 인적용역

- 국선변호인의 법률구조 및 변호사법에 따른 법률 구조사업
- 학술 연구용역, 기술 연구용역
- 인생상담·직업재활상담 및 그 밖에 이와 유사한 상담용역(결혼상담은 제외), 장애인 보조견 훈련 용역

4) 기타 면세 재화 용역

① 우표(수집용 우표 제외), 인지, 증지, 복권과 공중전화

② 판매가격이 20개비당 200원 이하이거나 담배사업법상 특수담배 중 영세율이 적용되지 않는 담배

③ 종교, 자선, 학술, 구호, 그 밖의 공익을 목적으로 하는 단체가 공급하는 다음의 재화 또는 용역

㉠ 주무관청의 허가 또는 인가를 받거나 주무관청에 등록된 일정한 단체가 그 고유목적사업을 위하여 일시적으로 공급하거나 실비 또는 무상으로 공급하는 재화 또는 용역

㉡ 학술 및 기술 발전을 위하여 학술 및 기술의 연구와 발표를 주된 목적으로 하는 단체가 그 연구와 관련하여 실비 또는 무상으로 공급하는 재화 또는 용역

㉢ 지정문화재를 소유·관리하고 있는 종교단체의 경내지 및 경내지 내의 건물·공작물 임대용역

㉣ 공익목적으로 기숙사를 운영하는 사업자가 학생 또는 근로자를 위하여 실비 또는 무상으로 공급하는 음식·숙박용역

㉤ 저작권 위탁관리업자가 저작권자를 위해 실비 또는 무상으로

공급하는 신탁관리용역

㉥ 비영리교육재단이 초중등교육법에 따른 외국인학교의 설립, 경영사업을 영위하는 자에게 제공하는 학교시설 이용 등 교육환경 개선과 관련된 용역

④ 국가, 지방자치단체, 지방자치단체 조합이 공급하는 재화용역. 단 다음의 것은 과세합니다.

㉠ 우정사업조직이 제공하는 소포우편물을 방문접수하여 배달하는 용역과 우편주문판매를 대행하는 용역

㉡ 고속철도에 의한 여객운송업

㉢ 부동산임대업, 도매 및 소매업, 음식점업, 숙박업, 골프장 및 스키장 운영업, 기타 스포츠시설 운영업에서 공급하는 재화 또는 용역(국가 등이 그 소속직원의 복리후생을 목적으로 구내에서 직접 식당을 경영하여 공급하는 음식용역과 국방부 또는 국군이 군인 군무원 및 그 배우자와 직계존비속에게 제공하는 재화, 용역은 면세)

㉣ 요양급여 대상에서 제외되는 쌍꺼풀 수술, 코 성형수술, 유방확대・축소술, 지방흡입술, 주름살제거술에 해당하는 진료용역, 수의사의 애완동물 진료용역

⑤ 국가, 지방차치단체, 지방자치단체조합 또는 공익단체에 무상으로 공급하는 재화 또는 용역

5) 조세특례제한법에 따른 면세(조특법 제106조, 제106조의2, 제106조의3)

① 도서지방의 자가발전에 사용할 목적으로 수산업협동조합중앙회에 직접 공급하는 석유류

② 사업장 등의 경영자가 그 종업원 또는 학생의 복리후생을 목적으

로 해당 사업장 등의 구내에서 식당을 직접 경영하여 공급하거나, 학교장의 위탁을 받은 학교급식공급업자가 위탁급식의 방법으로 해당 학교에 직접 공급하는 식사류

③ 농·어업경영 및 농·어작업의 대행 용역

④ 국민주택 및 해당 주택의 건설용역(리모델링용역 포함)

⑤ 관리주체, 경비업자 또는 청소업자가 공동주택 중 국민주택을 제외한 주택 중 수도권을 제외한 도시지역이 아닌 읍·면 지역의 주택과 그 외의 주택으로서 1호·1세대당 주거 전용면적이 135㎡ 이하인 주택에 공급하는 일반관리용역, 경비용역 및 청소용역

⑥ 관리주체, 경비업자 또는 청소업자가 공동주택 중 국민주택에 공급하는 일반관리용역, 경비용역 및 청소용역

⑦ 노인복지주택의 관리·운영자, 경비업자 및 청소업자가 국민주택 규모 이하인 노인복지주택에 공급하는 일반관리용역, 경비용역, 청소용역

⑧ 영구적인 임대를 목적으로 건설한 임대주택에 공급하는 난방용역

⑨ 온실가스배출권과 외부사업 온실가스 감축량 및 상쇄 배출권

⑵ 토지 건물의 공급 및 임대용역에 대한 과세

1) 부동산의 공급 및 임대용역에 대한 과세 여부

위의 면세제도를 공부하면서 부동산의 공급과 임대용역, 그리고 국민주택과 관련한 여러 항목이 곳곳에 있는 것을 보셨을 겁니다. 이를 종합하면 다음 표와 같습니다.

구분	토 지	건 물
공급	면세	과세 (단 국민주택의 공급은 면세)
임대	과세 (단 모든 주택 부속토지는 면세)	과세 (단 모든 주택의 임대는 면세)

2) 주택 및 부수토지의 임대용역 적용 시 부속토지의 한계면적

위의 표에서 보듯이 주택 부속토지의 임대는 면세입니다. 다만 그 한도면적은 다음의 둘 중 큰 것을 한도로 계산합니다.

① 건물이 정착한 면적 × 5배(도시지역 밖의 토지는 10배)

② 주택의 연면적(지하층 및 지상층의 주차용으로 사용되는 면적, 주민 공동시설의 면적은 제외)

그리고 주택과 그 밖의 사업용 건물이 함께 설치되어 있는 겸용주택의 경우에는 다음과 같이 면세 여부를 판정합니다.

① 건물

주택면적 〉 사업용 건물 면적 – 전체를 주택으로 보아 면세

주택면적 ≤ 사업용 건물 면적 – 주택부분만 면세

② 토지

주택면적 〉 사업용 건물 면적 – 가

전부를 주택 부수토지로 보되 위의 한계면적을 한도로 면세

주택면적 ≤ 사업용 건물 면적 – 나

총 토지면적 × 주택부분면적 ÷ 총 건물면적을 주택 부수토지로 보고 위 한도를 적용하여 면세를 적용

이때 위의 산식에서 건물이 정착한 면적을 계산할 때 다음과 같이 계산합니다.

'가'의 경우 – 주택의 면적과 사업용 건물의 정착면적을 합산

'나'의 경우 – 순수한 주택의 정착면적

<table>
<tr><th rowspan="2">경우</th><th colspan="2">면세면적과 과세면적의 구분</th></tr>
<tr><th>건 물</th><th>토 지</th></tr>
<tr><td>주택면적
∨
상가면적
경우</td><td>전부 주택으로 봄
→ 과세면적 … 0
∴ 주택정착면적 =
주택 + 상가</td><td rowspan="2">(1) 주택부수토지
$\text{Min}\left[\text{Max}\left(\text{주택의 연면적},\ \text{주택정착면적}^{*} \times 5\text{배}(10\text{배})\right),\ \text{총토지면적} \times \frac{\text{주택면적}}{\text{총건물면적}}\right]$
* 복층건물의 경우
건물정착면적 × $\frac{\text{주택연면적}}{\text{건물연면적}}$
(2) 상가부수토지
= 총토지 면적 – 주택부수토지 면적</td></tr>
<tr><td>주택면적
∥ ∧
상가면적
경우</td><td>주택만 주택으로 봄
→ 과세면적 … 주택 면적 외의 면적</td></tr>
</table>

또한 부동산을 2 이상의 임차인에게 임대한 경우에는 그 임차인별로 각각 과면세 여부를 판단해야 합니다.

사 례

도시지역 외의 겸용주택

<table>
<tr><th rowspan="2">구분</th><th colspan="2">임대 예</th><th rowspan="2">판 정</th><th colspan="2">과면세 적용</th></tr>
<tr><th>건물연면적</th><th>토지</th><th>건물</th><th>토지</th></tr>
<tr><td>1</td><td>단층
주택 20
점포 30</td><td>600</td><td>주택 〈 점포이므로 건물은 주택만 면세
주택부수토지는 240이나
주택면적 = MAX(①, ②) 한도로 면세
① 20 × 10 = 200
② 20 – ㉠</td><td>면세
20
과세
30</td><td>면세 200
과세 400</td></tr>
<tr><td>2</td><td>단층
주택 30
점포 20</td><td>600</td><td>주택 〉 점포이므로 건물은 전체 면세
전체가 주택 부수토지이나</td><td>면세
50</td><td>면세 500
과세 100</td></tr>
</table>

구분	임대 예		판 정	과면세 적용	
	건물연면적	토지		건물	토지
2	단층 주택 30 점포 20		주택면적 = MAX(①, ②) 한도로 면세 ① 50 × 10 = 500 ② 50 - ㉡		
3	3층 주택 30 2층 주택 30 1층 점포 30	600	주택 〉 점포이므로 건물은 전체 면세 전체가 주택 부수토지이나 주택면적 = MAX(①, ②) 한도로 면세 ① 30 × 10 = 300 ② 90 - ㉢	면세 90	면세 300 과세 300
4	3층 주택 30 2층 점포 30 1층 점포 30	600	주택 〈 점포이므로 건물은 주택만 면세 주택 부수토지는 200이나 주택면적 = MAX(①,②) 한도로 면세 ① 30 × 30 ÷ 90 × 10 = 100 ② 30 - ㉣	면세 30 과세 60	면세 100 과세 500

㉠ 주택 〈 점포이므로 건물은 주택부문만 주택으로 봄.
따라서 건물이 정착된 면적은 20
주택의 연면적은 주택부분만 합산하므로 20

㉡ 주택 〉 점포이므로 건물은 모두 주택으로 봄.
따라서 건물이 정착된 면적은 50
주택의 연면적은 주택과 점포를 포함한 50

㉢ 주택 〉 점포이므로 건물은 모두 주택으로 봄. 건물의 정착면적은 다층 건물이므로 30임.
따라서 건물이 정착된 면적은 30
주택의 연면적은 주택과 점포를 포함한 90

㉣ 주택 〈 점포이므로 건물은 주택부문만 주택으로 봄.

건물의 정착면적은 다층건물이므로 30임.
따라서 건물이 정착된 면적은 총 면적 30 중 주택부문의 연면적비율 30 ÷ 90인 10임.
주택의 연면적은 주택부분만인 30

(3) 재화의 수입에 대한 면세

1) 부가가치세법에 따른 면세 대상(법 제27조)

① 미가공 식료품. 단 커피두, 코코아두는 과세

② 도서, 신문, 잡지

③ 면세되는 국산품과 동일한 담배

2) 조세특례제한법에 따른 면세 대상(조특법 제106조, 제106조의3)

① 무연탄

② 과세사업에 사용하기 위한 선박(제3자에게 판매할 목적인 경우는 제외)

(4) 면세의 포기

일정한 면세대상 재화 용역에 대해서는 사업자의 자유의사에 따라 면세를 포기할 수도 있습니다. 주된 이유는 영세율적용 대상에 대해 면세보다는 영세율을 적용받기 위해서입니다.

1) 면세포기 대상

① 영세율적용 대상이 되는 재화와 용역

② 주택 및 부수토지의 임대용역

③ 인적용역

④ 종교·자선 등 공익을 목적으로 하는 단체가 공급하는 재화 또는 용역

2) 면세포기의 절차

면세포기신고서를 관할 세무서장에게 제출하고 사업자등록만 하면 됩니다. 신고하는 것으로 족하고 세무서장의 승인을 요하는 것도 아닙니다.

3) 면세포기의 효력

면세를 포기하면 과세사업자로 전환되므로 거래징수, 세금계산서의 발급 등 사업자의 각종 의무를 이행하게 됩니다. 또한 면세포기를 신고한 사업자는 신고한 날로부터 3년 간은 면세를 적용받지 못하며, 3년이 지난 뒤 다시 면세를 적용받으려면 면세적용신고서와 함께 발급받은 사업자등록증을 제출해야 합니다.

(5) 부수 재화와 용역의 공급

원래 이 주제는 과세 재화·용역을 공부할 때 해야하는 것이나 면세에 대한 개념이 필요하므로 이 장에서 설명드리는 것입니다. 사업자는 주된 거래 혹은 주된 사업에 부수하여 재화 용역을 공급합니다. 이때 과·면세 적용 여부는 주된 거래에 부수되는 것인지, 주된 사업에 부수되는 것인지 여부에 따라 달라집니다. '**거래에 부수**', '**사업에 부수**' 두 가지에 주의하면서 공부해 봅시다.

1) 주된 거래에 부수하여 공급되는 재화 또는 용역

주된 거래에 부수하여 공급되는 것으로서 다음 중 어느 하나에 해당하는 것은 주된 재화 혹은 용역의 공급에 포함되는 것으로 봅니다.

① **해당 대가가** 주된 재화 또는 용역의 공급에 대한 대가에 통상적으로 포함되어 공급되는 **재화 또는 용역**

② 거래 관행으로 보아 통상적으로 주된 재화 또는 용역의 공급에 부수하여 공급되는 것으로 인정되는 <u>재화 또는 용역</u>

이러한 거래는 독립적인 거래가 아니므로 주된 거래에 포함됩니다. 따라서 ① 공급시기를 별도로 판단하지 않고,

② 세금계산서도 별도로 발행하지 않으며

③ 과세표준도 별도로 계산하지 않고

④ 면세의 적용도 주된 거래에 따라 결정합니다.

예를 들어 봅시다. 조경공사는 과세용역입니다. 그런데 조경공사를 하면 필수적으로 면세 재화인 나무나 꽃 등을 같이 공급합니다. 조경공사를 맡길 때 공사금액이 얼마라고 포괄적인 금액을 제시하는 것이 관행이며, 꽃값 얼마, 공사비 얼마 이렇게 구분하여 청구하지는 않습니다. 이런 경우 주된 거래인 조경공사가 과세 대상이므로 함께 제공되는 꽃, 나무 등도 과세되는 것입니다.

반대로 인가받은 미술학원에서 교육용역을 제공하면서 그림을 그리는데 필요한 실습도구를 준다고 가정해 봅시다. 통상적으로 학원비에는 교재비가 포함되어 있으므로 별도의 거래가 아닙니다. 따라서 그림을 그리는데 필요한 교재는 과세 재화이지만 주된 거래인 교육용역의 공급이 면세이므로 교재도 면세가 적용되는 것입니다.

2) 주된 사업에 부수하여 공급되는 재화 또는 용역

주된 사업에 부수되는 다음에 해당하는 재화 또는 용역의 공급은 별도의 공급으로 보되 과세 및 면세 여부 등은 주된 사업의 과세 및 면세 여부 등을 따릅니다.

① <u>주된 사업과</u> 관련하여 우연히 혹은 일시적으로 공급되는 <u>재화와 용역</u>

- 예 : 사업용 고정자산의 매각

② 주된 사업과 관련하여 주된 재화의 생산과정이나 용역의 제공과정에서 필연적으로 생기는 재화(용역은 없음)

• 예 : 작업 부산물

이러한 재화 용역은 주된 사업에 부수되는 것이지만 별도의 독립된 거래에 해당하는 것이므로

① 공급시기를 별도로 판단하고

② 세금계산서도 별도로 발행하며

③ 과세표준도 별도로 계산합니다.

또한 '**과세 및 면세 여부 등은 주된 사업의 과세 및 면세 여부 등을 따른다**'란 말에 주의해야 합니다. 이 말은 과세사업자는 무조건 과세, 면세사업자는 무조건 면세한다는 말이 아닙니다. **과세사업자는 면세와 과세재화 용역을 모두 공급할 수 있으니 이에 따르고, 면세 사업자는 과세 재화 용역을 공급할 수 없으니 모두 면세한다는 뜻입니다.**

제조업자가 공장건물과 토지를 매각하는 경우와 은행이 지점건물과 토지를 매각하는 경우를 살펴봅시다. 제조업자의 경우 공장건물 매각이 제조물품 판매에 부수되는, 즉 주된 거래에 부수하는 것은 아니고 주된 사업과 관련하여 일시적으로 발생하는 것이므로 주된 사업에 부수하여 공급하는 재화에 해당합니다.

은행도 주된 거래인 예금, 대출과 관련된 것이 아니고 주된 사업과 관련하여 일시적으로 발생하는 것이므로 주된 사업에 부수하여 공급하는 재화에 해당합니다. 이때 제조업자는 면세재화와 과세재화를 모두 공급할 수 있으므로 과세재화인 건물에 대해서는 과세를 적용하고 면세 재화인 토지에 대해서는 면세를 적용해야 합니다. 은행은 주된 사업이 과세용역을 공급할 수 없는 면세사업자이므로 면세재화인 토지는 물론 과세재화인 건물도 면세한다는 것입니다. 이상을 정리하면 다음의 표와 같습니다.

구 분	주된 거래 주된 사업	부수재화 용역	부수재화 용역의 과면세 판단
주된 거래에 부수	과세	과세	과세
		면세	과세
	면세	과세	면세
		면세	면세
주된 사업에 부수	과세	과세	과세
		면세	면세
	면세	과세	면세
		면세	면세

VI

세금계산서 등 거래 증빙

우리나라와 같은 부가가치세 과세체계를 운영하기 위해서는 세금계산서 등의 증빙의 발급, 수취에 대한 통제가 필수적입니다.

1 거래 증빙의 종류

거래 증빙의 종류는 다음과 같이 나눌 수 있습니다.

- 세금계산서 – 사업자가 공급받는 자에게 발급하는 일반세금계산서
  특정한 경우에 매입자가 발행하는 매입자발행세금계산서
  세관장이 수입자에게 발행하는 수입세금계산서
- 영수증 – 신용카드 전표, 현금영수증, 기타 영수증

우리가 주의할 점은 흔히 적격증빙이라고 해서 세금계산서, 신용카드전표, 현금영수증을 모두 같은 것으로 보는데, 신용카드 전표, 현금영수증은 영수증이지 세금계산서가 아니라는 점입니다. 따라서 세금계산서를 발행할 수 없는 업종이라면 공급받는 자가 신용카드로 결제했든, 아니면 현금영수증을 받았든 관계없이 뒤에서 설명할 매입세액공제를 받지 못합니다.

2 세금계산서

(1) 세금계산서의 구분

발급하는 자에 따라 구분을 하면 다음과 같이 분류할 수 있습니다.

① 사업자가 공급받는 자에게 발행하는 세금계산서

② 특정한 경우 매입자가 관할 세무서장의 확인을 받아 발행하는 매입자발행세금계산서

③ 세관장이 수입자에게 발행하는 수입세금계산서

또한 발행하는 방법에 따라 전자세금계산서와 수기세금계산서가 있습

니다.

(2) 세금계산서의 필요적 기재사항

세금계산서에는 다음의 사항이 모두 기재되어야 하며, 전부 혹은 일부가 적혀져 있지 않거나 그 내용이 사실과 다른 경우에는 세금계산서로서의 효력이 인정되지 않습니다.

① 공급하는 사업자의 등록번호와 성명 또는 명칭

② 공급받는 자의 등록번호 혹은 주민등록번호

③ 공급가액과 부가가치세액

④ 작성연월일

(3) 세금계산서 발급대상 거래

원칙적으로 재화 용역의 공급에 대해서는 모두 세금계산서를 발급하여야 하지만 세금계산서 발급이 어렵거나 불필요한 경우 아예 세금계산서 및 영수증 발행의무 자체를 면제하거나 영수증을 발행하도록 하고 있습니다.

1) 세금계산서 및 영수증의 발급의무 자체를 면제하는 경우

① 택시운송사업자, 노점 또는 행상, 무인자판기, 사업자가 아니면서 전력・도시가스를 실제로 소비하는 자를 위하여 전력・도시가스를 공급받는 명의자, 도로 및 관련시설 운영용역을 공급하는 자가 공급하는 재화, 용역

② 소매 또는 미용, 욕탕 및 유사서비스업
단 소매는 공급받는 자가 세금계산서 발급을 요구하지 않는 경우에만 면제

③ 자기 생산 취득한 재화의 공급의제에 해당하는 재화

단 판매목적 타사업장 반출의 경우는 발행

④ 영세율 적용대상이 되는 일정한 재화 또는 용역

㉠ 재화의 수출. 단 원료를 대가 없이 국외의 수탁가공업자에게 반출하여 가공된 재화를 양도하는 경우 그 원재료의 반출, 내국신용장 또는 구매승인서에 의하여 공급하는 재화, 한국국제협력단, 한국국제보건 의료재단 대한적십자사에 공급하는 재화는 제외

㉡ 용역의 국외 공급

㉢ 외국항행용역의 공급 중 공급받는 자가 국내사업장이 없는 경우, 항공기의 외국항행용역, 항공법에 따른 상업서류 송달용역

㉣ 외화 획득 재화 혹은 용역 중 다음의 것

- 국내에서 비거주자 또는 외국법인에게 공급하는 일정한 재화, 용역
- 외국을 항행하는 선박, 항공기, 또는 원양어선에 공급하는 재화 또는 용역으로서 공급받는 자가 국내에 사업장이 없는 비거주자 혹은 외국 법인인 경우
- 일반여행업자가 외국인 관광객에서 공급하는 관광알선용역
- 우리나라에 상주하는 외국공관 등에 공급하는 재화 또는 용역

⑤ 국내사업장이 없는 비거주자 또는 외국법인에게 공급하는 용역

다만 해당 외국의 사업자임을 증명하는 서류를 제출하고 세금계산서의 발급을 요구하는 경우에는 발급해야 함.

⑥ 부동산 임대용역 중 간주임대료에 해당하는 부분

- 세금계산서 발급 불가

⑦ 공인인증서를 발급하는 용역. 단 공급받는 자가 사업자로서 세금계산서의 발급을 요구하는 경우 발급해야 함.

⑧ 간편 사업자등록을 한 사업자가 국내에 공급하는 전자적 용역

2) 세금계산서 대신 영수증을 발급할 수 있는 사업

동 사업의 경우 공급받는 자가 사업자로서 사업자등록을 제시하고 세금계산서의 발급을 요구하면 세금계산서를 발급하여야 합니다.

① 소매업 ② 음식점업(다과점업 포함), 숙박업

③ 변호사업, 공인회계사업, 세무사업 등 간이과세가 배제되는 사업서비스업 및 행정사업. **단 사업자가 아닌 자에게 공급하는 것만 해당**

④ 우정사업조직이 소포우편물을 방문 접수하여 배달하는 용역

⑤ 공인인증기관이 공인인증서를 발급하는 사업

⑥ 간편사업자등록을 한 사업자가 국내에 공급하는 전자적 용역을 제공하는 사업

⑦ 주로 사업자가 아닌 소비자에게 재화 또는 용역을 공급하는 사업으로서 세금계산서 발급이 현저히 곤란한 사업

- 예 : 양복점업, 양장점업, 양화점업, 부동산 중개업, 자동차 제조업, 자동차 판매업

⑧ 임시사업장 개설 사업자가 그 임시사업장에서 사업자가 아닌 소비자에게 재화 용역을 공급하는 경우

⑨ 전기사업자, 도시가스 사업자 및 집단에너지 공급 사업자가 산업용이 아닌 전력, 도시가스, 열 및 전기를 공급하는 경우

⑩ 부가통신사업자가 통신판매업자에게 부가통신역무를 제공하는 것을 제외한 전기통신사업자가 제공하는 전기통신역무

⑪ 방송사업자, 인터넷 멀티미디어 방송제공사업자가 아닌 자에게 방송용역을 제공하는 경우

⑫ 여객운송업 중 **전세버스 운송업**

3) 공급받는 자가 사업자등록증을 제시하고 세금계산서 발급을 요구해도 세금계산서를 발행할 수 없는 사업

① 미용, 욕탕 및 유사 서비스업

② 전세버스운송업을 제외한 여객운송업

③ 입장권을 발행하여 영위하는 사업

④ 과세되는 쌍꺼풀 수술 등의 용역

⑤ 과세되는 동물의 진료용역을 공급하는 사업

⑥ 과세되는 무도학원, 자동차운전학원사업

다만 동 사업자가 감가상각대상자산을 공급할 때는 동 자산에 대해서는 세금계산서를 발행해야 합니다.

(4) 세금계산서의 발급시기

세금계산서의 발급시기는 원칙적으로 재화 또는 용역의 공급시기에 발급하여야 합니다. 다만 아래와 같은 특례규정이 있습니다.

1) 공급시기 후 발급 특례

다음 중 어느 하나에 해당하는 경우 재화 또는 용역의 공급일이 속하는 달의 익월 10일(공휴일 또는 토요일인 경우 익영업일)까지 세금계산서를 발급할 수 있습니다.

① 합계액에 의해 세금계산서 발급

- 거래처별로 1역월(매월 1일~그달의 말일)의 공급가액을 합하여 해당월의 말일을 작성 연월일로 하여 세금계산서를 발급
- 거래처별로 1역월의 이내에서 사업자가 임의로 정한 기간의 공급가액을 합하여 그 기간의 종료일을 작성 연월일로 하여 세금계산서를 발급하는 경우

② 관계증명서류 등에 의하여 실제 거래사실이 확인되는 경우로서 해당 거래일을 작성 연월일로 하여 세금계산서를 발행하는 경우

따라서 가끔 실무에서 보듯이 사업장 임대료를 매월 수취하면서 세금계산서를 분기별로 발행하는 경우가 있는데, 이는 모두 규정에 위배되는 것으로 사실과 다른 세금계산서에 해당되어 불이익이 있으니 거래처 사장님에게 알려주시는 것이 좋습니다.

2) 수정세금계산서의 발급시기와 방법

세금계산서의 기재사항을 착오로 잘못 적거나 그 기재사항에 변경사유가 발생하면 수정세금계산서를 발급하게 됩니다. 수정세금계산서의 발급시기와 그 작성방법은 전자세금계산서 발급에 대한 국세청 책자 기준으로 다음과 같습니다.

① 공급한 재화가 환입되는 경우 ; 재화가 환입된 날

■ 환입

발급사유	처음 공급한 재화가 환입(반품) 된 경우
작성방법	환입(반품)된 금액만큼만 음(-)의 수정세금계산서 1장 발급
작성일자	재화가 환입(반품)된 날
비 고	처음 세금계산서 작성일 부기

1 환입이 된 경우 수정세금계산서 발급사유 중 【환입】 바로가기 클릭

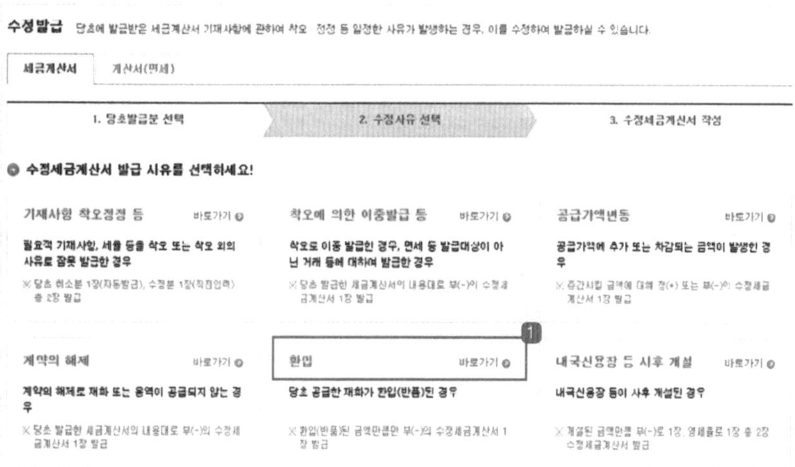

2 작성일자는 재화가 환입된 날

3 반품된 품목 · 규격 · 수량 · 단가 · 공급가액 등을 입력한 후 【발급하기】 클릭

– 단, 수량과 공급가액은 음(–)으로 입력

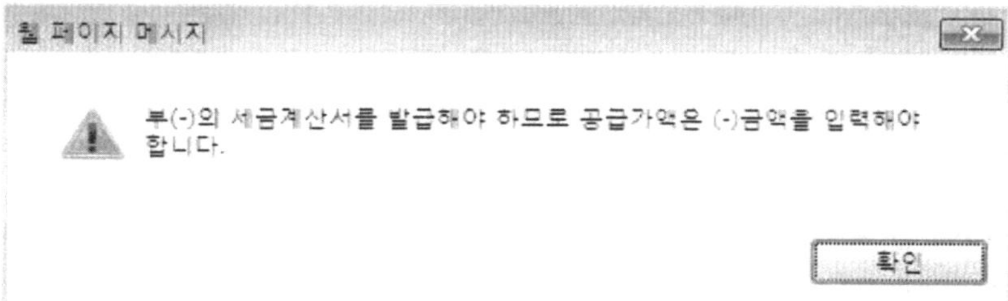

* 당초 공급가액이 100이었으나, 30이 반품된 경우 –30 수정세금계산서 발급

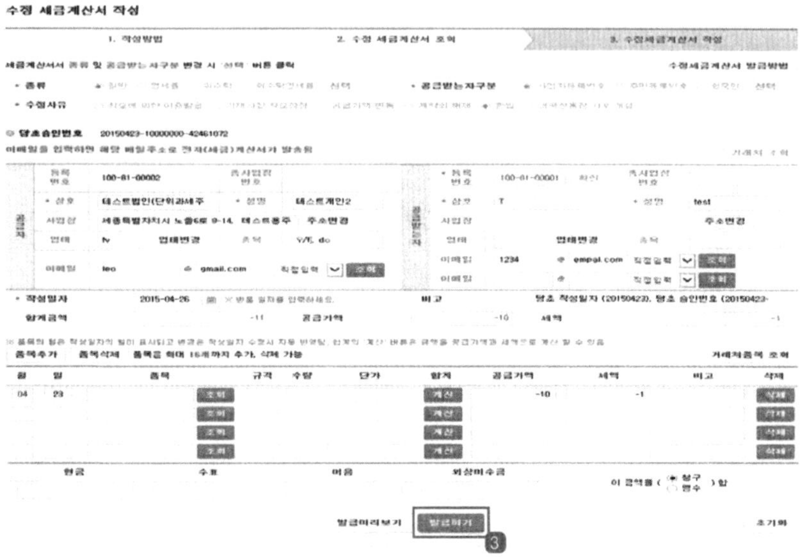

4 발급할 내용을 확인하고 인증서 비밀번호 또는 보안카드 번호를 입력

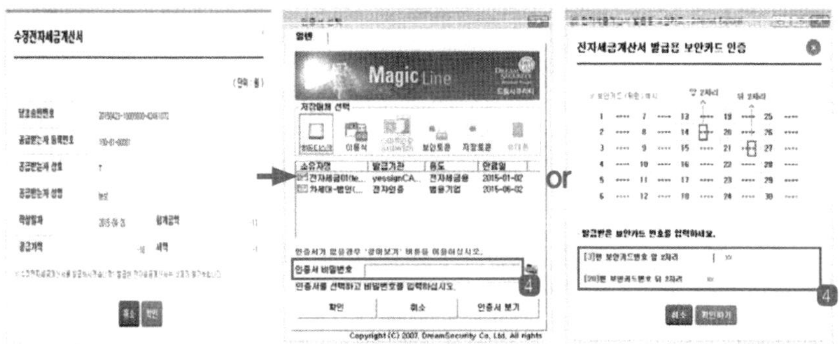

5 수정 전자세금계산서 승인번호 및 발송된 이메일 주소 확인

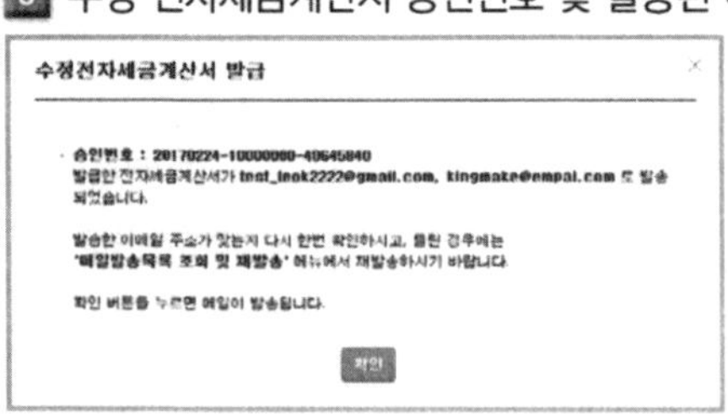

② 계약의 해제로 재화 또는 용역이 공급되지 않을 경우 : 계약이 해지된 날

■ 계약의 해제

발급사유	계약의 해제로 재화 또는 용역이 공급되지 아니한 경우
작성방법	처음 발급한 세금계산서의 내용대로 음(-)의 수정세금계산서 1장 발급
작성일자	계약의 해제일
비 고	처음 세금계산서 작성일을 부기

1 계약의 해제가 된 경우 수정세금계산서 발급사유 중 【계약의 해제】 바로가기 클릭하면 계약의 해제사유 발생한 기간에 따른 수정세금계산서 발급방법 안내 팝업

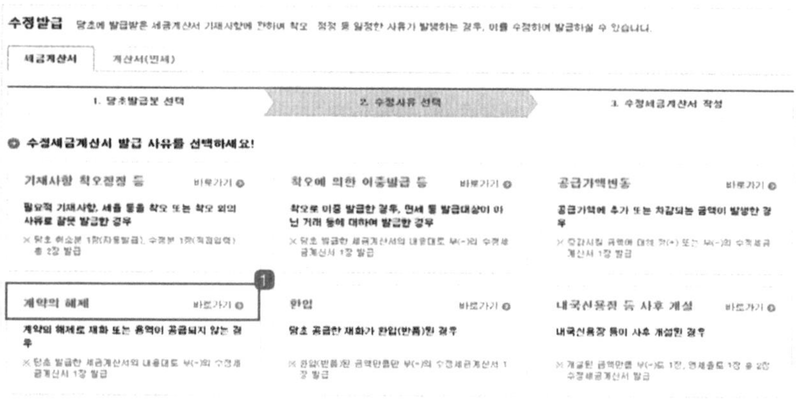

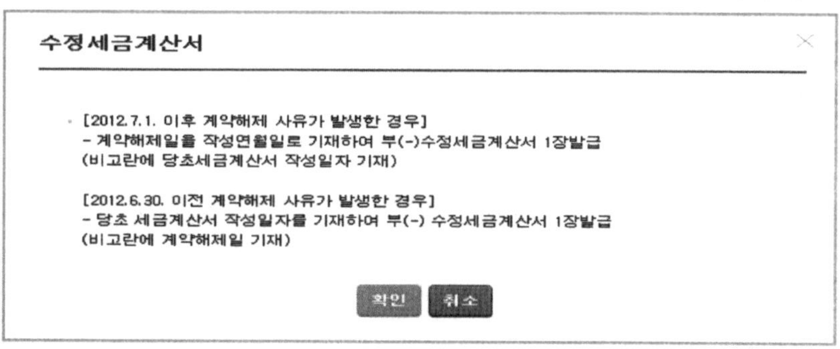

2 처음 발급한 세금계산서의 내용대로 음(-)의 수정세금계산서 1장 발급

3 작성일자는 계약의 해제일

4 비고란에 처음 세금계산서 작성일자 입력 후 【발급하기】 클릭

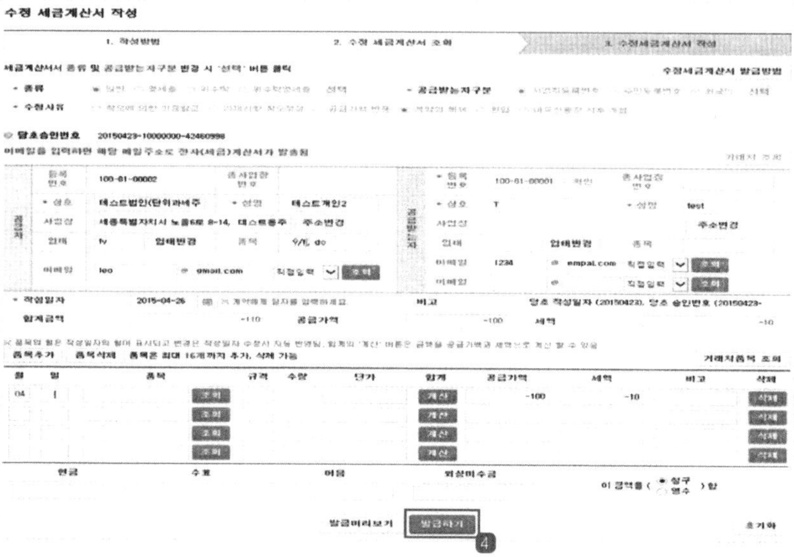

5 발급할 내용을 확인하고 인증서 비밀번호 또는 보안카드 번호를 입력

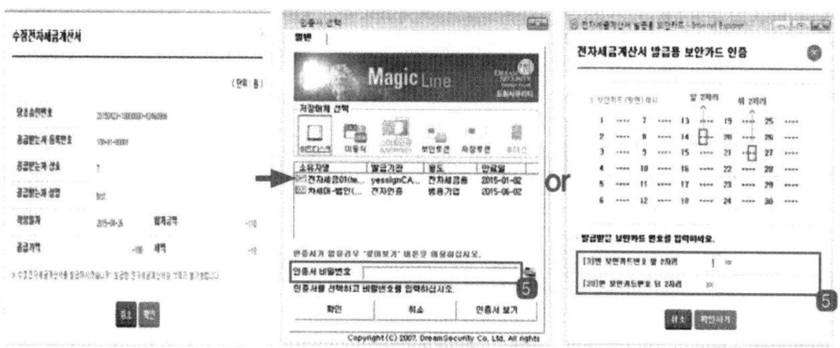

6 수정 전자세금계산서 승인번호 및 발송된 이메일 주소 확인

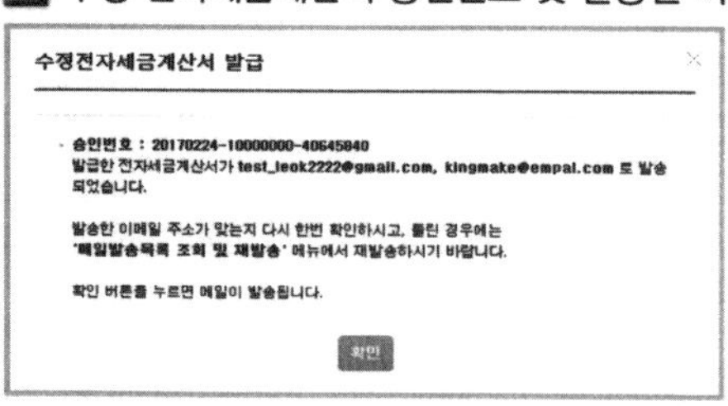

③ 기재사항 착오 정정

■ 기재사항 착오 정정 등

발급사유	① 필요적 기재사항 등이 착오로 잘못 적힌 경우 ② 필요적 기재사항 등이 착오 외의 사유로 잘못 적힌 경우 * 공급일이 속하는 과세기간에 대한 확정신고 기한까지 가능 ③ 세율을 잘못 적용하여 발급한 경우
작성방법	잘못 발급한 세금계산서를 취소하기 위한 취소분 1장(자동발급), 올바른 세금계산서 1장(직접입력), 총 2장 발급
작성일자	처음 세금계산서 작성일자

TIP

단, 과세표준 또는 세액을 결정할 것을 미리 알고 있는 경우에는 기재사항 착오 또는 착오 외의 사유로 수정세금계산서 발급 불가

* 세무조사의 통지, 과세자료의 수집 또는 민원 등을 처리하기 위하여 현지출장이나 확인업무에 착수한 경우, 과세자료 해명안내 통지 받은 경우 등

1 수정세금계산서 발급사유 중 【기재사항 착오 정정 등】 바로가기 클릭

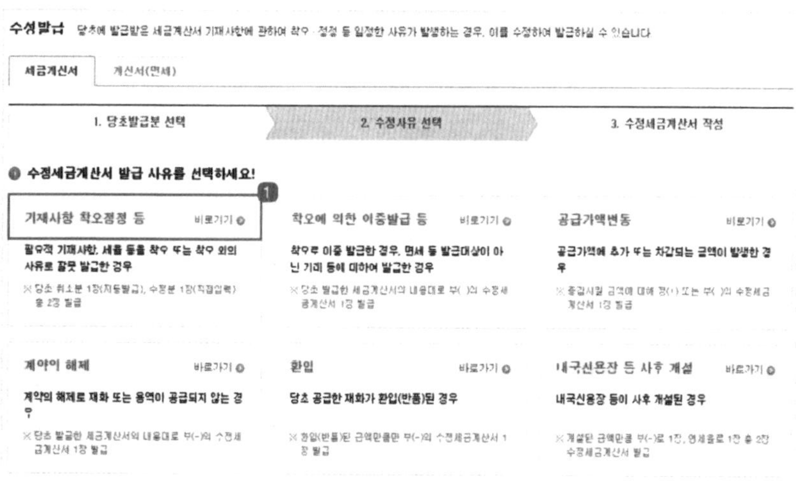

2 처음에 발급된 세금계산서와 반대부호로 표기되고 새로 작성하는 전자세금계산서를 올바르게 작성하고 【발급하기】 클릭

▸ 사업자단위과세자인 경우 공급받는 자 사업자등록번호 옆 [확인]을 클릭하여 종사업장 번호선택, 상호, 성명, 사업장, 업태, 종목, 이메일 입력 및 [거래처 조회]를 통해 등록된 정보 불러오기 가능

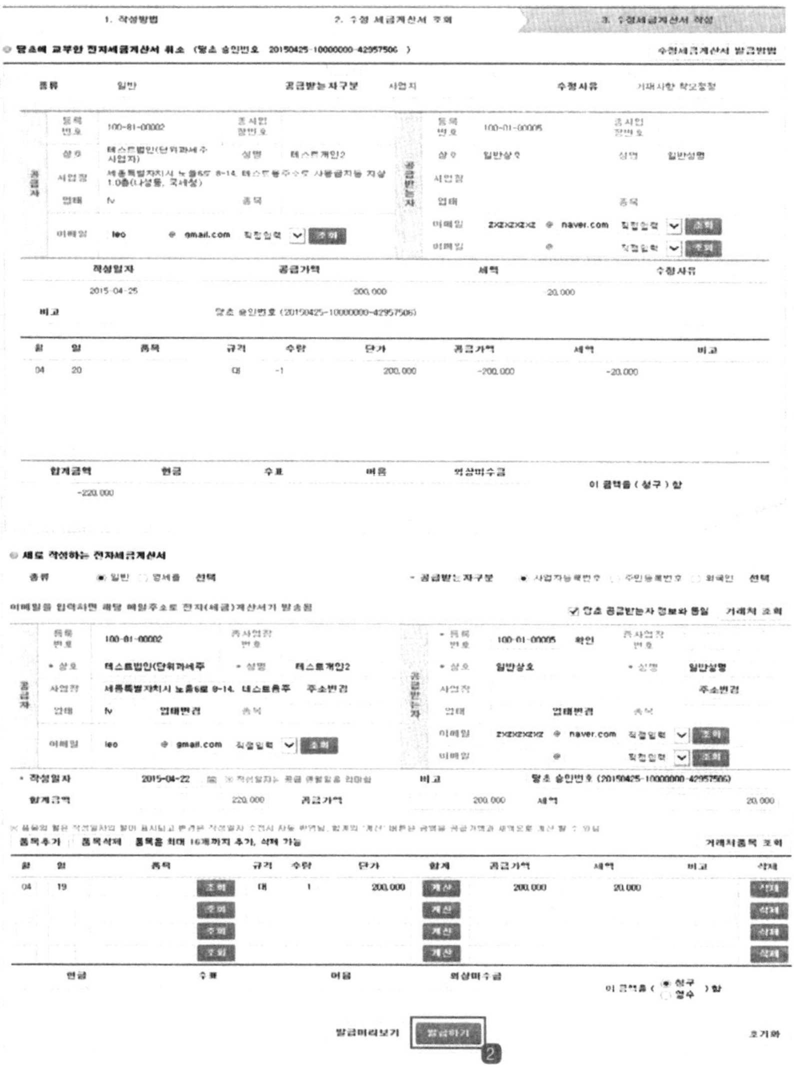

3 발급할 내용을 확인하고 인증서 비밀번호 또는 보안카드 번호를 입력

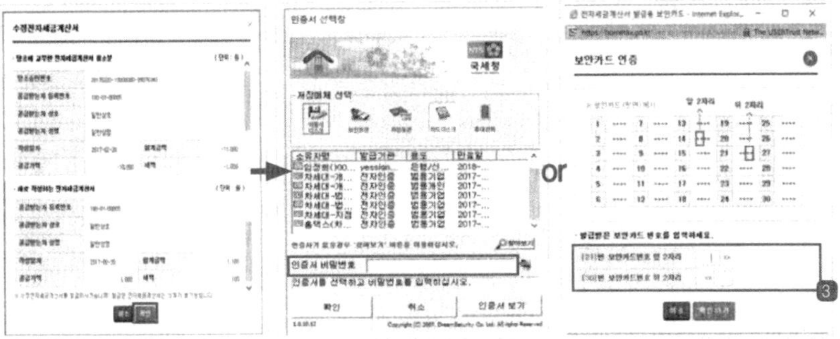

4 수정 전자세금계산서 승인번호 및 전자세금계산서 발송된 메일주소로 안내창이 나오며 [확인] 클릭 시 정상적으로 메일 발송 안내 팝업창이 나옴

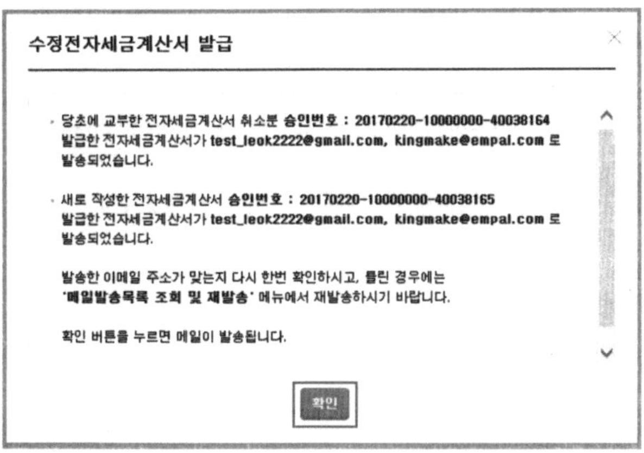

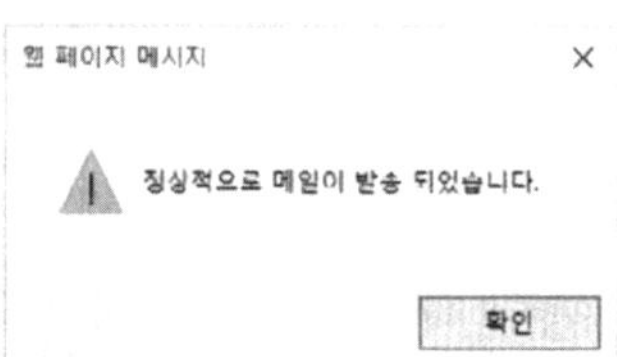

④ 착오에 따른 이중 발급

■ 착오에 의한 이중발급 등

발급사유	① 착오로 전자세금계산서를 이중으로 발급한 경우 ② 면세 등 발급 대상이 아닌 거래 등에 대하여 발급한 경우
작성방법	처음 발급한 세금계산서의 내용대로 음(-)의 수정세금계산서 1장 발급
작성일자	처음 세금계산서 작성일자

1 수정세금계산서 발급사유 중 【착오에 의한 이중발급 등】 바로가기 클릭

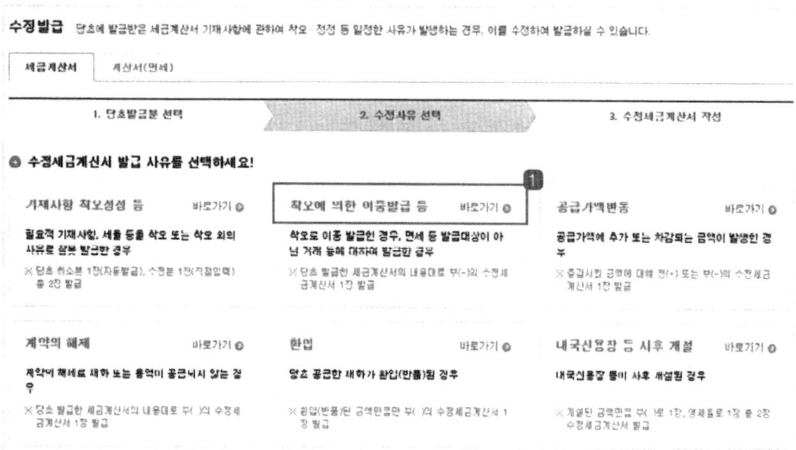

2 처음 발급한 전자세금계산서를 취소하기 위한 세금계산서 내용 확인 후 【발급하기】클릭

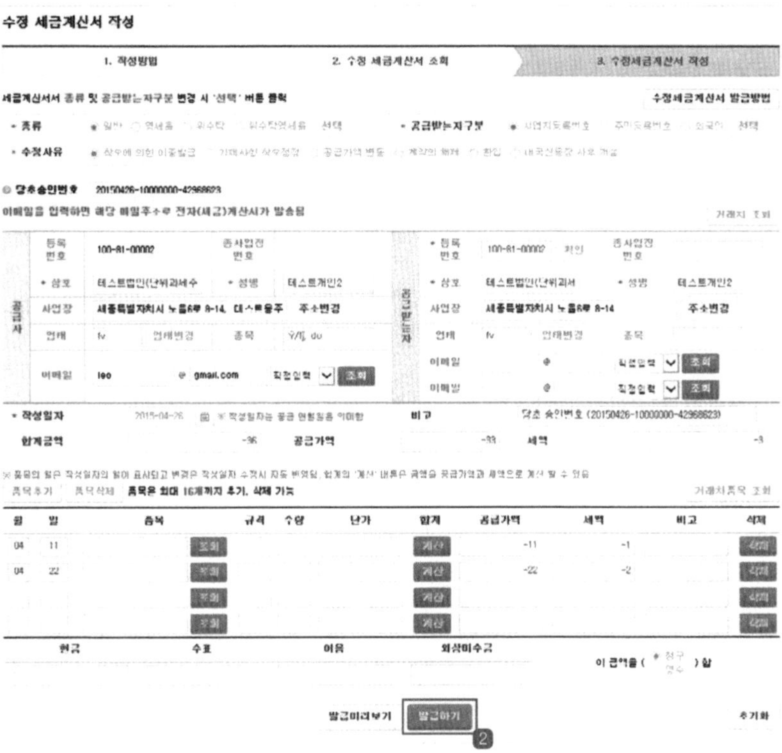

3 발급할 내용을 확인하고 인증서 비밀번호 또는 보안카드 번호를 입력

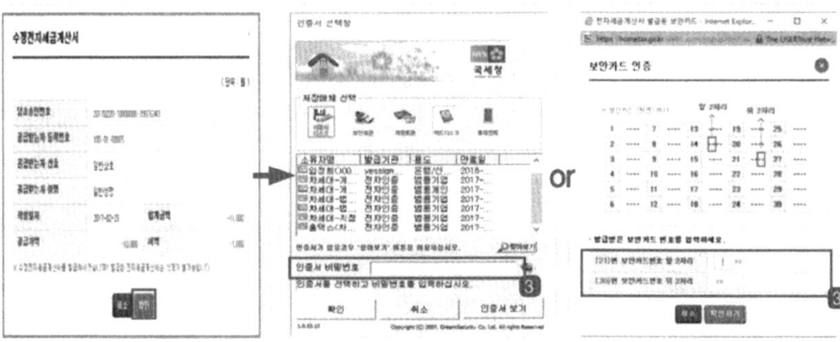

4 수정 전자세금계산서 승인번호 및 발송된 메일 주소 확인

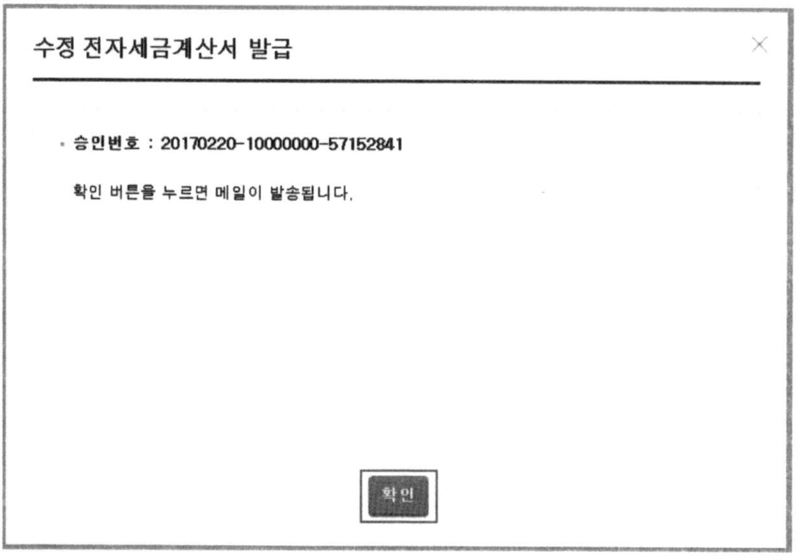

⑤ 공급가액의 변동

■ 공급가액 변동

발급사유	공급가액에 추가 또는 차감되는 금액이 발생한 경우
작성방법	추가 또는 차감되는 금액에 대하여 정(+) 또는 음(-)의 수정세금계산서 1장 발급
작성일자	증감사유가 발생한 날

1 공급가액에 추가 또는 차감되는 금액이 발생하는 경우 수정세금계산서 발급사유 중 【공급가액 변동】 바로가기 클릭

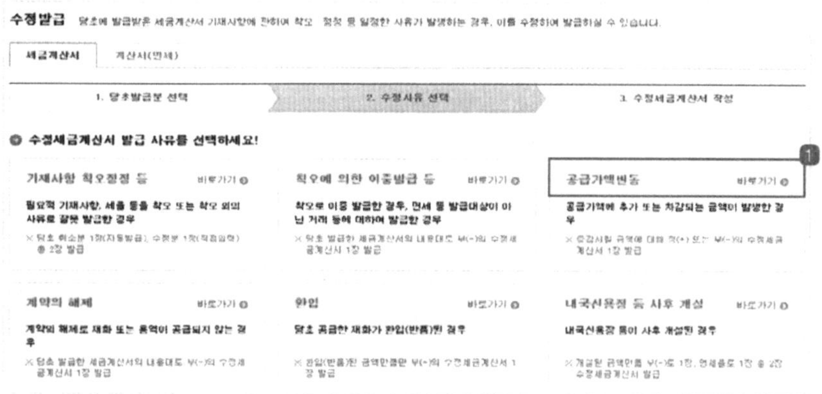

2 공급가액을 증가시킬 경우에는 【증가】, 감소시킬 경우에는 【감소】를 클릭

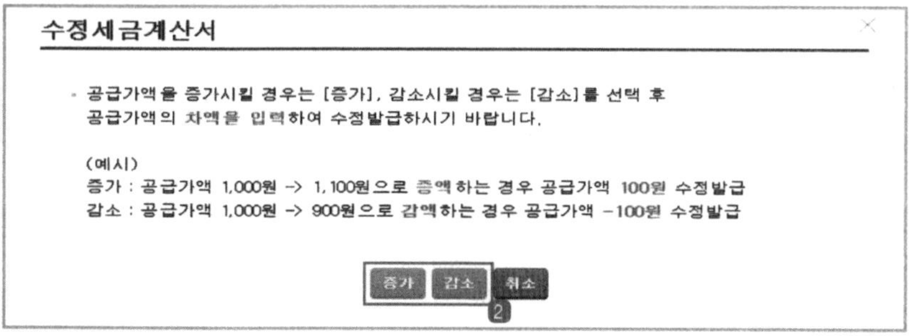

3 공급가액을 증가시킬 금액만큼만 정(+), 또는 감소시킬 금액만큼만 음(−)으로 입력하고 【발급하기】 클릭

* 당초 공급가액이 100원이었으나, 공급가액이 변동되어 70원이 된 경우 −30원 수정세금계산서 발급
* 당초 공급가액이 100원이었으나, 공급가액이 변동되어 110원이 된 경우 10원 수정세금계산서 발급

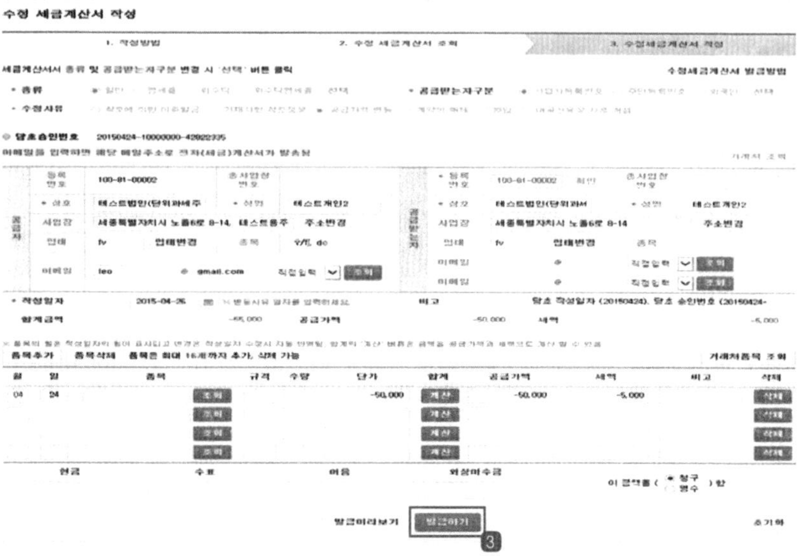

4 발급할 내용을 확인하고 인증서 비밀번호 또는 보안카드 번호를 입력

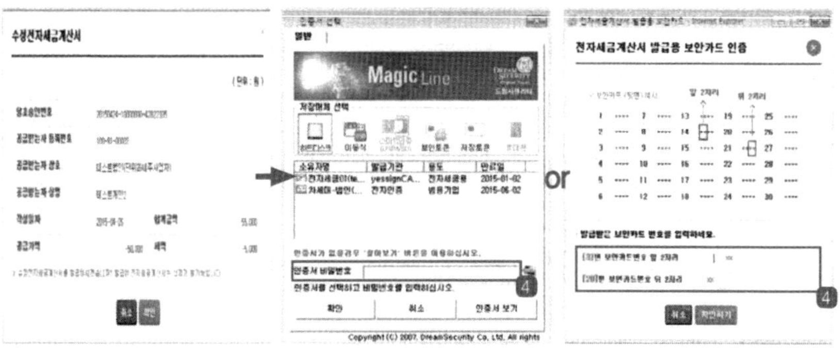

5 수정전자세금계산서 승인번호 및 발송된 메일 주소 확인

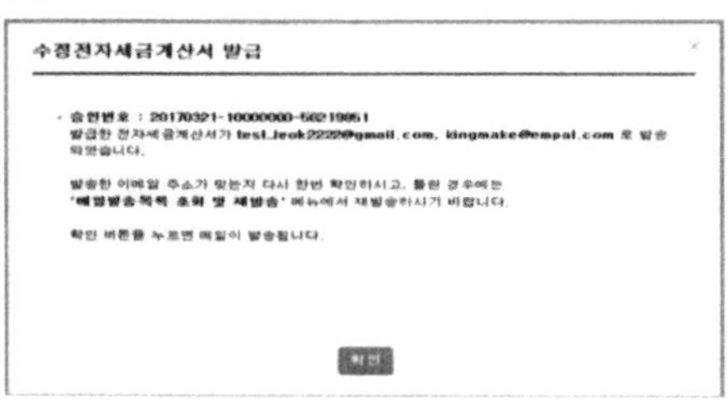

⑥ 세금계산서를 발급 후 과세기간 종료 후 25일 이내에 내국신용장이 개설되었거나 구매확인서가 발급된 경우 : 최초 세금계산서 발급일

■ 내국신용장 등 사후개설

발급사유	재화 또는 용역을 공급한 후 공급시기가 속하는 과세기간 종료 후 25일 이내에 내국신용장이 개설되었거나 구매확인서가 발급된 경우
작성방법	개설된 금액만큼 음(-)의 세금계산서 1장, 영세율 세금계산서 1장, 총 2장
작성일자	처음 세금계산서 작성일자
비　　고	내국신용장 개설일 등

1 내국신용장 등이 사후 개설된 경우 수정세금계산서 발급사유 중 【내국신용장 등 사후개설】 바로가기 클릭하면 전액 또는 일부금액 선택창 팝업

TIP

- (당초 발급금액 [전액])이 내국신용장 등 사후개설된 경우는 하단의 새로 작성하는 전자세금계산서 1장이 자동작성
- (당초 발급금액 중 [일부금액])만 내국신용장 등 사후개설된 경우는 첫 번째 수정세금계산서에 사후개설된 금액만 음(-)으로 입력하면 하단의 새로작성하는 전자세금계산서는 영세율로 자동 작성

처음 발급금액 전부가 내국신용장 등 사후개설된 경우

2 처음 발급금액 전부가 내국신용장 등 사후 개설된 경우 【전액】 클릭

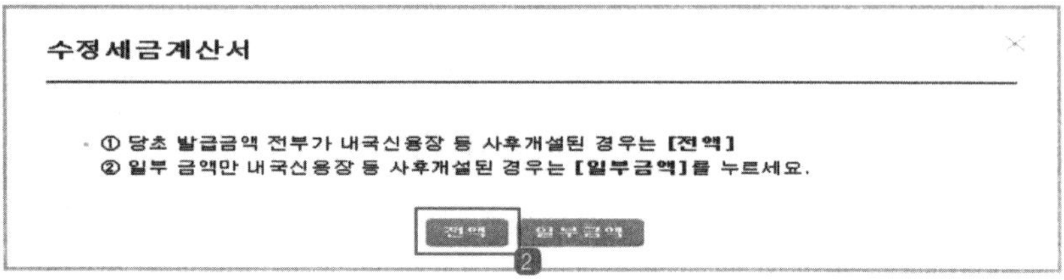

3 처음 발급한 전자세금계산서 취소분 1장과 새로 작성하는 영세율 전자세금계산서 1장 자동 작성

4 2장의 수정세금계산서 내용을 확인한 후 【발급하기】 클릭

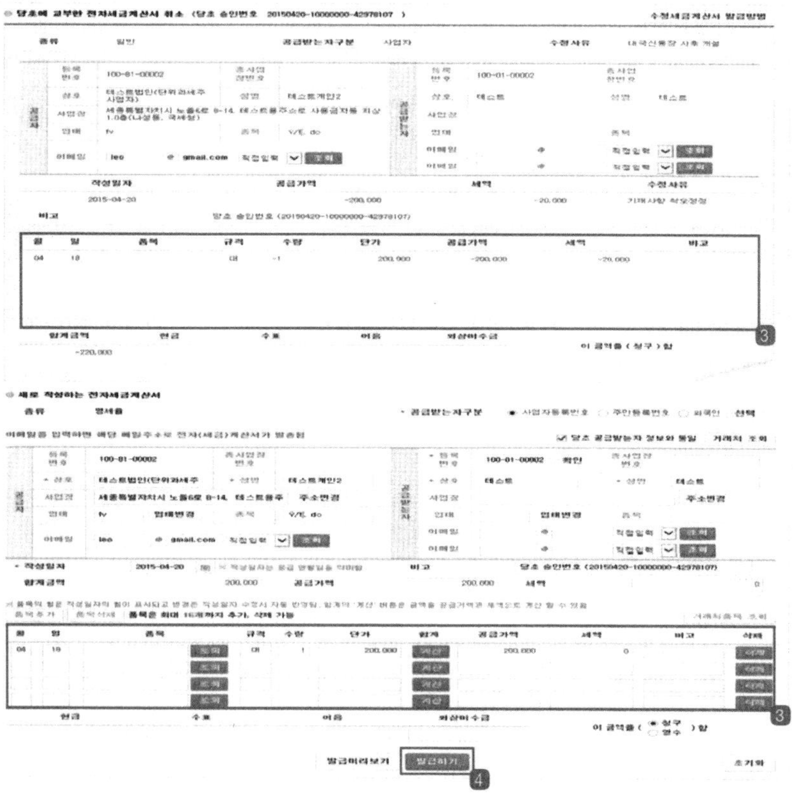

일부금액만 내국신용장 등 사후개설된 경우

2-1 일부금액만 내국신용장 등 사후개설된 경우 【일부금액】 클릭

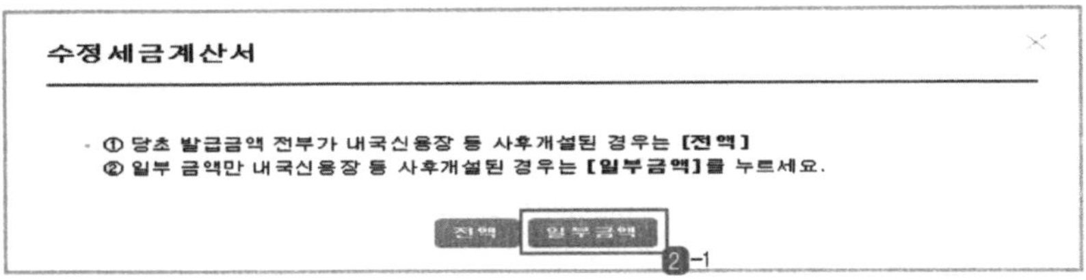

3 첫 번째 수정세금계산서에 내국신용장 등이 사후개설된 금액만 음(-)으로 입력

4 첫 번째 수정세금계산서 음(-)으로 입력한 금액만큼 두 번째 새로 작성하는 영세율 전자세금계산서 자동 작성

5 2장의 수정세금계산서 내용을 확인한 후 【발급하기】 클릭

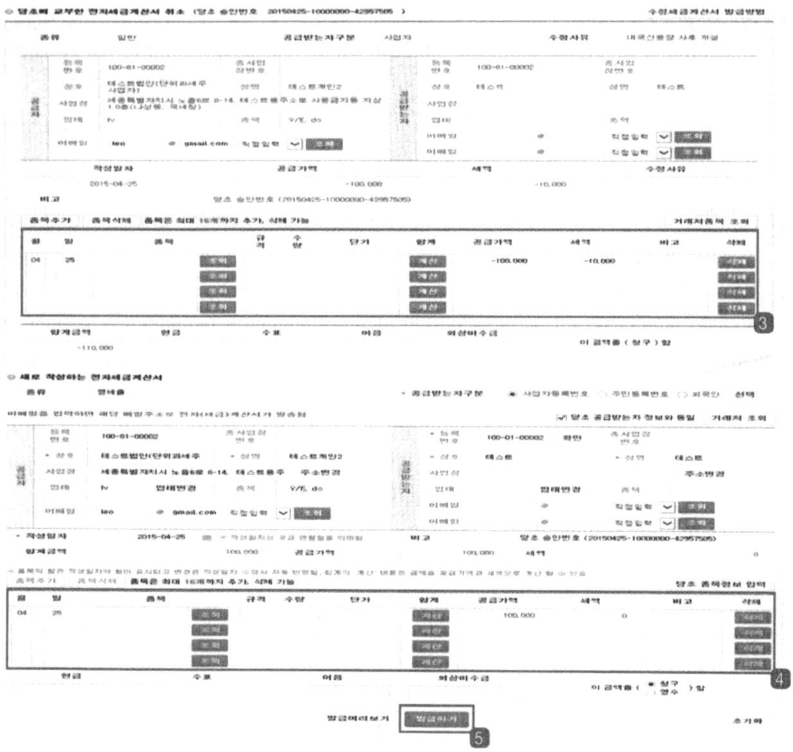

6 발급할 내용을 확인하고 인증서 비밀번호 또는 보안카드 번호를 입력

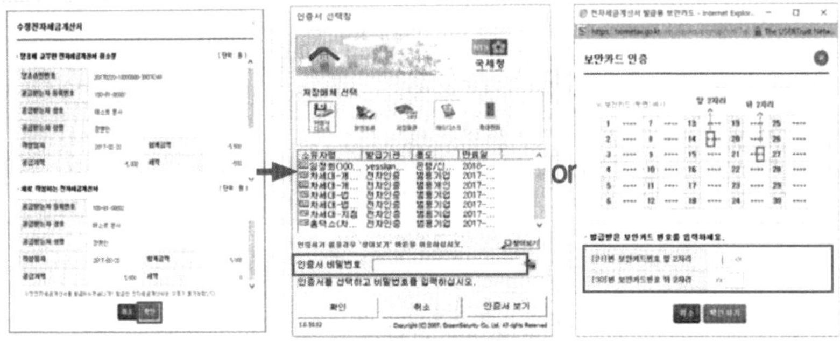

7 수정 전자세금계산서 승인번호 발송된 메일주소 확인

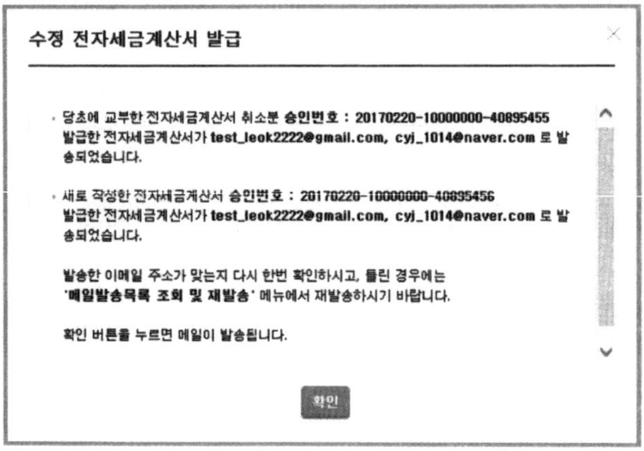

3) 전자세금계산서 발급의무자

① 법인사업자

② 개인사업자 중 직전연도의 **사업장별** 재화 및 용역의 공급가액 합계액이 3억원 이상인 개인사업자

- 3억원 이상인지 여부는 사업장별로 판단합니다. 즉 두 개의 사업장이 있는데, 한 곳은 4억원 이상이고, 다른 한 곳은 2억원이라면 4억원 이상인 사업장만 의무가 발생합니다.
- 의무발급기간은 공급가액 합계가 3억원이 되는 해의 다음 해 7월 1일부터 그 다음 해 6월 30일까지입니다.

(5) 사업자의 세금계산서 관련 의무

① 전자세금계산서 발급의무자는 전자세금계산서의 발급일 다음날까지 전자세금계산서 발급명세를 국세청장에게 전송하여야 합니다.

② 사업자는 발급하거나 발급받은 세금계산서의 합계표를 예정신고 및 확정신고시에 제출하여야 합니다. 다만 전자세금계산서를 발급하고 전자세금계산서 발급명세를 예정신고기간 및 확정신고기간의 익월 11일까지 국세청장에게 전송한 경우에는 제출하지 않아도 됩니다.

(6) 매입자 발행세금계산서 제도

사업자가 재화와 용역의 공급을 받고 세금계산서 발급시기에 세금계산서를 발급하지 않은 경우 공급받은 자는 관할 세무서장의 승인을 받아 세금계산서를 발행할 수 있습니다. 공급자가 세금계산서 발급을 거부한 경우 매입자로 하여금 매입세액공제를 받게 하고, 공급자에게는 세금계산서 미발급에 대한 불이익을 주기 위한 제도입니다.

3 현금영수증

(1) '현금영수증'이란

현금영수증가맹점이 재화 또는 용역을 공급받는 자에게 현금영수증발급장치에 의해 발급하는 것으로서 거래일시 · 금액 등 결제 내용이 기재된 영수증을 말합니다.

(2) 현금영수증 의무발행 업종

구 분	업 종
사업서비스업	변호사업, 공인회계사업, 세무사업, 변리사업, 건축사업, 법무사업, 심판변론인업, 경영지도사업, 기술지도사업, 감정평가사업, 손해사정인업, 통관업, 기술사업, 측량사업, 공인노무사업
보건업	종합병원, 일반병원, 치과병원, 한방병원, 일반의원(일반과, 내과, 소아과, 일반외과, 정형외과, 신경과, 정신과, 피부과, 비뇨기과, 안과, 이비인후과, 산부인과, 방사선과 및 성형외과), 기타의원(마취과, 결핵과, 가정의학과, 재활의학과 등 달리 분류되지 아니한 병과), 치과의원, 한의원, 수의업
숙박 및 음식점업	일반유흥 주점업(「식품위생법 시행령」 제21조 제8호 다목에 따른 단란주점영업을 포함한다), 무도유흥 주점업, 관광숙박시설 운영업, 출장음식 서비스업
교육 서비스업	일반 교습학원, 예술학원, 운전학원, 스포츠 교육기관, 기타 교육지원 서비스업
그 밖의 업종	골프장 운영업, 장례식장 및 장의관련 서비스업, 예식장업, 부동산 자문 및 중개업, 산후조리원, 시계 및 귀금속 소매업, 피부미용업, 다이어트센터 등 기타 미용관련 서비스업, 실내건축 및 건축마무리 공사업(도배업만 영위하는 경우는 제외한다), 인물사진 및 행사용비디오 촬영업(결혼사진 및 비디오 촬영업으로 한정한다), 맞선주선 및 결혼 상담업, 의류 임대업, 「화물자동차

구 분	업 종
그 밖의 업종	운수사업법 시행령」 제9조 제1호에 따른 이사화물운송주선사업(포장이사운송업으로 한정한다), 자동차 부품 및 내장품 판매업, 자동차 종합 수리업, 자동차 전문 수리업, 전세버스 운송업, 가구 소매업, 전기용품 및 조명장치 소매업, 의료기구 소매업, 페인트·유리 및 그 밖의 건설자재 소매업, 안경 소매업, 운동 및 경기용품 소매업, 중고자동차 소매업 및 중개업

위의 표에서 정한 의무발행업자는 **공급대가**가 건당 10만원 이상인 경우 소비자가 요구하지 않아도 현금영수증을 발급하여야 하며 미 발급시 미발급 금액의 50%의 과태료가 부과됩니다(2019.1.1.부터 가산세로 전환하고 20%로 변경).

Ⅶ

과세표준의 계산

우리는 지금까지 부가가치세에 관한 제도 및 기본 개념에 대해 알아보았습니다. 이제부터는 부가가치세를 구체적으로 얼마나 부담하는지 계산해 봅시다.

우선 세금은 과세의 기준이 되는 금액이 있습니다. 이를 과세표준이라고 하는데 부가가치세의 과세표준은 해당 과세기간에 <u>공급한 공급가액의 합계</u>를 말합니다. 신고서상에서는 다음 란의 표에 들어갈 금액을 결정하는 것입니다.

과세표준 및 매출세액	과세	세금계산서 발급분	(1)		10/100	
		매입자발행 세금계산서	(2)		10/100	
		신용카드·현금영수증 발행분	(3)		10/100	
		기타(정규영수증 외 매출분)	(4)			
	영세율	세금계산서 발급분	(5)		0/100	
		기 타	(6)		0/100	
	예 정 신 고 누 락 분		(7)			
	대 손 세 액 가 감		(8)			
	합 계		(9)		㉮	A

❹ 과 세 표 준 명 세				
업 태	종 목	생산요소	업종코드	금 액
(27)				
(28)				
(29)				
(30)수입금액 제외				
(31)합 계				

「부가가치세법」 제48조·제49조 또는 제59조와 「국세기본법」 제45조의3에 따라 위의 내용을 신고하며, 위 내용을 충분히 검토하였고 신고인이 알고 있는 사실 그대로를 정확하게 적었음을 확인합니다.

년 월 일

신고인: (서명 또는 인)

세무대리인은 조세전문자격자로서 위 신고서를 성실하고 공정하게 작성하였음을 확인합니다.

세무대리인: (서명 또는 인)

세무서장 귀하

첨부서류	뒤쪽 참조

		업 태	종 목	코 드 번 호	금 액
면세사업 수입금액	(78)				
	(79)				
	(80)	수입금액 제외			
				(81)합 계	

1 재화 · 용역의 공급에 대한 과세표준

일반적으로 금전으로 대가를 받는 경우에는 그 금액, 금전 외의 대가를 받는 경우에는 자기가 공급한 재화나 용역의 시가로 계산합니다.

(1) 거래 형태별 공급가액의 계산

1) 외상판매 및 할부판매의 경우 : 공급한 재화의 총가액

따라서 외상판매 및 할부판매금액에 붙어 있는 이자요소도 공급가액에 포함됩니다. 하지만 결제일에 결제를 하지 않아 발생하는 연체수수료는 공급가액에 포함하지 않습니다.

2) 장기할부판매, 완성도기준지급조건부 · 중간지급조건부, 계속적으로 재화나 용역을 공급하는 경우 : 계약에 따라 받기로 한 대가의 각 부분

3) 둘 이상의 과세기간에 걸쳐 계속적으로 다음과 같은 용역을 제공하고 그 대가를 선불로 받는 경우

① 용역의 종류

㉠ 스포츠센터에서 연회비를 미리받고 시설을 이용하게 하는 경우

㉡ 사업자가 다른 사업자와 상표권 사용계약을 할 때 사용대가 전액을 일시불로 받은 경우

㉢ 노인복지법에 따른 유료노인복지시설을 설치 · 운용하는 사업자가 시설을 분양받은 자로부터 입주 후 수영장 · 헬스클럽장 등을 이용하는 대가를 입주 전에 미리 받고 시설물을 이용하게 하는 것

㉣ 그 밖에 ㉠~㉢과 유사한 용역

② 공급가액 = 선불로 받은 금액 ÷ 1.1 × 과세대상기간의 월수 ÷ 계약기간월수

월수는 개시일이 속하는 달이 1개월 미만이면 1개월로, 종료일이 속하는 달이 1개월 미만이면 0개월로 합니다.

4) 마일리지 등으로 대금을 결제받는 경우

마일리지, 포인트, 상품권 등의 형태와는 관계없이 구입실적에 따라 결제수단 대용으로 쓸 수 있는 것을 의미하며 자기적립마일리지와 이외의 마일리지로 나누어 처리합니다.

① 자기적립마일리지 등

당초 마일리지 적립을 해 준 사업자가 직접보상하는 것을 말합니다. 즉 제일모직에서 고객에게 옷을 판매하고 제일모직이 제공하는 재화나 용역을 구입할 경우에 마일리지를 사용하는 경우입니다. 이 경우는 마일리지 등 외에 다른 수단으로 결제받은 금액을 공급가액으로 봅니다.

② 이외의 마일리지 등

당초 마일리지 적립을 해 준 사업자가 아니라 다른 사업자에게 사용할 수 있는 마일리지를 의미합니다. 카드 포인트가 대표적이지요. 포인트는 카드사가 적립해 주지만 고객은 포인트를 여러 업체에서 사용할 수 있습니다. 이 경우 공급가액은 다음과 같이 구분하여 계산합니다.

㉠ 마일리지 등으로 결제받은 부분에 대해 재화·용역을 공급받는 자 이외의 자에게 해당 금액을 보전받지 않고 자기가 생산하거나 취득한 재화를 공급하는 경우

사업상 증여에 해당하므로 <u>공급한 재화의 시가</u>를 공급가액으로

봅니다.

㉡ ㉠의 경우 특수관계인으로부터 부당하게 낮은 금액을 보전받거나 아무런 금액을 보전받지 않아 조세의 부담을 부당하게 감소시킨 것으로 인정되는 경우 : 공급한 재화 또는 용역의 시가

㉢ 이외의 경우

마일리지 등 외의 수단으로 결제받은 금액과 마일리지 등으로 결제받은 금액에 대하여 재화·용역을 공급받는 자 이외의 자로부터 보전을 받거나 받을 금액을 합친 금액을 공급가액으로 봅니다.

사 례

SK텔레콤이 고객에게 매월 포인트를 적립하여 주고, 고객은 GS편의점에서 10% 할인 금액으로 구입할 수 있음. GS편의점은 포인트 사용액에 대해 70%를 SK텔레콤에 청구하여 보전 받음. GS편의점은 110만원의 물품을 10% 할인하여 SK텔레콤 고객에게 판매함.
이 경우 편의점의 고객에게 99만원을 현금으로 받았고 청구시점을 기준으로 SK텔레콤에서 7.7만원을 받을 권리가 생깁니다. 따라서 편의점의 공급가액은 (99만원+7.7만원) ÷ 1.1 = 97만원이 됩니다.

물품판매시	차) 매출채권	7.7만원	대) 매 출	97만원
	현 금	99만원	부가세예수금	9.7만원
보 전 시	차) 현 금	7.7만원	대) 매출채권	7.7만원

(2) 공급가액에의 포함 여부

1) 공급가액에 포함되는 것

① 할부판매의 이자 상당액 : 할부금액의 이자 상당액은 할부판매금액에 포함되어 있으므로 공급가액에 포함됩니다. 하지만 공급대가의 결제가 지연되어 받는 연체이자는 공급가액에서 제외합니다.

② 대가의 일부로 받는 운송비, 하역비, 포장비, 운송보험료, 산재보험료 처음 공급할 때 공급하는 대가에 포함된 금액이기 때문입니다.

사 례

① 통상적으로 용기 혹은 포장을 사업자에게 반환하는 조건으로 용기와 포장대금을 공제한 금액으로 재화를 공급하는 경우 해당 용기와 포장대금은 공급가액에 포함하지 않습니다.
다만 반환을 보장하기 위해 받은 보증금 중 용기나 포장의 회수가 불가능하여 변상금 조로 받는 그 대금을 변상금으로 받는 경우는 공급가액에 포함합니다.

② 음식 · 숙박용역 또는 개인서비스 용역을 공급하고 그 대가와 함께 받는 종업원 또는 자유직업 소득자에의 봉사료는 세금계산서, 영수증 또는 신용카드매출표에 그 금액이 구분 표시되고 그 지급사실이 확인되는 경우 공급가액에 포함하지 않습니다. 단 사업자가 동봉사료를 자기의 수익금액에 계상하면 공급가액에 포함됩니다.

③ 과세되는 부동산 임대료와 그 관리의 대가로 받는 관리비를 구분하지 않고 임대료와 같이 받는 경우 공급가액에 포함하고, 징수하여 납입만 대행하는 경우는 공급가액에 포함하지 않습니다.

2) 공급가액에 포함되지 않는 것

㉠ 매출에누리 및 할인액 ㉡ 환입된 재화의 가액

㉢ 공급받는 자에게 도달하기 전에 파손되거나 멸실된 재화의 가액

㉣ 재화나 용역의 공급과 직접 관련없는 국고보조금 및 공공보조금

3) 판매장려금의 처리

구 분	처리방법
① 공급자가 판매장려금을 현금으로 지급하는 경우	분개 : 차) 판매비 10 대) 현금 10 따라서 과세표준에서 차감하지 않음.

구 분	처리방법
② 공급자가 판매장려금을 현물로 지급하는 경우	사업상 증여에 해당하므로 과세표준에 포함
③ 공급받는 자가 판매장려금을 지급받는 경우	나의 공급과는 무관하므로 과세표준에는 미포함

(3) 외화대가의 환산

1) 공급시기 전에 대가를 받고 이를 원화로 환산한 경우 – 동 환산가액

2) 이외의 경우 : 공급시기의 기준환율 또는 재정환율에 따라 계산한 금액

기준환율은 은행의 외환정보에 들어가서 조회하여 적용합니다. 참고로 하나은행의 외환포털을 보면 다음과 같습니다.

현재환율

- 2014.3.4 이후 중국 위안화(CNY)환율은 홍콩시장에서 거래되는 위안화환율을 고시합니다.
- 각 통화별 매매기준율과 현찰매매 스프레드율에 의해 아래와 같이 현찰 사실때/파실때 환율이 산출됩니다.
  - 현찰 사실 때 환율 : 매매기준율 * (1+외화현찰 사실 때 스프레드율)
  - 현찰 파실 때 환율 : 매매기준율 * (1-외화현찰 파실 때 스프레드율)
- NCU[독일(DEM), 프랑스(FRF), 이탈리아(ITL), 벨기에(BEF), 오스트리아(ATS), 네덜란드(NLG), 스페인(ESP), 핀란드(FIM), 슬로바키아(SKK)] 통화는 비고시환율에서 조회됩니다.
- 선택하신 조회일이 휴일인 경우 전 영업일자로 조회되며, 일자선택 시 1986.1.27 부터 조회 가능합니다.
  - 단, 2017.9.23부터 주말을 비롯한 휴일에도 시장상황에 따라 환율이 재고시 될 수 있으며, 전영업일 마지막회차 다음 회차로 표시됩니다.
- 당행에서 거래되지 않는 환율은 고시되지 않습니다.

조회일 2018-11-28

고시회차 최종 고시회차

통화 USD:달러(미국) 금융계산기

조회

텍스트로저장 엑셀로저장 인쇄

› **기준일 :** 2018-11-28 › **고시시간 :** 21:51(334 회차) [조회시각 2018-11-29 16:23]

통화명	현찰				송금		T/C 사실때	외화수표 파실때	매매 기준율	환가 료율	미화 환산율
	사실때(스프레드율)		파실때(스프레드율)		보내실때	받으실때					
미국 USD	1,148.24	1.75	1,108.76	1.75	1,139.50	1,117.50	1,142.04	1,116.19	1,128.50	4.1993	1.0000

이메일발송

여기서 **고시회차는 최종**으로 조회하고 적용하는 환율은 매매기준율을 적용합니다.

(4) 부당행위의 부인

사업자가 특수관계인에게 공급하는 재화 또는 용역에 대한 조세의 부담을 부당히 감소시키는 경우 공급한 재화 또는 용역의 시가를 공급가액으로 봅니다. 다만 주의할 점은 앞서 언급한 바와 같이 재화는 대가를 받지 않아도 시가로 공급가액을 계산하는데 비해, 용역은 대가를 받지 않은 경우에는 용역의 공급으로 보지 않으므로 과세되는 사업용 부동산을 임대하는 경우에만 시가로 계산한다는 것입니다. 따라서 특수관계인에게 음식·숙박용역 등 다른 용역을 대가를 받지 않고 공급하는 경우에는 공급가액이 없는 것입니다.

2 재화의 공급의제에 대한 과세표준

(1) 자기가 생산하거나 취득한 재화의 공급의제인 경우의 과세표준

매입세액을 공제 받은 재화만 공급의제가 된다는 점을 다시 상기시켜 드립니다. 이 경우 과세표준은 시가로 합니다. 다만 재화가 감가상각대상자산인 경우에는 취득가액을 기준으로 경과된 과세기간을 감안하여 계산하여야 하고, 일부 면세전용을 한 경우에는 공급가액 비율을 따져 계산하여야 합니다.

1) 감가상각자산의 경우 간주시가

= 해당 재화의 취득가액 × (1 − 체감률 × 경과 과세기간 수)

① 체감률 : 건물, 구축물 − 5%, 이외 − 25%

② 경과 과세기간 수 : 확정신고 기간을 말하므로 구입한 날부터 6.30.과 12.31.이 몇 번 경과하였는지 세면 됩니다.

③ 해당 재화의 취득가액 : 순수한 구입액만을 의미합니다.

따라서 취득 시 세금계산서를 받아 매입세액공제를 받은 금액만을 의미합니다. 취득시 취・등록세, 농어촌특별세, 지방교육세 등을 납부하여야 하는 고정자산이라면 해당 금액을 제외한 가액을 의미합니다. 따라서 장부에 있는 취득가액을 그대로 사용하면 안됩니다.

2) 과세사업에 제공한 감가상각자산을 면세사업에 일부 사용하는 경우

완전한 전용이 아니라 일부만 면세를 적용한 경우라면 위의 가액에 (면세사업에 일부 전용한 과세기간 전체의 면세공급가액 ÷ 총공급가액) 비율을 적용하여야 합니다.

(2) 판매목적 타사업장 반출재화의 공급의제 : 재화의 취득가액

3 공급가액 계산의 특례

(1) 과세사업과 면세사업에 공통으로 사용하던 재화를 공급하는 경우

사업자가 과세사업과 면세사업에 공통적으로 사용되는 재화를 공급하는 경우의 공급가액은 아래와 같습니다.

$$\text{총공급가액} \times \frac{\text{재화의 공급일이 속한 과세기간의 면세공급가액}}{\text{직전 과세기간의 총공급가액}}$$

휴업 등으로 인해 직전 과세기간의 공급가액이 없는 경우에는 가장 가까운 과세기간의 공급가액으로 계산합니다.

다만 다음의 경우 사용면적 비율을 사용합니다.

① 예정사용면적비율로 안분계산하거나 실제사용면적에 따라 안분계산하여 매입세액공제를 받은 경우,

② 납부세액이나 환급세액을 사용면적비율로 재계산한 재화로서 공통사용재화를 공급하는 경우

사용면적 비율을 적용하는 것은 매입세액공제 등에서 다시 공부할 것이므로 지금은 단순 참조만 하시고, 공통매입세액의 안분계산을 모두 배운 후 다시 공부하셔야 합니다. 또한 다음의 어느 하나에 해당하는 경우에는 안분계산을 생략하고 공급가액 전부를 과세표준으로 합니다.

① 재화를 공급하는 날이 속하는 과세기간의 직전 과세기간의 총공급가액 중 면세공급가액이 5% 미만인 경우. 다만 해당 재화의 공급가액이 5,000만원 이상인 경우는 안분계산을 해야 합니다.

② 재화의 공급가액이 50만원 미만인 경우

③ 재화를 공급하는 날이 속하는 과세기간에 신규로 사업을 개시하여 직전 과세기간이 없는 경우

(2) 토지와 건물, 구축물 등을 일괄 공급하는 경우

토지는 면세재화라 부가가치세가 과세되지 않으며 건물만 부가가치세가 과세된다는 점을 먼저 기억하여야 합니다. 또한 건물에 주택이 포함된 경우 국민주택 부분은 면세가 적용된다는 점도 환기해 봅시다. 첨언을 하자면 주택의 건설용역도 알아두시면 좋습니다. 우리가 책만 보면 국민주택 건설용역은 모두 면세를 적용하는 것 같지만 실제 조세특례제한법 제106조를 보면 건설산업기본법, 전기공사업법, 소방법, 정보통신공사업법, 하수도법 등에 의하여 등한 건설업자가 제공하는 국민주택 건설용역만 면세를 적용합니다. 따라서 일반 인테리어 사업자나 건축업자가 제공하

는 국민주택 건설용역은 과세되는 것입니다.

1) 원칙

일괄 공급이므로 토지와 건물을 모두 공급하는 경우입니다. 이 경우 계약서에 토지, 건물의 실지거래가액이 구분되어 기재되어 있다면 실지거래가액을 공급가액으로 하면 됩니다.

2) 예외

만일 계약서에 토지와 건물의 가액이 구분되어 기재되어 있지 않다면 그 일괄공급금액을 토지의 공급가액과 건물의 공급가액으로 나누는 작업이 필요합니다. 이때 위에서 본 바와 같이 동 가액에는 건물분 부가가치세가 포함되어 있습니다. 따라서 이 경우 다음의 문제가 생깁니다.

① 총공급가액에서 건물분 부가가치세의 분리

② 토지, 건물분 각각의 실지거래가액을 알지 못하므로 가액을 구분할 기준

우선 배분 금액기준부터 알아봅시다.

① 일괄양도자산의 각각의 감정평가액이 있는 경우 : 감정평가액
감정평가액은 공급시기(장기할부, 중간지급조건부 판매의 경우 최초 공급시기)가 속하는 과세기간의 직전 과세시간 개시일부터 공급시기가 속하는 과세기간의 종료일까지의 감정평가액을 말합니다.

사 례

㉠ 일반적인 경우(즉 계약금, 중도금, 잔금지급일까지의 기간이 6개월 미만인 경우)
잔금청산일 혹은 등기 접수일이 재화의 공급시기임. 일반적으로 잔금청산 후 등기를 접수하므로 잔금청산일이 2018.10.1.이라면 2018.1.1.

~2018.12.31.까지 기간의 감정평가액)

㉡ 장기할부 판매, 중간지급 조건부 판매인 경우.
각각의 대가를 받기로 한 날이 공급시기이므로 계약을 2018.2.1.에 받고 중도금을 2018.7.1. 잔금을 2018.9.1.에 받기로 하고 등기를 2018.9.2.에 접수한 경우 계약기간이 6개월 이상이고, 재화의 인도 기일이 2018.9.1.이므로 중간지급조건부 판매임. 따라서 계약금을 받은 날, 중도금을 받은 날, 잔금을 받은 날이 각각의 공급시기가 됨. 이때 최초의 공급시기는 2018.2.1.이므로 감정평가액은 2017.7.1.~2018.6. 30.의 감정평가액을 적용하고, 중도금을 받은 날 및 잔금청산일에도 해당 비율을 적용함.

② 감정평가액이 없는 경우

㉠ 각 자산의 기준시가가 있는 경우 : 기준시가

㉡ 어느 하나의 기준시가가 없는 경우
장부가액(장부가액이 없는 경우 취득가액)으로 안분계산한 후 기준시가가 있는 자산에 대해서는 그 합계액을 다시 기준시가비율로 안분

㉢ 위의 방법을 적용할 수 없거나 적용하기가 곤란한 경우.
국세청장이 정하는 방법

사 례

사업자 A가 토지 및 건물, 구축물을 360,000(부가세 포함)에 일괄 양도.
각 자산의 공급시기일 현재 자료는 아래와 같음.

구 분	토지	건물	구축물	합계
취득가액	170,000	157,000	43,000	370,000
장부가액	170,000	105,000	25,000	300,000
기준시가	140,000	80,000		220,000

• 1단계 : 구축물의 기준시가 추산액

$$= \text{토지, 건물의 기준시가 합계} \times \frac{\text{구축물의 장부가액}}{\text{토지와 건물의 장부가액 합계}}$$

$$= (140{,}000+80{,}000) \times \frac{25{,}000}{170{,}000 + 105{,}000} = 20{,}000$$

- 2단계 : 공급가액 계산

  토지는 면세이고, 건물과 구축물만 과세이므로 공급가액은 건물과 구축물에 대해서만 구합니다. 또한 구축물의 기준시가 추산액이 구하여 졌으므로 기준시가 비율로 안분합니다.

$$= \text{총공급가액} \times \frac{\text{건물 및 구축물의 기준시가}}{\text{토지의 기준시가} + (\text{건물 기준시가} + \text{구축물 기준시가}) \times 1.1}$$

$$= 360{,}000 \times \frac{80{,}000+20{,}000}{140{,}000 + (80{,}000+20{,}000) \times 1.1} = 150{,}000$$

(3) 부동산 임대용역을 공급하는 경우

1) 전세금 또는 보증금을 받는 경우

부동산 임대용역을 공급하는 경우 월세도 받지만 전세금 혹은 보증금을 받게 됩니다. 전세금을 받는 경우에는 임대료가 없어 용역의 무상공급에 해당하고, 특수관계자에 대한 임대용역이 아니면 면세됩니다. 따라서 부가가치세법은 전세금 또는 보증금에 대하여 정기예금이자 상당액을 공급가액으로 하고 이를 간주임대료라고 합니다. 간주임대료는 다음과 같이 계산하며 정기예금이자율은 국세청장이 고시합니다.

$$\text{간주임대료} = \text{전세금} \times \text{정기예금이자율} \times \frac{\text{과세대상기간의 일수}}{365(\text{윤년은 } 366)}$$

간주임대료에 대한 부가가치세 부담은 원칙적으로 임대인이 부담하는 것이나, 임차인과 임대인의 약정에 의해 임차인이 부담하는 것으로 할 수 있습니다. 이 경우 임차인이 월세를 내고 있을 때에는 임차인이 부담하는 월세와는 별도로 간주임대료에 대한 부가가치세를 지급하여야 합니다.

2) 임대료를 선불 혹은 후불로 받는 경우

사업자가 둘 이상의 과세기간에 걸쳐 부동산 임대용역을 제공하고 그 대가를 선불 혹은 후불로 받는 경우에는 다음과 같이 공급가액을 계산합니다.

$$\text{공급가액} = \text{임대료 총액} \times \frac{\text{각 과세 대상기간의 월수}}{\text{계약기간의 월수}}$$

이때 월수는 계약기간 개시일이 속하는 달이 1개월 미만이면 1개월로, 종료일이 속한 달이 1개월 미만이면 0개월로 합니다.

3) 과세되는 부동산 임대용역과 면세되는 주택임대용역을 함께 공급하는 경우

상가 주택을 임대하면서 주택분 임대가액과 건물분 임대가액을 구분하지 않는 경우에 해당합니다. 과세 임대용역과 주택임대용역의 가액이 구분되는 경우에는 해당 금액을 기준으로 하면 되지만 그 대가가 구분되지 않는다면 사용면적 비율로 계산합니다. 이 경우 계산 순서는 다음과 같습니다.

① 임대료 총액을 건물과 토지의 기준시가로 나누어 건물분과 토지분 임대료를 구분합니다.

$$\text{건물 혹은 토지분 임대료} = \text{임대료 총액} \times \frac{\text{토지 혹은 건물의 기준시가}}{\text{토지와 건물의 기준시가 합계액}}$$

건물과 토지의 일괄 공급과는 구분 기준이 틀리다는 것을 알아야 합니다. 감정가액 등이 있는 경우라고 해도 무조건 토지와 건물의 기준시가비율로 안분 합니다.

② 토지분과 건물분의 임대 공급가액 계산

①에서 구한 토지 혹은 건물분 임대료를 면적비율로 안분하여 과세되는 공급가액을 구합니다.

$$\text{건물임대 공급가액} = \text{건물분 임대료} \times \frac{\text{과세되는 건물 임대면적}}{\text{총 건물 임대면적}}$$

$$\text{토지임대 공급가액} = \text{토지분 임대료} \times \frac{\text{과세되는 토지 임대면적}}{\text{총 토지 임대면적}}$$

이 때 과세되는 건물의 면적과 토지의 면적은 설령 주택부분과 상가부분의 면적이 구분되는 경우에도 이 면적비율로 계산하는 것이 아니고 토지와 건물의 임대를 공부할 때 배웠던 방법대로 계산하는 것입니다.

실제 상가와 건물이 함께 있는 건물의 경우 등기부 등본을 떼어보면 상가 전용면적 얼마, 상가분 토지지분 얼마로 구분되어 있습니다. 이 경우에도 과세되는 면적을 이 기준에 따라 계산하지 말라는 뜻입니다.

사 례

부동산임대업을 하는 ㈜임대가 개인사업자 A에게 겸용주택 임대

- 건물 : 단층으로 주택 20㎡, 점포 30㎡ 도시지역 안의 건물
- 부수토지 : 300㎡
- 임대료 : 월임대료 1,000,000원(부가세 별도) 임대보증금 182,500,000
- 2018.2기 예정신고 종료일 현재의 기준시가 건물 : 40,000,000 토지 : 60,000,000
- 임대기간 : 2018.1.1.~2020.12.31.

• 2018.9.30. 현재 정기예금 이자율 5%

1단계) 총임대료 계산

월세 1,000,000 × 3 + 간주임대료 182,500,000 × 92 ÷ 365 × 0.05 = 5,300,000

2단계) 건물과 토지분 임대료 계산

$$\text{건물분 임대료} = 5{,}300{,}000 \times \frac{40{,}000{,}000}{100{,}000{,}000} = 2{,}120{,}000$$

$$\text{토지분 임대료} = 5{,}300{,}000 \times \frac{60{,}000{,}000}{100{,}000{,}000} = 3{,}180{,}000$$

3단계) 과세면적 계산

건물 : 주택면적 〈 점포면적이므로 점포면적만 과세 30㎡

토지 : 주택분 토지 면적은 120이나 정착면적 × 5인 = 100까지만 면세. 따라서 과세는 200

$$\text{주택분} = 300 \times \frac{30}{50} = 120$$

4단계) 과세공급가액의 계산

$$\text{건물분 과세액} = 2{,}120{,}000 \times \frac{30}{50} = 1{,}272{,}000$$

$$\text{토지분 과세액} = 3{,}180{,}000 \times \frac{200}{300} = 2{,}120{,}000$$

VIII

부가가치세 신고준비 및 과세표준까지의 더존활용

① 부가가치세 신고준비

이 교재의 주 대상이 세무 · 회계사무소에서 근무를 시작하는 직원이므로 해당기준으로 준비단계를 설명드리겠습니다.

1단계 : 국세청에 거래처 수임등록

개인의 경우 일선세무서에 사업자의 신분증을 첨부하여 신고서를 제출하거나 사업자에게 홈텍스에서 수임동의를 요청해야 합니다.

법인사업자는 일선세무서 방문으로는 접수할 수 없으며 홈텍스에서 수임동의를 요청해야 합니다.

2단계 : 사업자 정보의 홈텍스 기재

① 사업자에게 홈텍스 아이디와 패스워드를 요청.

② 사업자의 아이디로 홈텍스에 접속하여

- 사업자의 사업용계좌
- 사업자의 신용카드(개인사업자의 경우)를 등록합니다. 특히 사업용계좌의 경우 미개설가산세 및 각종감면의 배제 등이 있으므로 꼭 입력하여야 합니다.

3단계 : ① 국세청의 세금계산서 합계표, 현금영수증 매출, 카드매출을 조회 및 출력

② 홈텍스에서 전자세금계산서, 계산서, 신용카드사용내역, 현금영수증 사용내역을 내려받아 전표처리

4단계 : 사업자로부터 수기 증빙 확보 및 입력

5단계 : 신고서 작성

6단계 : 국세청의 세금계산서 합계표, 현금영수증 매출, 카드매출을 조회하여 신고서 금액과 확인

7단계 : 전자신고

2 과세표준까지의 더존 활용법

이제 구체적으로 더존을 활용하여 부가세 신고를 시작해 보겠습니다.

(1) 홈텍스 및 사업자에게서 자료 취합

1) 홈텍스로부터 조회할 자료

부가가치세 신고 기간이 되면 다음과 같은 자료를 홈텍스로부터 조회하여 출력합니다.(홈텍스 로그인 → 세무대리인)

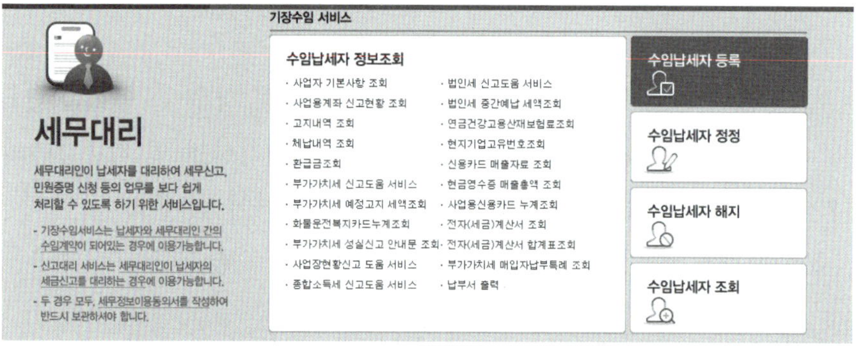

위 화면에서

① 부가가치세 신고도움서비스 ② 부가가치세 예정고지세액조회.
③ 화물운전복지카드누계조회 ④ 부가가치세 성실신고 안내문 조회
⑤ 신용카드 매출자료 조회 ⑥ 현금영수증 매출총액 조회
⑦ 전자세금계산서 합계표 조회를 눌러 출력합니다.

2) 사업자에게서 자료 취합

① 포스를 운영하는 경우 : 포스매출자료

② 신용카드 및 현금영수증 매출자료

카드단말기 담당자 전화번호를 사업자에게 받아 자료를 요청합니다.

③ 자체 홈페이지를 운영하고 LG이니시스 등 결제 대행사를 통하여 결제받는 경우 동 매출자료

<u>주의 사항</u> : 뒤에서 설명드릴 여신금융협회에 가입하여 매출자료를 내려받는 경우 동 매출자료에는 결제대행사의 매출자료가 포함되어 있지 않습니다. 따라서 결제대행사의 매출자료가 있는 경우 꼭 포함하여 신고하여야 합니다.

④ 인터넷 매출이 있는 경우

11번가 등 인터넷 매출이 있는 경우에 해당합니다.

<u>주의 사항</u> : 인터넷 매출의 경우 11번가 등에서 직매입하여 매출이 있는 경우가 있습니다. 이 경우 사업자의 세금계산서가 발행되었을 경우이므로 사업자에게 직매입 매출이 있다면 매출처가 어디인지 확인하여 해당 매출처에게 발행한 세금계산서 만큼 인터넷 매출에서 차감하여야 합니다.

⑤ 쿠팡과 같은 소셜매출이 있는 경우

소셜매출은 모두 현금 매출로 보아 회계처리합니다.

⑥ 종이세금계산서, 및 영세율 관련서류(수출신고필증 및 수입신고필증 등)

(2) 더존에서 자료수집(회계 → 자동전표 → 자료수집 및 자동분개)

1) 일반적인 자료수집

자료수집 증빙	수집 사이트	수집기준	직전수집 시작일자	직전수집 종료일자	수집 시작일자	수집 종료일자
전자세금계산서 매출	국세청(E세로)	작성일자	2017-10-01	2017-12-31	2018-01-01	
전자세금계산서 매입	국세청(E세로)	작성일자	2017-10-01	2017-12-31	2018-01-01	
전자계산서 매출	국세청(E세로)	작성일자	2017-10-01	2017-12-31	2018-01-01	
전자계산서 매입	국세청(E세로)	작성일자	2018-07-01	2018-09-30	2018-10-01	
사업용 신용카드 매입	국세청(현금영수증)	승인일자		3분기		
화물운전자 복지카드 매입	국세청(현금영수증)	승인일자				
현금영수증 매출	국세청(현금영수증)	일별수집	2016-07-01	2016-09-30	2016-10-01	
현금영수증 매입	국세청(현금영수증)	월별수집	2018-07-01	2018-09-30	2018-10-01	

이때 주의할 점이 있습니다.

① 조회일은 항상 신고 월의 세금계산서 발급기한(익월 10일, 공휴일이면 이후 최초 영업일)의 2일 후부터 받아야 합니다. 전자세금계산서는 익월 10일(공휴일이면 이후 최초 영업일)까지 발행할 수 있고 그 다음 날까지 전송할 수 있습니다. 따라서 중간에 미리 분개를 하려고 조회하여 전표처리를 했다고 해도 신고 시에는 해당일에 조회하여 누락된 부분을 기표하여야 하기 때문입니다.

② **예정신고기한에는 3개월**, **확정신고기한에는 6개월**의 기간을 **신고직전**에 다시 조회하여 누락 된 부분이 없는지 확인해야 합니다. 수정세금계산서가 있을 수 있기 때문입니다.

2) 사업자가 여신금융협회에 가입하였을 경우

아이디와 패스워드를 받아 자료를 다운받습니다.(회계 → 자동전표 → 신용카드)

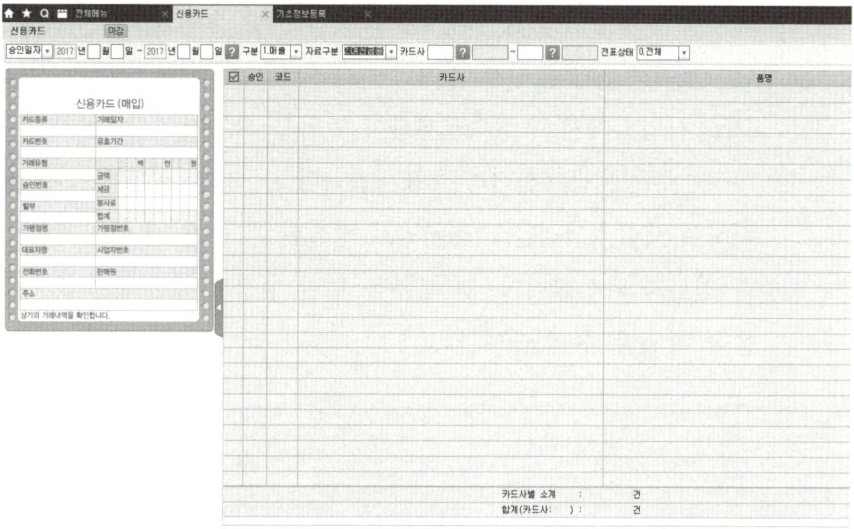

자료 구분을 여신금융협회로 설정하고 조회를 누르면 됩니다.

(3) 더존에서 전자세금계산서 분개

1) 매출전자세금계산서 분개처리

매출을 입력하는 과정에서 주의할 점은 다음과 같습니다.

① □ 란의 색칠 부분의 원인을 파악하여 조치합니다.

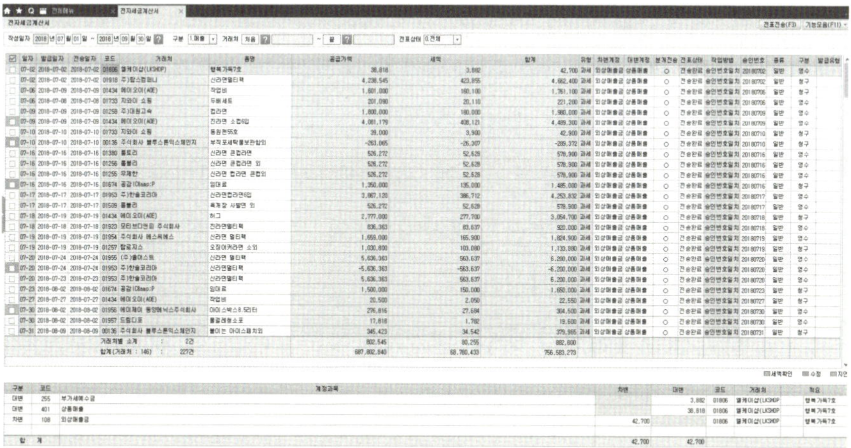

㉠ 세액확인 : 세액이 공급가액의 10%가 아닌 경우입니다. 단순히 단수차이로 발생할 수도 있지만 그렇지 않다면 잘못 발행된 것이므로 사업자에게 수정세금계산서 발급을 요청하여야 합니다.

㉡ 수정 : 수정세금계산서라는 표시입니다. 이 경우 '코드'를 더블클릭하여 세금계산서를 거래처별로 정렬한 후 수정 전 세금계산서가 있는지 확인합니다. ☑ 부분을 보면 수정전 세금계산서가 있음을 확인할 수 있습니다.

☑	일자	발급일자	전송일자	코드	거래처	품명	공급가액	세액	합계	유형	차변계정	대변계정
☐	09-28	2018-09-28	2018-09-28	01965	굿모닝365	라면	960,600	96,060	1,056,660	과세	외상매출금	상품매출
☐	09-07	2018-09-07	2018-09-07	01966	동신상사	롯데해씨유3p	1,249,090	124,910	1,374,000	과세	외상매출금	상품매출
☐	09-11	2018-09-11	2018-09-11	01967	주식회사 아이센스인터내셔날	특별한선택1호	3,612,271	361,229	3,973,500	과세	외상매출금	상품매출
☐	09-14	2018-09-16	2018-09-16	01968	주식회사 네오홀스	선물세트	528,800	52,880	581,680	과세	외상매출금	상품매출
☐	09-14	2018-09-14	2018-09-14	01969	주)엠비엔홀딩스	햇밥점보 1호	554,545	55,455	610,000	과세	외상매출금	상품매출
☑	09-14	2018-09-14	2018-09-14	01969	주)엠비엔홀딩스	햇밥점보1호	-600,000	-60,000	-660,000	과세	외상매출금	상품매출
☑	09-14	2018-09-14	2018-09-14	01969	주)엠비엔홀딩스	햇밥점보1호	600,000	60,000	660,000	과세	외상매출금	상품매출
☐	09-16	2018-09-16	2018-09-16	01970	제이에스컴퍼티	참치	47,407,156	4,740,716	52,147,872	과세	외상매출금	상품매출
☐	09-18	2018-09-18	2018-09-18	01971	시그마엘이디 주식회사	선호	1,440,909	144,091	1,585,000	과세	외상매출금	상품매출
☑	09-19	2018-09-19	2018-09-19	01972	고촌길훈1차아파트 입주자 대표회	현명한선택v-4호	192,000	19,200	211,200	과세	외상매출금	상품매출
☑	09-19	2018-10-01	2018-10-01	01972	고촌길훈1차아파트 입주자 대표회	현명한선택v-4호	192,727	19,273	212,000	과세	외상매출금	상품매출
☑	09-19	2018-10-01	2018-10-01	01972	고촌길훈1차아파트 입주자 대표회	현명한선택v-4호	-192,000	-19,200	-211,200	과세	외상매출금	상품매출
☐	09-19	2018-09-20	2018-09-20	01973	(주)지엔텔	lg 120gh	1,251,818	125,182	1,377,000	과세	외상매출금	상품매출
☐	09-19	2018-09-20	2018-09-20	01974	주식회사 엠스텍	lg 120gh	417,272	41,728	459,000	과세	외상매출금	상품매출

㉢ 지연 : 세금계산서가 지연발급 되었거나 지연전송 된 것입니다. 이 경우 이미 전자세금계산서가 발급되었으므로 다음의 사항에 대한 불이익과 매출거래처에 해당 사항을 통보하라고 하여야 합니다.

세금계산서가 공급시기가 속하는 과세기간의 익월 10일(휴일이면 익영업일)까지 미발급 되어있는 경우

- 해당 세금계산서가 공급시기가 속하는 과세기간 확정신고일까지 발급된 경우(지연발급)
- 공급자 : 공급가액의 1% 세금계산서 불성실가산세
- 공급받는 자 : 공급가액의 0.5%의 세금계산서 합계표 불성실 가산세

해당 세금계산서가 공급시기가 속하는 과세시간 확정신고일 이후에 발급된 경우(미발급)

• 공급자 : 공급가액의 2%의 세금계산서 불성실가산세

• 공급받는 자 : 가산세는 없으나 매입세액 자체를 불공제

지연전송의 경우 : 세금계산서 발행일의 익월 11일(휴일이면 익영업일) 이후에 전송된 경우

• 공급자 : 공급가액의 0.5% 세금계산서 불성실가산세

• 공급받는 자 : 공급가액의 0.5%의 세금계산서 합계표 불성실가산세 가산세

② **매출 이외의 고정자산 처분에 대한 세금계산서가 있는지 파악합니다.** 차량 등을 판매하였을 경우에는 매출분개가 아니라 고정자산의 처분 분개로 바꾸어 줍니다.

차) 기 계 장 치	××	대) 미 수 금	××
감가상각누계액	××	유형자산처분이익	××

2) 매입세금계산서 분개처리

① 기간을 설정하고 조회를 누르면 다음과 같이 일자순으로 데이터가 보입니다.

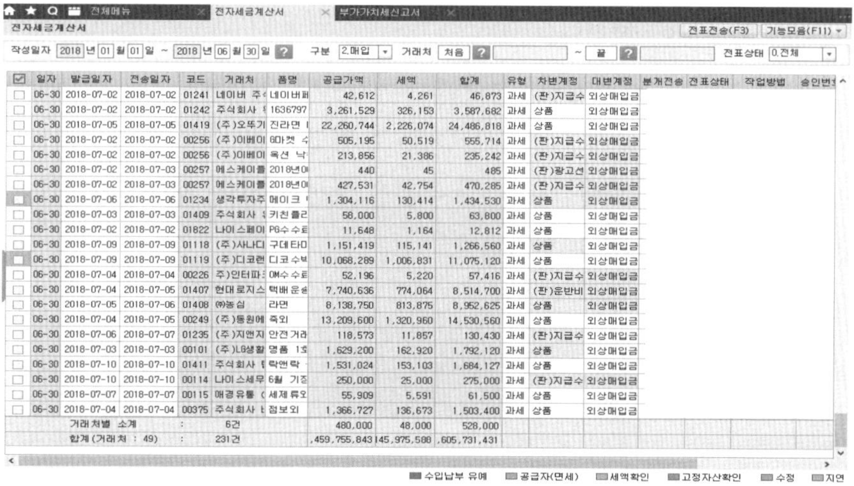
전체메뉴 | 전자세금계산서 | 부가가치세신고서

전자세금계산서

작성일자 2018 년 01 월 01 일 ~ 2018 년 06 월 30 일 구분 2.매입 거래처 처음 ~ 끝 전표상태 0.전체

전표전송(F3) 기능모음(F11)

일자	발급일자	전송일자	코드	거래처	품명	공급가액	세액	합계	유형	차변계정	대변계정	분개전송	전표상태	작업방법	승인번
06-30	2018-07-02	2018-07-02	01241	네이버 주	네이버페	42,612	4,261	46,873	과세	(판)지급수	외상매입금				
06-30	2018-07-02	2018-07-02	01242	주식회사	1636797	3,261,529	326,153	3,587,682	과세	상품	외상매입금				
06-30	2018-07-05	2018-07-05	01419	(주)오뚜기	진라면	22,260,744	2,226,074	24,486,818	과세	상품	외상매입금				
06-30	2018-07-02	2018-07-02	00256	(주)이베이	G마켓 수	505,195	50,519	555,714	과세	(판)지급수	외상매입금				
06-30	2018-07-02	2018-07-02	00256	(주)이베이	옥션 낙	213,856	21,386	235,242	과세	(판)지급수	외상매입금				
06-30	2018-07-02	2018-07-03	00257	에스케이플	2018년0	440	45	485	과세	(판)광고선	외상매입금				
06-30	2018-07-02	2018-07-03	00257	에스케이플	2018년0	427,531	42,754	470,285	과세	(판)지급수	외상매입금				
06-30	2018-07-06	2018-07-06	01234	생각투자주	메이크	1,304,116	130,414	1,434,530	과세	상품	외상매입금				
06-30	2018-07-03	2018-07-03	01409	주식회사	키친플리	58,000	5,800	63,800	과세	상품	외상매입금				
06-30	2018-07-02	2018-07-02	01822	나이스페이	PG수수료	11,648	1,164	12,812	과세	상품	외상매입금				
06-30	2018-07-09	2018-07-09	01118	(주)사나다	구데타마	1,151,419	115,141	1,266,560	과세	상품	외상매입금				
06-30	2018-07-09	2018-07-09	01119	(주)디코랜	디코수박	10,068,289	1,006,831	11,075,120	과세	상품	외상매입금				
06-30	2018-07-04	2018-07-04	00226	주)인터파크	OM수수료	52,196	5,220	57,416	과세	(판)지급수	외상매입금				
06-30	2018-07-04	2018-07-05	01407	현대로지스	택배운송	7,740,636	774,064	8,514,700	과세	(판)운반비	외상매입금				
06-30	2018-07-05	2018-07-06	01408	㈜농심	라면	8,138,750	813,875	8,952,625	과세	상품	외상매입금				
06-30	2018-07-04	2018-07-05	00249	(주)동원에	죽외	13,209,600	1,320,960	14,530,560	과세	상품	외상매입금				
06-30	2018-07-06	2018-07-07	01235	(주)지앤지	안전거래	118,573	11,857	130,430	과세	(판)지급수	외상매입금				
06-30	2018-07-03	2018-07-03	00101	(주)LG생활	명품 1호	1,629,200	162,920	1,792,120	과세	상품	외상매입금				
06-30	2018-07-10	2018-07-10	01411	주식회사	락앤락	1,531,024	153,103	1,684,127	과세	상품	외상매입금				
06-30	2018-07-10	2018-07-10	00114	나이스세무	6월 기장	250,000	25,000	275,000	과세	(판)지급수	외상매입금				
06-30	2018-07-07	2018-07-07	00115	애경유통 (	세제류외	55,909	5,591	61,500	과세	상품	외상매입금				
06-30	2018-07-04	2018-07-04	00375	주식회사	정보외	1,366,727	136,673	1,503,400	과세	상품	외상매입금				
	거래처별 소계	:	6건			480,000	48,000	528,000							
	합계(거래처 : 49)	:	231건			,459,755,843	145,975,588	,605,731,431							

수입납부 유예 | 공급자(면세) | 세액확인 | 고정자산확인 | 수정 | 지연

② 코드를 더블클릭하여 아래와 같이 거래처별로 정렬합니다. 동일 거래처에서 동일 회계계정에 해당하는 재화가 공급될 가능성이 많기 때문에 분개하는 시간을 줄일 수 있습니다.

전자세금계산서

작성일자 2018 년 07 월 01 일 ~ 2018 년 09 월 30 일 구분 2.매입 거래처 처음 ~ 끝 전표상태 0.전체

☑	일자	발급일자	전송일자	코드	거래처	품명	공급가액	세액	합계	유형	차변계정	대변계정	분
☐	07-31	2018-08-01	2018-08-01	00101	(주)LG생활건강	행복가득 5호(A7)	10,303,200	1,030,320	11,333,520	과세	상품	외상매입금	
☐	08-31	2018-09-04	2018-09-04	00101	(주)LG생활건강	디럭스 골드(C7)	16,730,318	1,673,031	18,403,349	과세	상품	외상매입금	
☐	09-30	2018-10-02	2018-10-02	00101	(주)LG생활건강	The Best 120호(A8)	127,937,453	12,793,717	140,731,170	과세	상품	외상매입금	
☐	08-31	2018-09-05	2018-09-05	00110	롯데푸드(주)	육가공 외	13,620,412	1,362,041	14,982,453	과세	상품	외상매입금	
☐	09-30	2018-10-08	2018-10-08	00110	롯데푸드(주)	육가공 외	6,861,867	686,188	7,548,055	과세	상품	외상매입금	
☐	07-31	2018-08-10	2018-08-10	00114	나이스세무법인 관악지사	7월 기장료	250,000	25,000	275,000	과세	(판)지급수	외상매입금	
☐	08-31	2018-09-10	2018-09-10	00114	나이스세무법인 관악지사	8월 기장료	250,000	25,000	275,000	과세	(판)지급수	외상매입금	
☐	09-30	2018-10-10	2018-10-10	00114	나이스세무법인 관악지사	9월 기장료	250,000	25,000	275,000	과세	(판)지급수	외상매입금	
☐	07-31	2018-08-08	2018-08-08	00115	애경유통 (주)	세제류외	140,364	14,036	154,400	과세	상품	외상매입금	
☐	08-31	2018-09-08	2018-09-08	00115	애경유통 (주)	세제류외	47,091	4,709	51,800	과세	상품	외상매입금	
☐	09-29	2018-10-05	2018-10-05	00115	애경유통 (주)	세제류외	61,909	6,191	68,100	과세	상품	외상매입금	
☐	07-15	2018-07-15	2018-08-07	00120	㈜LG유플러스	2018년 07월 서비스 이용료 매	50,020	5,002	55,022	과세	(판)통신비	외상매입금	
☐	08-15	2018-08-15	2018-09-07	00120	㈜LG유플러스	2018년 08월 서비스 이용료 매	49,917	4,991	54,908	과세	(판)통신비	외상매입금	
☐	09-15	2018-09-15	2018-10-08	00120	㈜LG유플러스	2018년 09월 서비스 이용료 매	60,681	6,068	66,749	과세	(판)통신비	외상매입금	
☐	07-06	2018-08-01	2018-08-04	00122	한국전력공사	전기요금	160,815	16,082	176,897	과세	(판)전력비	외상매입금	
☐	08-06	2018-08-31	2018-09-03	00122	한국전력공사	전기요금	163,917	16,392	180,309	과세	(판)전력비	외상매입금	
☐	09-06	2018-10-01	2018-10-04	00122	한국전력공사	전기요금	183,114	18,311	201,425	과세	(판)전력비	외상매입금	
☐	07-31	2018-08-01	2018-08-01	00226	주)인터파크INT	OM수수료매출	99,884	9,987	109,871	과세	(판)지급수	외상매입금	
☐	08-31	2018-09-04	2018-09-04	00226	주)인터파크INT	OM수수료매출	101,444	10,146	111,590	과세	(판)지급수	외상매입금	
☐	09-30	2018-10-04	2018-10-04	00226	주)인터파크INT	광고매출	800,000	80,000	880,000	과세	상품	외상매입금	
☐	09-30	2018-10-02	2018-10-02	00226	주)인터파크INT	OM수수료매출	846,003	84,600	930,603	과세	(판)지급수	외상매입금	
☐	07-31	2018-08-07	2018-08-08	00249	(주)동원에프앤비	죽외	76,246,400	7,624,640	83,871,040	과세	상품	외상매입금	
☐	08-31	2018-09-06	2018-09-07	00249	(주)동원에프앤비	참치세트외	12,774,420	1,277,442	14,051,862	과세	상품	외상매입금	
☐	09-30	2018-10-05	2018-10-08	00249	(주)동원에프앤비	참치세트외	309,431,087	30,943,131	340,374,218	과세	상품	외상매입금	
☐	07-31	2018-08-01	2018-08-01	00256	(주)이베이코리아	G마켓 수수료	334,185	33,419	367,604	과세	(판)지급수	외상매입금	
☐	07-31	2018-08-01	2018-08-01	00256	(주)이베이코리아	옥션 낙찰수수료	208,050	20,805	228,855	과세	(판)지급수	외상매입금	

③ 오른 쪽 하단의 □ 란의 색칠 부분의 원인을 파악하여 조치합니다.

㉠ 세액확인 : 세액이 공급가액의 10%가 아닌 경우입니다. 단순히 단수차이로 발생할 수도 있지만 그렇지 않다면 잘못 발행된 것이므로 사업자에게 공급자에게 수정세금계산서 발급을 요청하라고 통보해야 합니다.

㉡ 수정 : 수정세금계산서라는 표시입니다. 이 경우 '코드'를 더블클릭하여 세금계산서를 거래처별로 정렬한 후 수정 전 세금계산서가 있는지 확인합니다. ☑ 부분을 보면 수정 전 세금계산서가 있음을 확인할 수 있습니다.

☑	일자	발급일자	전송일자	코드	거래처	품명	공급가액	세액	합계	유형	차변계정	대변계정
☐	09-28	2018-09-28	2018-09-28	01965	굿모닝365	라면	960,600	96,060	1,056,660	과세	외상매출금	상품매출
☐	09-07	2018-09-07	2018-09-07	01966	동신상사	롯데해써유3p	1,249,090	124,910	1,374,000	과세	외상매출금	상품매출
☐	09-11	2018-09-11	2018-09-11	01967	주식회사 아이센스인터내셔날	특별한선택1호	3,612,271	361,229	3,973,500	과세	외상매출금	상품매출
☐	09-14	2018-09-16	2018-09-16	01968	주식회사 네오톨스	선물세트	528,800	52,880	581,680	과세	외상매출금	상품매출
☐	09-14	2018-09-14	2018-09-14	01969	주)엠비앤홀딩스	햇밥점보 1호	554,545	55,455	610,000	과세	외상매출금	상품매출
☑	09-14	2018-09-14	2018-09-14	01969	주)엠비앤홀딩스	햇밥점보1호	-600,000	-60,000	-660,000	과세	외상매출금	상품매출
☑	09-14	2018-09-14	2018-09-14	01969	주)엠비앤홀딩스	햇밥점보1호	600,000	60,000	660,000	과세	외상매출금	상품매출
☐	09-16	2018-09-16	2018-09-16	01970	제이에스컴퍼티	참치	47,407,156	4,740,716	52,147,872	과세	외상매출금	상품매출
☐	09-18	2018-09-18	2018-09-18	01971	시그마엘이디 주식회사	선호	1,440,909	144,091	1,585,000	과세	외상매출금	상품매출
☑	09-19	2018-09-19	2018-09-19	01972	고촌길훈1차아파트 입주자 대표회	현명한선택v-4호	192,000	19,200	211,200	과세	외상매출금	상품매출
☑	09-19	2018-10-01	2018-10-01	01972	고촌길훈1차아파트 입주자 대표회	현명한선택v-4호	192,727	19,273	212,000	과세	외상매출금	상품매출
☑	09-19	2018-10-01	2018-10-01	01972	고촌길훈1차아파트 입주자 대표회	현명한선택v-4호	-192,000	-19,200	-211,200	과세	외상매출금	상품매출
☐	09-19	2018-09-20	2018-09-20	01973	(주)지엔텔	lg 120gh	1,251,818	125,182	1,377,000	과세	외상매출금	상품매출
☐	09-19	2018-09-20	2018-09-20	01974	주식회사 엠스텍	lg 120gh	417,272	41,728	459,000	과세	외상매출금	상품매출

㉢ 지연

세금계산서가 지연 발급되었거나 지연 전송된 것입니다. 이 경우 이미 전자세금계산서가 발급되었으므로 다음의 사항에 대한 불이익이 있음을 통보해야 합니다.

〈지연 발급의 경우〉

세금계산서가 공급시기가 속하는 과세기간의 익월 10일(휴일이면 익영업일)까지 미발급되어 있는 경우

- 해당 세금계산서가 공급시기가 속하는 과세기간 확정신고일까지 발급된 경우
  - 공급가액의 0.5%의 세금계산서합계표 불성실가산세
- 해당 세금계산서가 공급시기가 속하는 과세기간 확정신고일 이후에 발급된 경우
  - 가산세는 없으나 매입세액 자체를 불공제
  - 분개는 유형을 54 불공으로 하고 불공제 사유는 1번 필요적 기재사항 누락으로 하여 분개합니다.

〈지연 전송의 경우〉

세금계산서 발행일의 익월 11일(휴일이면 익영업일) 이후에 전송된 경우로서 공급가액의 0.5%의 세금계산서 합계표 불성실가산세

㉣ 고정자산 확인

수선비, 차량유지비, 소모품비, 사무용품비 등 자산과 관련된 비용 중 3,000,000원 이상인 데이터를 보여 줍니다. 해당 증빙이 비용이 아니고 고정자산 등에 해당한다면 고정자산 취득에 관한 분개를 하고, 고정자산 등록 화면으로 들어가서 고정자산 등록을 합니다.

④ 증빙의 성격에 따라 분개를 하고 전송합니다.

거래처에서 공급하는 재화나 용역의 성격에 맞추어 회계처리를 합니다. 더존에서는 자동으로 분개가 생성되는데 자동분개가 설정되어 있지 않거나 분개가 틀려서 한꺼번에 수정을 해야 한다면 위와 같이 해당 거래처를 중복으로 선택하고 그 중 하나를 선택하여 계정을 바꾸어 준 후 오른쪽 마우스를 눌러 일괄변경을 선택하면 일괄 변경됩니다.

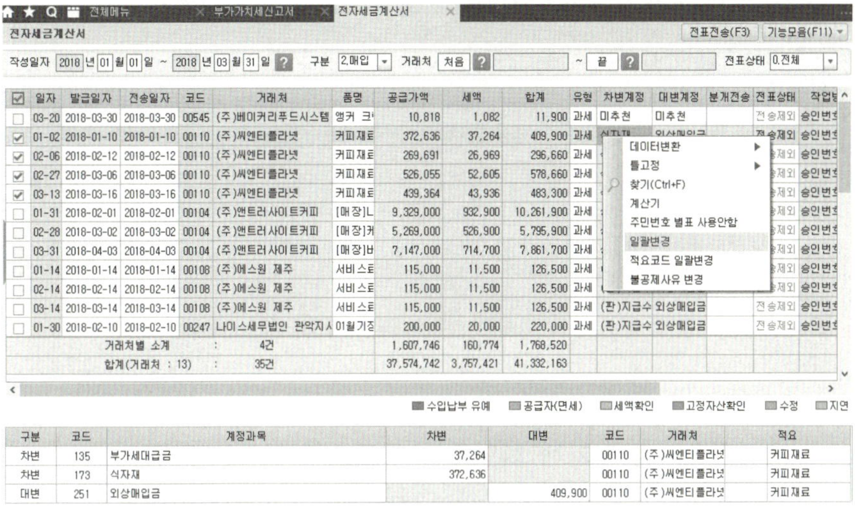

(4) 더존에서 전자계산서 분개 : 세금계산서와 동일하게 처리합니다.

이후 국세청 홈텍스에서 출력한 세금계산서 합계표, 계산서 합계표의 매출금액과 매입금액이 맞는지 확인하고 전표를 전송합니다.

(5) 더존에서 현금영수증(매출)분 분개

현금영수증 매출은 전자세금계산서 및 전자계산서 매출과는 다르게 거래처의 정보를 불러오지 못하므로 더존의 거래처 코드가 자동으로 발생되지 않습니다. 따라서 회계 → 자동전표 → 현금영수증으로 들어가 자료를 조회해 보면 다음과 같은 정보만 형성됩니다.

이러한 현금영수증 매출은 두 가지 방법으로 나누어 처리할 수 있습니다.

① 자동전표상에서 전표를 전송하여 건별로 전표를 발생

현금영수증 매출 건수가 많지 않은 경우라면 결산 시 예금 거래의 추적가능성을 높이기 위해 이 방법으로 처리하는 것이 좋습니다.

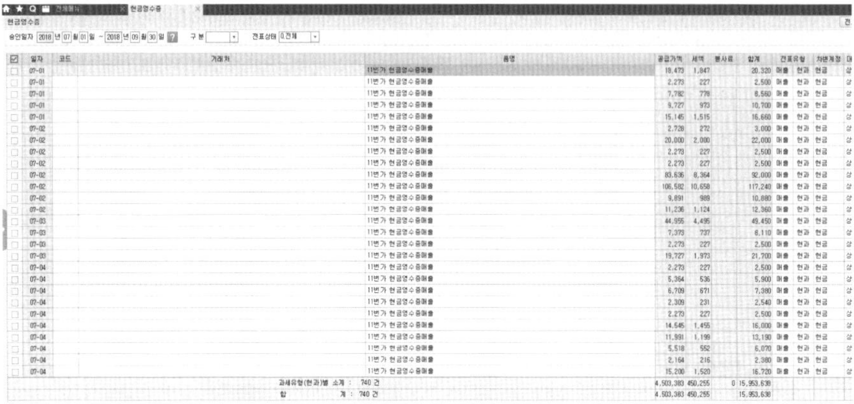

② 총금액을 빠른부가세 화면에서 전표로 입력하는 방법

소매점이나 커피전문점과 같이 하루에도 빈번히 현금영수증 매출거래가 일어난다면 ①처럼 매번 전표를 발생시키기는 어렵습니다. 따라서 매월, 혹은 분기에 한번씩 빠른부가세 화면에서 아래와 같이 입력합니다.

재무회계 → 빠른부가세 상에서

유형 22 현과를 선택하여 수량에는 ①에서 조회한 발급건수를 적습니다.

(6) 더존에서 카드매출 분개

카드매출은 현금영수증 매출과 달라서 국세청에서 다운받을 수 없습니다.

카드매출은 여신금융협회에 가입된 경우 더존에서 직접 내려받을 수 있고 혹은 카드사에서 엑셀로 내려받아 올릴 수 있습니다.

① 여신금융협회에 가입되어 있는 경우

회계 → 자동전표 → 신용카드 화면에서 아래와 같이 여신금융을 선택하여 조회합니다.

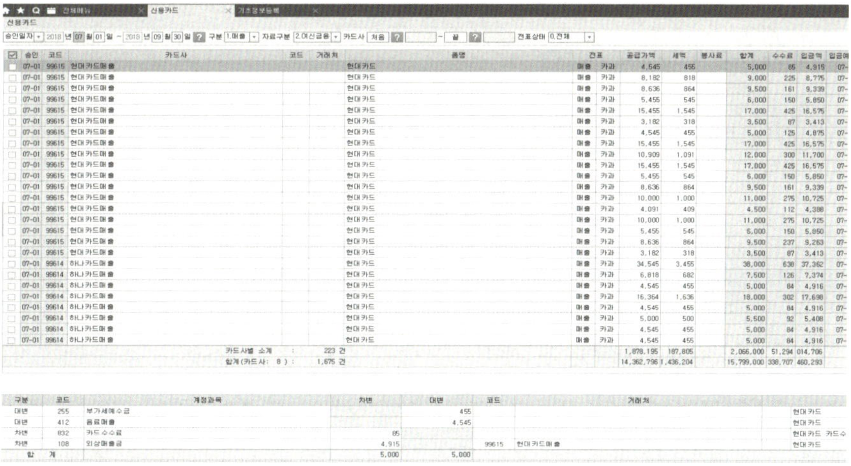

이 상태에서 전송을 하면 건건이 매출전표가 발생됩니다.

② 발생빈도가 높아 매월, 혹은 분기별로 입력하는 경우

유형 17 카과로 입력하고 품명에는 ①에서 조회한 건수를 적습니다.

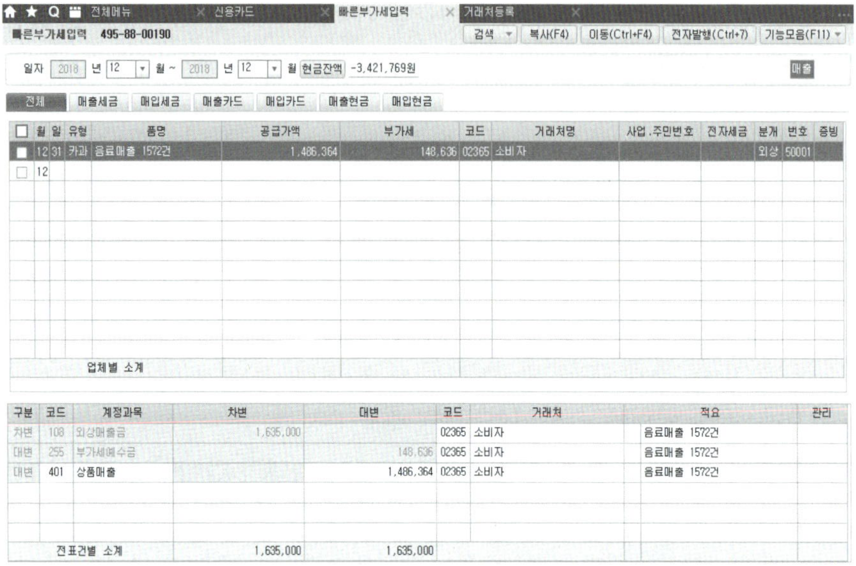

(7) 수기세금계산서 입력

수기로 받은 세금계산서를 빠른부가세 화면에서 입력하고 분개처리합니다.

(8) 인터넷 매출 및 소셜 매출의 입력

11번가와 같은 인터넷 매출이나 쿠팡과 같은 소셜 매출의 경우 해당 매출을 파악하여 입력합니다. 매출 건별로 분류하여 각각 카과, 현과, 건별 매출로 입력합니다.

(9) 재화의 공급의제의 경우에 입력

재화의 공급의제 중 세금계산서가 발행되는 판매목적타사업장 반출은 일반 세금계산서 발행과 같이 처리하면 됩니다. 하지만 세금계산서를 발행하지 않는 재화의 공급의제의 경우 조금 차이가 있습니다. 원칙은 재화의 공급의제로 인해 부담하게 되는 부가가치세는 비용을 구성하는 경우에는 비용으로 처리하고, 자산의 원가를 구성하는 경우에는 자산의 가액으로 자본화한다는 것입니다.

① 사업상 증여, 개인적 공급

우산을 소매하는 A사가 매입거래처에서 800,000(VAT별도)에 구입한 우산을 매출 거래처인 B사 직원에게 설 선물로 주었습니다. A사의 해당 우산의 소매가는 공급가액으로 1,000,000상당에 해당합니다. 이는 사업상 증여에 해당하는데 이 경우 회계처리는 다음과 같습니다.

차변) 접대비	900,000	대변) 상　　품	800,000
		부가세예수금	100,000

재화의 공급의제의 과세표준은 시가가 원칙이므로 부담해야 할 부가가치세는 1,000,000 × 10% = 100,000에 해당하고, 우산의 원가는 800,000이므로 접대비는 900,000에 해당하는 것이지요. 부가가치세의 과세표준을 시가로 하는 것이지 접대비를 시가로 계산하는 것은 아닙니다.

첨언을 하자면 부가세와는 관련 없이 소득세법이나 법인세법과 관련하여 위와 같이 매출원가가 아닌 다른 계정으로 가는 상품 및 제품은 매출원가 계산과는 관련이 없으므로 적요란에 타계정 대체액으로 기재하여 매출원가 계산에서 배제하여야 합니다. 더존에서 처리하면 아래와 같습니다.

일자 2018 년 12 월 ~ 2018 년 12 월 현금잔액 -3,421,769원 매출

전체 | 매출세금 | 매입세금 | 매출카드 | 매입카드 | 매출현금 | 매입현금

월	일	유형	품명	공급가액	부가세	코드	거래처명	사업.주민번호	전자세금	분개	번호	증빙
12	31	건별	매출처 우산 선물	1,000,000	100,000	00101	플로우	268-67-00083		혼합	50001	
12												
			업체별 소계	1,000,000	100,000							

구분	코드	계정과목	차변	대변	코드	거래처	적요	관리
대변	255	부가세예수금		100,000	00101	플로우	매출처 우산 선물	
대변	146	상품		800,000	00103	(주)두잉인터내쇼날	08 타계정으로 대체액	
차변	813	접대비	900,000		00101	플로우	매출처 우산 선물	
		전표건별 소계	900,000	900,000				

재화의 공급의제의 경우 현금매출과 동일하게 처리하므로 유형은 14 건별로 처리하고 위와 같이 분개합니다.

② 면세 전용

과세사업과 관련하여 취득한 재화를 면세 전용한다면 부가가치세가 발생합니다. 과세사업에 공 하던 건물을 일부 면세전용하여 과세표준 1,000,000과 부가가치세 100,000이 발생한다면 분개는 다음과 같습니다.

차변) 건물 100,000 대변) 부가세예수금 100,000

더존 상에서는 유형은 14건별 공급가액 1,000,000으로 입력하고 위와 같이 분개합니다.

원칙은 위와 같지만 실무적으로는 위와 같은 회계처리가 문제가 될 수 있습니다. 재무회계 → 고정자산 → 고정자산 등록 화면에서 4번 신규취득 및 5번 부분 매각과 폐기 화면에서 고정자산가액을 계속 증감시켜야 고정자산관리 대장과 재무상태표의 고정자산가액이 일치하기 때문입니다.

따라서 부가세액의 금액이 적은 금액이라면 잡손실 또는 세금과공과 계정과목을 사용하는 것도 무방할 것입니다.

(10) 영세율 매출의 입력

영세율 매출 분개는 두 개의 유형 코드를 사용합니다. 유형 12영세는 뒤에서 설명할 내국신용장 구매확인서에 의한 공급으로 세금계산서가 발행되는 영세율 거래에 사용합니다. 다음과 같이 분개하지요.

유형 16 수출은 직수출 등 세금계산서가 발급되지 않는 영세율 적용 대상거래에 적용합니다. 다음과 같이 분개합니다.

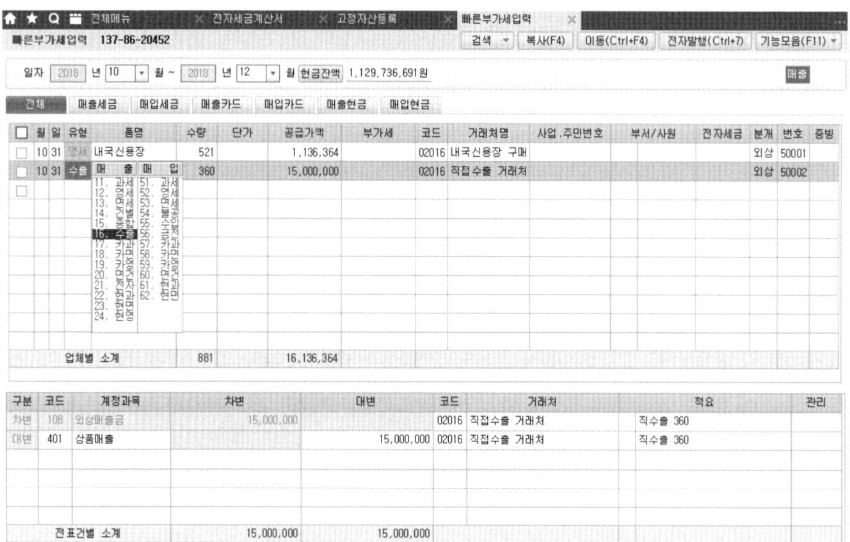

영세율 매출은 분개 이외에도 부속서류 또한 작성하여야 합니다.

부속서류는 더존 상에서 회계 → 부가가치세 화면 오른쪽 상단의 영세율수출관련서류에서 작성합니다. 이 중 우리가 살펴볼 것은 수출실적명세서와 영세율첨부서류제출명세서, 그리고 영세율매출명세서입니다. 나머지 외화획득명세서 등은 영세율에서 공부한 특수한 경우에 해당하므로 가장 일반적인 서류만을 살펴보겠습니다.

1) 수출실적명세서 작성

수출실적명세서는 사업자가 통관을 하고 직접 수출한 매출이 있을 때 작성하는 문서입니다. 이 문서를 작성하려면 사업자에게 수출신고필증을 요청하여 받아야 합니다. 수출신고필증은 아래와 같습니다.

UNI-PASS

수출신고필증(적재전, 갑지)

※ 처리기간 : 즉시

제출번호	⑤ 신고번호	⑥ 신고일자	⑦ 신고구분 H	⑧ C/S구분
①신 고 자 관세사무소		2014/12/11	일반P/L신고	

②수출대행자 (주) (통관고유부호) 수출자구분 C 수 출 화 주 (주) (통관고유부호) (주소) (대표자) (소재지) (사업자등록번호)	⑨ 거래구분 11 일반형태	⑩ 종류 A 일반수출	⑪ 결제방법 TT 단순송금방식
	⑫ 목적국 TW	⑬ 적재항 ICN 인천공항	⑭ 선박회사 (항공사)
	⑮ 선박명(항공편명)	⑯ 출항예정일자	⑰ 적재예정보세구역
	⑱ 운송형태	⑲ 검사희망일 2014/12/11	
	⑳ 물품소재지	/	
③제 조 자 (통관고유부호) 제조장소 산업단지부호	㉑ L/C번호	㉒ 물품상태 0	
	㉓ 사전임시개청통보여부 A	㉔ 반송 사유	
④구 매 자 (구매자부호)	㉕ 환급신청인 (1:수출대행자/수출화주, 2:제조자) 자동간이정액환급 NO		

●품명 · 규격 (란번호/총란수 :)

㉖ 품 명 ㉗ 거래품명		㉘ 상표명		
㉙ 모델 . 규격	㉚ 성분	㉛ 수량(단위)	㉜ 단가(USD)	㉝ 금액(USD)
1 란 을지 계속				

㉞ 세번부호		㉟ 순중량	10.0 (KG)	㊱ 수량	2 (U)	㊲ 신고가격(FOB)	
㊳ 송품장부호		㊴ 수입신고번호 ()		㊵ 원산지 KR---		㊶ 포장갯수(종류)	1(CT)
㊷ 수출요건확인 (발급서류명)							

㊸ 총중량	15.0 (KG)	㊹ 총포장갯수	1(CT)	㊺ 총신고가격 (FOB)	
㊻ 운임(₩)	102,823	㊼ 보험료(₩)	0	㊽ 결제금액	
㊾ 수입화물 관리번호				㊿ 컨테이너번호	N

※신고인기재란	(51) 세관기재란
	CUSTOMS 세관 THE REPUBLIC OF KOREA

(52) 운송(신고)인 (53) 기간 부터 까지	(54) 적재의무기한	2015/01/11	(55) 담당자		(56) 신고수리일자	2014/12/12

발 행 번 호 : 2014.12.12) Page : 1/2

(1) 수출신고수리일로부터 30일내에 적재하지 아니한 때에는 수출신고수리가 취소됨과 아울러 과태료가 부과될 수 있으므로 적재사실을 확인하시기 바랍니다. (관세법 제251조, 제277조) 또한 휴대탁송 반출시에는 반드시 출국심사(부두,초소,공항) 세관공무원에게 제시하여 확인을 받으시기 바랍니다.

(2) 수출신고필증의 진위여부는 수출입통관정보시스템에 조회하여 확인하시기 바랍니다.(http://portal.customs.go.kr)

앞으로 설명할 때 실제 적용되는 서식이 어떻게 작성되는지, 그리고 부가가치세 신고서에 각종 부속서류가 어떻게 표시되는지 알려드리기 위해 계속 신고서와 부속서류를 먼저 보여드리고 더존에 입력하는 방법을 설명하겠습니다.

한가지 첨언을 하자면 세무사나 공인회계사 시험 준비를 하신 분들 중에도 세법에 관한 지식은 충분하지만 서식을 작성하실 줄 모르는 분들이 상당히 있습니다. 이런 경우엔 서식에 나와 있는 작성방법을 꼼꼼히 읽어보시면 대부분의 서식은 작성하실 수 있으실 것입니다. 위의 서식에서도 보시면 하단에 작성방법이 잘 기록되어 있습니다.

수출실적명세서에 들어갈 각종 정보는 다음의 서식에 붉은 글씨로 적어 놓았습니다.

수출실적명세서(갑)

년 제 기 (월 일 ~ 월 일)

※ 아래의 작성방법을 읽고 작성하시기 바랍니다.

제출자 인적사항	① 사업자등록번호	② 상호(법인명)
	③ 성명(대표자)	④ 사업장 소재지
	⑤ 업태	⑥ 종목

⑦ 거래기간 : 과세기간	⑧ 작성일자 : 부가가치세 신고일

구분	건수	외화금액	원화금액	비고
⑨ 합계				
⑩ 수출재화(=⑫합계)	사업자가 직접 수출을 하고 외국으로 반출하는 재화			
⑪ 기타 영세율적용	국외 제공용역 등 ⑩이외의 수출			

⑫ 일련번호	⑬ 수출신고번호	⑭ 선(기)적일자	⑮ 통화코드	⑯ 환율	금액	
					⑰ 외화	⑱ 원화
	합계					
	수출신고필증 ②	선적일자	신고가격		신고가격 외화	신고가격 원화

작 성 방 법

①~⑥: 제출자(수출자)의 사업자등록증에 적힌 사업자등록번호·상호(법인명)·성명(대표자)·사업장 소재지·업태·종목을 적습니다.

⑦: 신고대상기간을 적습니다(예시 : 2010년 1월 1일~3월 31일).

⑧: 수출실적명세서 작성일자를 적습니다.

⑨: 부가가치세 영세율이 적용되는 재화 또는 용역의 공급으로 세금계산서 발급대상이 아닌 영세율 적용분에 대한 총건수, 외화금액 합계, 원화금액 합계[부가가치세 신고서 2쪽 영세율 기타분(④항) 과세표준]를 적습니다.

⑩: 관세청에 수출신고 후 외국으로 직접 반출(수출)하는 재화의 총건수, 외화금액 합계, 원화금액 합계를 적으며, ⑫란의 1번부터 마지막 번호까지를 모두 합계한 건수, 외화금액, 원화금액과 일치하여야 합니다.

⑪: 관세청에 수출신고 후 외국으로 직접 반출(수출)하는 재화 이외의 영세율적용분(국외제공용역 등)으로 세금계산서를 발급하지 아니하는 분의 총건수, 외화금액 합계, 원화금액 합계를 적습니다(※ 영세율 첨부서류는 별도제출).

⑫: 수출 건별로 1번부터 부여하여 마지막 번호까지 순서대로 적습니다.

⑬: 수출신고서의 (7)번 신고번호를 적습니다.

⑭: 수출재화(물품)을 실질적으로 선(기)적한 일자를 적습니다.

⑮: 수출대금을 결제받기로 한 외국통화의 코드를 영문자 3자로 적습니다(수출신고서 (34)번 항목의 중간에 표시되며, 미국달러로 결제받는 경우 USD라 적습니다).

⑯: 수출재화의 선(기)적 일자에 해당하는 외국환거래법에 의한 기준환율 또는 재정환율을 적습니다.

⑰: 수출물품의 인도조건에 따라 지급받기로 한 전체 수출금액으로 수출신고서의 (33)번 항목의 금액이며 소수점 미만 2자리까지 적습니다.

⑱: ⑰란의 금액을 ⑯란의 환율로 곱한 환산금액 또는 선(기)적일 전에 수출대금(수출선수금, 사전송금방식수출 등)을 원화로 환가한 경우에는 그 금액을 원단위 미만은 절사하고 적습니다.

210㎜×297㎜[백상지 80g/㎡(재활용품)]

이제부터 실제 직접 수출에 관한 회계처리를 해봅시다. A사가 선적일 2018.12.14.에 미국에 $120,000(원화 126,254,400)의 직접 수출을 하였다면 2018.12.14.의 분개는 다음과 같습니다.

유형은 16 수출로 하고 수출신고필증 상의 총신고 가격을 원화로 매출 분개합니다. 그리고 아래와 같이 수출실적명세서를 작성합니다.

수출신고필증에서 해당하는 정보를 위와 같이 찾아서 입력하면 됩니다.

이 때 수출원화금액은 수출신고필증 상의 신고가격의 원화금액입니다. 따라서 수출신고필증상에 외화금액과 원화금액이 같이 적혀있다면 16번 환율은 수출신고필증의 원화금액 ÷ 외화금액을 입력하면 됩니다. (126,528,000 ÷ 120,000 = 1054.4)

2) 내국신용장 또는 구매확인서에 의한 수출

내국신용장 또는 구매확인서에 의한 수출이라면 영세율 세금계산서가 발행됩니다. 따라서 분개는 동 세금계산서에 의해 분개를 하면 됩니다. 수출실적명세서는 직접 수출을 할 때 작성을 하는 것이므로 내국신용장이나 구매확인서에 의한 수출의 경우에는 수출실적명세서가 아니라 영세율첨부서류제출명세서를 작성하여 제출합니다. 서식은 아래와 같습니다.

■ 부가가치세법 시행규칙 [별지 제42호서식]

홈택스(www.hometax.go.kr)에서 도 신청할 수 있습니다.

영세율 첨부서류 제출명세서

년 제 기(월 일~ 월 일)

※ [ ]에는 해당하는 곳에 √ 표시를 합니다. 뒤쪽의 작성방법을 읽고 작성하시기 바랍니다. (앞쪽)

<table>
<tr><td rowspan="3">제출자
인적사항</td><td>① 사업자등록번호</td><td>② 상호(법인명)</td></tr>
<tr><td>③ 성명(대표자)</td><td>④ 사업장 소재지 및 연락처</td></tr>
<tr><td colspan="2">⑤ 업태(종목)</td></tr>
<tr><td colspan="2">⑥ 거래기간</td><td>⑦ 작성일자</td></tr>
<tr><td colspan="3">⑧ 제출사유</td></tr>
</table>

<table>
<tr><td rowspan="2">⑨
일련
번호</td><td rowspan="2">⑩
서류명</td><td rowspan="2">⑪
발급자</td><td rowspan="2">⑫
발급
일자</td><td rowspan="2">⑬
선적
일자</td><td rowspan="2">⑭
통화
코드</td><td rowspan="2">⑮
환율</td><td colspan="2">당기제출금액</td><td colspan="2">당기신고해당분</td><td rowspan="2">⑳ 비고</td></tr>
<tr><td>⑯
외화</td><td>⑰
원화</td><td>⑱
외화</td><td>⑲
원화</td></tr>
<tr><td></td><td></td><td></td><td></td><td></td><td></td><td></td><td></td><td></td><td></td><td></td><td></td></tr>
<tr><td></td><td></td><td></td><td></td><td></td><td></td><td></td><td></td><td></td><td></td><td></td><td></td></tr>
<tr><td></td><td></td><td></td><td></td><td></td><td></td><td></td><td></td><td></td><td></td><td></td><td></td></tr>
</table>

이제 위의 A사업자가 B사업자에게 내국신용장을 발급받고 컴퓨터를 공급하였다고 가정합시다. 내국신용장 번호는 L2015－50A－12345이고

발급일은 2018.12.23. 공급가액은 15,000,000입니다. 영세율 세금계산서는 발급이 되었을 것이므로 분개는 다음과 같이 되어있을 것입니다.

빠른부가세입력 495-88-00190

일자 2018 년 12 월 ~ 2018 년 12 월 현금잔액 -3,421,769원

월	일	유형	품명	공급가액	부가세	코드	거래처명	사업.주민번호	전자세금	분개	번호	증빙
12	14	수출	컴퓨터	126,528,000		02366	외국회사			외상	50001	
12	14	영세	컴퓨터	15,000,000		00108	(주) 나이스산업	138-81-84492	전자입력	외상	50002	
12												
			업체별 소계									

구분	코드	계정과목	차변	대변	코드	거래처	적요	관리
차변	108	외상매출금	15,000,000		00108	(주) 나이스산업	컴퓨터	
대변	401	상품매출		15,000,000	00108	(주) 나이스산업	컴퓨터	
		전표건별 소계	15,000,000	15,000,000				

이제 부가가치세의 영세율 첨부서류로 가서 작성합니다.

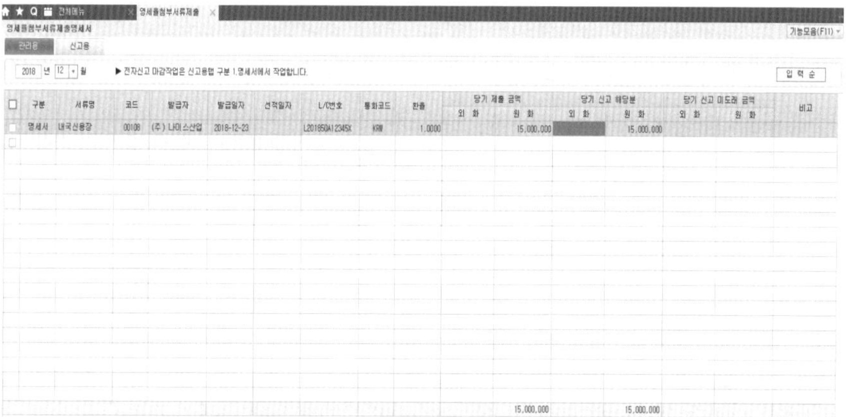

영세율첨부서류제출명세서

2018 년 12 월 ▶ 전자신고 마감작업은 신고용탭 구분 1.명세서에서 작업합니다.

구분	서류명	코드	발급자	발급일자	선적일자	L/C번호	통화코드	환율	당기 제출 금액 외화	당기 제출 금액 원화	당기 신고 해당분 외화	당기 신고 해당분 원화	당기 신고 미도래 금액 외화	당기 신고 미도래 금액 원화	비고
명세서	내국신용장	00108	(주) 나이스산업	2018-12-23		L201850A12345X	KRW	1.0000		15,000,000		15,000,000			
										15,000,000		15,000,000			

여기서 구분은 2번 명세서, 서류명은 내국신용장을 입력하고 LC번호를 입력합니다. 내국신용장이므로 대부분은 금액을 원화로 수취할 것이

므로 통화코드는 원화를 선택하고 당기 제출금액 원화에 15,000,000을 입력합니다.

3) 영세율 매출명세서 작성

내국신용장에 의한 수출 및 직수출에 관련된 서식을 모두 작성하였다면 영세율 매출명세서를 작성해야 합니다. 영세율 매출명세서는 영세율 매출이 적용되는 모든 경우의 합계이므로 동 금액은 부가가치세 신고서상의 금액 영세율 매출과 동일한 금액이 적혀있어야 합니다.

즉 부가세신고서 1쪽의 A + B의 금액은 영세율 매출명세서상의 합계 C와 일치한다는 뜻입니다.

<table>
<tr><td rowspan="9">과세
표준
및
매출
세액</td><td rowspan="4">과
세</td><td>세금계산서 발급분</td><td>(1)</td><td></td><td>10/100</td><td></td></tr>
<tr><td>매입자발행 세금계산서</td><td>(2)</td><td></td><td>10/100</td><td></td></tr>
<tr><td>신용카드·현금영수증 발행분</td><td>(3)</td><td></td><td rowspan="2">10/100</td><td></td></tr>
<tr><td>기타(정규영수증 외 매출분)</td><td>(4)</td><td></td><td></td></tr>
<tr><td rowspan="2">영
세
율</td><td>세금계산서 발급분</td><td>(5)</td><td>A</td><td>0/100</td><td></td></tr>
<tr><td>기 타</td><td>(6)</td><td>B</td><td>0/100</td><td></td></tr>
<tr><td colspan="2">예 정 신 고 누 락 분</td><td>(7)</td><td></td><td></td><td></td></tr>
<tr><td colspan="2">대 손 세 액 가 감</td><td>(8)</td><td></td><td></td><td></td></tr>
<tr><td colspan="2">합 계</td><td>(9)</td><td></td><td>㉮</td><td></td></tr>
</table>

영세율 매출명세서의 양식은 다음과 같습니다.

■ 부가가치세법 시행규칙 [별지 제29호 서식] <개정 2017. 3. 10.>

홈텍스(www.hometax.go.kr)에서도 신청할 수 있습니다.

영세율 매출명세서

년 제 기 (월 일 ~ 월 일)

※ 뒤쪽의 작성방법을 읽고 작성하시기 바랍니다. (앞쪽)

1. 제출자 인적사항

① 상호(법인명)	② 사업자등록번호
③ 성명(대표자)	④ 사업장 소재지
⑤ 업태	⑥ 종목

2. 영세율 적용 공급실적 합계

⑦ 구분	⑧ 조문	⑨ 내 용	⑩ 금액(원)
부가가치세법	제21조	직접수출(대행수출 포함)	
		중계무역·위탁판매·외국인도 또는 위탁가공무역 방식의 수출	
		내국신용장·구매확인서에 의하여 공급하는 재화	
		한국국제협력단, 한국국제보건의료재단 및 대한적십자사에 공급하는 해외반출용 재화	
		수탁가공무역 수출용으로 공급하는 재화	
	제22조	국외에서 공급하는 용역	
	제23조	선박·항공기에 의한 외국항행용역	
		국제복합운송계약에 의한 외국항행용역	
	제24조	국내에서 비거주자·외국법인에 공급되는 재화 또는 용역	
		수출재화임가공용역	
		외국항행 선박·항공기 등에 공급하는 재화 또는 용역	
		국내 주재 외교공관, 영사기관, 국제연합과 이에 준하는 국제기구, 국제연합군 또는 미합중국군대에 공급하는 재화 또는 용역	
		「관광진흥법 시행령」에 따른 일반여행업자가 외국인 관광객에게 공급하는 관광알선용역	
		외국인전용판매장 또는 주한외국군인 등의 전용 유흥음식점에서 공급하는 재화 또는 용역	
		외교관 등에게 공급하는 재화 또는 용역	
		외국인환자 유치용역	
⑪ 「부가가치세법」에 따른 영세율 적용 공급실적 합계			
조세특례제한법	제105조 제1항 제1호	방위산업물자 또는 「비상대비자원 관리법」에 따라 지정된 자가 생산공급하는 시제품 및 자원동원으로 공급하는 용역	
	제105조 제1항 제2호	「국군조직법」에 따라 설치된 부대 또는 기관에 공급하는 석유류	
	제105조 제1항 제3호	도시철도건설용역	
	제105조 제1항 제3호의2	국가·지방자치단체에 공급하는 사회기반시설 등	
	제105조 제1항 제4호	장애인용 보장구 및 장애인용 특수 정보통신기기 등	
	제105조 제1항 제5호	농민 또는 임업에 종사하는 자에게 공급하는 농업용·축산업용·임업용 기자재	
	제105조 제1항 제6호	어민에게 공급하는 어업용 기자재	
	제107조	외국인 관광객 등에게 공급하는 재화	
	제121조의13	제주특별자치도 면세품판매장에서 판매하거나 제주특별자치도 면세품판매장에 공급하는 물품	
⑫ 「조세특례제한법」 및 그 밖의 법률에 따른 영세율 적용 공급실적 합계			
⑬ 영세율 적용 공급실적 총 합계 ⑪+⑫			C

210mm×297mm[백상지 80g/㎡ 또는 중질지 80g/㎡]

위에서 예를 들었던 A사의 경우 직접 수출과 내국신용장에 의한 수출이 있으므로 더존 상에서는 다음과 같이 입력합니다.

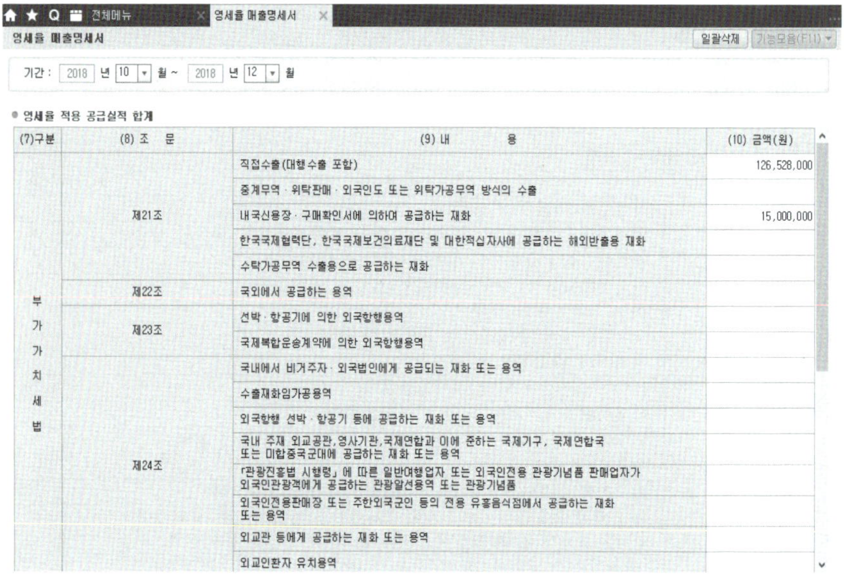

전체메뉴 | 영세율 매출명세서

영세율 매출명세서 　 일괄삭제 　 기능모음(F11)

기간 : 2018 년 10 월 ~ 2018 년 12 월

● 영세율 적용 공급실적 합계

(7)구분	(8) 조 문	(9) 내 용	(10) 금액(원)
부가가치세법	제21조	직접수출(대행수출 포함)	126,528,000
		중계무역 · 위탁판매 · 외국인도 또는 위탁가공무역 방식의 수출	
		내국신용장 · 구매확인서에 의하여 공급하는 재화	15,000,000
		한국국제협력단, 한국국제보건의료재단 및 대한적십자사에 공급하는 해외반출용 재화	
		수탁가공무역 수출용으로 공급하는 재화	
	제22조	국외에서 공급하는 용역	
	제23조	선박 · 항공기에 의한 외국항행용역	
		국제복합운송계약에 의한 외국항행용역	
	제24조	국내에서 비거주자 · 외국법인에게 공급되는 재화 또는 용역	
		수출재화임가공용역	
		외국항행 선박 · 항공기 등에 공급하는 재화 또는 용역	
		국내 주재 외교공관,영사기관,국제연합과 이에 준하는 국제기구, 국제연합국 또는 미합중국군대에 공급하는 재화 또는 용역	
		「관광진흥법 시행령」에 따른 일반여행업자 또는 외국인전용 관광기념품 판매업자가 외국인관광객에게 공급하는 관광알선용역 또는 관광기념품	
		외국인전용판매장 또는 주한외국군인 등의 전용 유흥음식점에서 공급하는 재화 또는 용역	
		외교관 등에게 공급하는 재화 또는 용역	
		외교인환자 유치용역	

이상으로 우리는 영세율 매출과 관련하여 가장 기본적인 사항을 연습해 보았습니다. 만일 거래처가 다른 종류의 영세율 매출이 있다면 각각의 경우를 혼자 연습해 봅시다.

(11) 부동산 임대용역의 입력

매출의 처리와 관련하여서는 부동산 임대용역만 남았습니다. 앞서 임대료에 대한 부가가치세 과세표준을 배울 때 간주임대료에 대해 언급했었습니다. 간주임대료는 보증금 혹은 전세금에 대한 이자상당액을 월세만 받는 경우와 형평성을 맞추기 위해서 과세표준에 더하는 것이고 산식은 다음과 같다는 것을 기억하면서 부동산 임대용역에 대한 매출처리를 해 봅시다.

$$\text{간주임대료} = \text{전세금} \times \text{정기예금이자율} \times \frac{\text{과세대상기간의 일수}}{365(\text{윤년은 } 366)}$$

부동산 임대용역에 대한 부가가치세 신고는 부동산공급가액명세서를 작성하고 해당 결과를 전표에 반영하는 순서로 처리합니다.

사 례

개인사업자 A가 85㎡의 상가건물을 월세 100만원 보증금 1,000만원에 임대. 이때 2018년 1기의 부동산임대공급가액명세서.

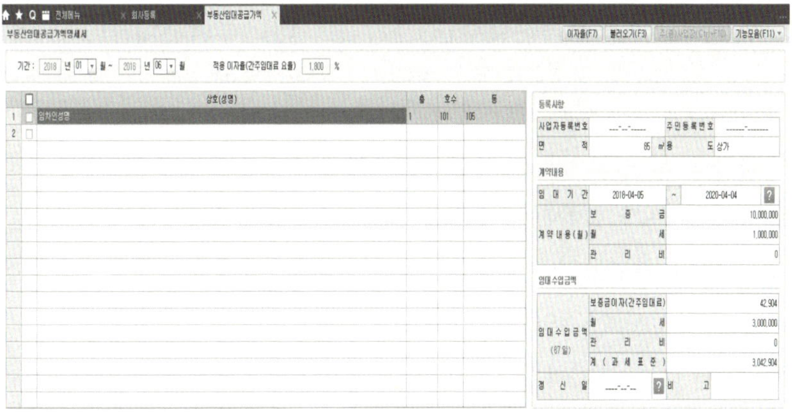

더존에서 등록사항과 계약 내용을 입력하면 임대수입금액이 월세 외에도 보증금이자(간주임대료) 42,904원이 자동 계산되는 것을 볼 수 있습니다. 우리는 이 결과를 가지고 분개를 합니다.

간주임대료에 대한 분개는 다음의 사항을 기억하면 외우지 않아도 할 수 있을 겁니다.

① 간주임대료 상당액 자체는 임차인이나 다른 사람으로부터 받을 수 없는 금액이므로 분개하지 않는다.

만일 간주임대료 자체에 대해서 외상매출금 등으로 분개를 한다면 누구도 줄 사람이 없으므로 계속 금액이 누적되어 갈 것입니다.

② 간주임대료에 대한 부가가치세는 비용에 해당한다.

원래 부가가치세는 공급받는 자에게서 받아서 내는 세금이므로 사업자의 비용이 아닙니다. 따라서 부가가치세는 원칙적으로 다음과 같이 분개합니다.

〈매출시〉	차) 외상매출금	220	대)	매　　　출	200
				부가세예수금	20
〈매입시〉	차) 상　　　품	100	대)	외상매입금	110
	부가세대급금	10			
〈납부시〉	차) 부가세예수금	20	대)	부가세대급금	10
				예　　　금	10

위 분개를 모두 보아도 비용은 전혀 계상되지 않습니다. 하지만 간주임대료에 대한 부가가치세는 다릅니다. 내가 간주임대료만큼 돈을 받은 적도 없고 임차인에게 간주임대료에 대한 부가가치세를 받아서 내는 것도 아닙니다. 따라서 간주임대료는 부담한 자의 비용에 해당합니다. 따라서 간주임대에 대한 부가가치세는 다음과 같이 간주임대료 자체에 대해서는 분개하지 않고 납부 할 부가가치세에 대해서만 세금과 공과로 처리합니다. 유형은 건별이고 공급가액에는 간주임대료를 적고 세액은 10%를 계산하여 입력합니다.

전체메뉴
회사등록
부동산임대공급가액
빠른부가세입력
빠른부가세입력 607-20-35410
검색
복사(F4)
이동(Ctrl+F4)
전자발행(Ctrl+7)
기능모음(F11)
일자 2018 년 06 월 ~ 2018 년 06 월 현금잔액 15,721,987원
매출
전체 매출세금 매입세금 매출카드 매입카드 매출현금 매입현금
월 일 유형 품명 수량 단가 공급가액 부가세 코드 거래처명 사업.주민번호 부서/사원 전자세금 분개 번호 증빙
06 30 건별 간주임대료 39,004 3,900 혼합 50001
06
업체별 소계
구분 코드 계정과목 차변 대변 코드 거래처 적요 관리
대변 255 부가세예수금 3,900 간주임대료
차변 817 세금과공과금 3,900 간주임대료
전표건별 소계 3,900 3,900

IX

매입세액공제

1 부가가치세 납부세액 구조의 이해

제가 공부를 하면서 느낀 점은 처음 공부를 시작하고 얼마간 진도가 나가다 보면 내가 어디를 공부하고 있는지도 모른다는 사실입니다. 부가가치세 신고납부라는 구조하에서 내가 공부하고 있는 곳이 어디인지 확인하고, 과연 부가가치세가 어떤 구조로 신고납부하고 있는지 알아봅시다. 사실 처음 공부를 시작할 시점에 보여드렸던 신고서에 다 있습니다만 신고서는 복잡하니 좀 단순하게 요약해서 알아봅시다. 부가가치세는 다음과 같은 3단계로 나누어 계산됩니다.

(1) 매출세액(1단계)

- = 과세표준 × 세율 ①
- + 예정신고누락분 매출세액
- ± 대손세액 가감(공급자)
- = 매출세액

우리는 어디까지 배웠을까요? 바로 ①까지 배웠습니다. 매출세액도 다 안 배운 셈입니다.

(2) 매입세액(2단계)

- = 매입처별세금계산서합계표 상의 매입세액
- + 그 밖의 공제 매입세액 = A
  - ① 신용카드매출전표 등 수령명세서 제출분 매입세액
  - ② 의제매입세액 · 재활용폐자원 등에 대한 매입세액
  - ③ 과세사업 전환 매입세액 ④ 재고매입세액
  - ⑤ 변제 대손세액(공급받는 자 입장)

- 공제받지 못할 매입세액 = B

① 불공제 매입세액 ② 공통매입세액 면세사업분

③ 대손처분받은 세액(공급받은 자 입장)

부가가치세 신고서에서 보면 A와 B는 각각 아래와 같이 입력됩니다.

매입세액	세금계산서 수취분	일 반 매 입	(10)			
		수출기업 수입분 납부유예	(10-1)			
		고정자산 매입	(11)			
	예 정 신 고 누 락 분		(12)			
	매입자발행 세금계산서		(13)			
	그 밖의 공제매입세액		(14)			A
	합 계 (10)-(10-1)+(11)+(12)+(13)+(14)		(15)			
	공제받지 못할 매입세액		(16)			B
	차 감 계 (15)-(16)		(17)			

그리고 신고서 2page에서 다음과 같이 표시됩니다.

	구 분			금 액	세율	세 액
(14) 그 밖의 공제 매입세액 명세 A	신용카드매출전표등 수령명세서 제출분	일 반 매 입	(40)			
		고정자산매입	(41)			
	의 제 매 입 세 액		(42)		뒤쪽 참조	
	재활용폐자원등 매입세액		(43)		뒤쪽 참조	
	과세사업전환 매입세액		(44)			
	재 고 매 입 세 액		(45)			
	변 제 대 손 세 액		(46)			
	외국인 관광객에 대한 환급세액		(47)			
	합 계		(48)			

	구 분		금 액	세율	세 액
(16) 공제받지못할 매입세액명세 B	공제받지 못할 매입세액	(49)			
	공통매입세액 면세사업등분	(50)			
	대 손 처 분 받 은 세 액	(51)			
	합 계	(52)			

(3) 차가감납부세액의 계산(3단계)

= 납부 환급세액

− 공제 경감세액

① 신용카드매출전표 등의 발급에 대한 세액공제

② 전자신고세액공제　③ 택시운송업자 경감세액

④ 그 밖의 공제 · 경감공제세

− 미환급세액 · 기납부세액

① 예정신고 미환급세액　② 예정고지세액

③ 사업양수자의 대리납부 기납부세액

④ 금관련제품, 구리 스크랩 등 매입자 납부특례 기납부세액

+ 가산세액

2 매입세액 공제

(1) 매입세액 공제를 받기 위한 일반 조건

매입세액을 공제받기 위해서는 반드시 두가지 요건이 충족되어야 합니다.

첫 번째 : 과세사업과 관련되어 있을 것

두 번째 : 적격증빙을 받을 것

여기까지는 당연한 것이죠. 사업과 무관한 비용이나 세금계산서, 현금영수증, 신용카드/직불카드 영수증 등과 같은 적격증빙을 받지 못하면 매입세액공제를 당연히 받지 못하죠. 우선 이 조건이 충족되어야 합니다.

따라서 사업과 관련되어 있고 적격증빙을 받았다면 기본적으로 몇 가지 예외를 제외하고는 매입세액공제를 받을 수 있습니다. 따라서 우리는 공제받지 못하는 예외를 알아 둘 필요가 있습니다.

(2) 적격증빙의 발급과 관련된 매입세액 불공제

여러분이 주위에서 배우는 것 중 잘못된 것 중 하나가 세금계산서와 다른 적격증빙, 현금영수증, 신용카드/직불카드 영수증이 동일한 것이라는 오해입니다. 엄밀히 말하면 매입세액공제를 받을 수 있는 것은 세금계산서 하나뿐 입니다. 왜 현금영수증 등에는 '영수증'이라는 말이 붙는 걸까요? 세금계산서가 아닌 영수증이기 때문입니다. 무슨 말이냐 하면 세금계산서는 돈의 수취와 관련이 없는, 거래를 증명하는 서류이지만 나머지는 돈을 받았다는 영수증에 불과하다는 것입니다. 단지 부가가치세법에서 정하고 있는 세금계산서 필수 기재사항인 공급자의 사업자등록번호와 상호, 공급받는 자의 사업자등록번호, 공급가액과 부가가치세액, 작성연월일이 해당 영수증에 들어있고, 전자적 형태로 발행되고 있기 때문에 적격증빙 중 하나로 인정할 뿐입니다.

또 한가지 유념할 점은 신용카드 단말기 세팅과 관련된 문제입니다. 대형마트 등에는 전산이 잘 되어있어서 면세, 과세 등 다양한 거래에 대한 부가가치세 구분이 정확하지만 일반 영세사업자들이 운용하는 카드단말기는 그렇지 않습니다. 간이과세자나 면세사업자의 신용카드 단말기 세팅을 공급가액과 부가세로 분리해서 영수증이 출력되게 세팅을 하기도 하고, 그 반대로 하기도 해서 완벽하게 믿을 수 없습니다. 따라서 다음의 세 가지는 반드시 알아야 합니다.

① 간이과세자, 면세사업자로부터 받은 증빙은 매입세액공제를 받을 수 없다.

② 적격증빙을 받고 사업과 관련한 비용이어도 매입세액공제를 받지 못하는 경우가 있다.

③ 적격증빙도 발급 시기가 잘못되면 공제를 받지 못한다.

위의 사항을 실무적으로 어떻게 처리할지 알아봅시다.

1) 어떻게 간이과세자나 면세사업자가 발행한 것인지 알 수 있을까요?

간이과세자와 면세사업자는 세금계산서를 발행하지 못합니다. 따라서 이들이 세금계산서를 발행하거나 신용카드 등의 적격증빙에 공급가액과 세액을 구분해서 거래처 사장님들에게 준다고 해서 매입세액공제를 받으면 안됩니다. 그럼 이걸 어떻게 구분할까요?

전자로 발행되는 세금계산서나, 사업용신용카드를 홈텍스에 등록하여 더존 등 범용회계프로그램에서 내려받거나, 현금영수증을 홈텍스에서 내려 받는 경우는 거래처별로 과세 면세 구분이 되므로 회사 구분이 간이, 면세인 경우에는 공제받지 않으면 됩니다.

문제는 기장 거래처 사장님들이 연세가 드셨거나 하는 등 여러 가지 사유로 협조가 잘 되지않아 종이로 적격증빙을 받는 경우이지요. 실제로 간이과세자인데 잘 몰라서 그냥 세금계산서를 주거나, 신용카드 단말기 셋팅이 잘못되어 간이과세자나 면세사업자인데도 공급가액과 세액이 구분되어 수기증빙에 인쇄되는 경우가 많습니다. 이런 경우에는 어떻게 할까요.

다행히 면세사업자일 경우에는 일부 구분이 가능합니다. 사업자등록번호 아시죠? 사업자 등록번호는 xxx-xx-xxxxx의 형태로 생성되는데, 그 중 가운데 두 자리를 보면 알 수 있습니다. 두자리가 90에서 99까지는 개인면세사업자를 나타내는 것이니 이 경우에는 매입세액공제를 받지 않으면 됩니다. 이외에는 사실상 구분할 수 있는 방법이 없습니다. 따라서 사장님을 잘 설득해서 사업용카드 등을 홈텍스에 등록하는 게 제일 좋은 방법이겠죠?

2) 적격증빙을 받고 사업과 관련 있는 비용이어도 매입세액공제를 받지 못하는 경우가 있다?

왜 적격증빙도 받았고 사업과 관련이 있는데도 매입세액을 공제받지 못할까요? 세금계산서와 나머지 적격증빙의 차이문제입니다. 세금계산서만이 거래의 증빙이고 나머지는 돈을 받았다는 영수증에 불과하기 때문에 적격증빙을 받아도 매입세액공제를 받지 못하게 되는 것입니다. 이미 세금계산서 제도를 설명드릴 때 언급했지만 매입세액공제를 받기 위해서는 세금계산서를 받아야 하는 것이고 이의 대용으로 나머지 적격증빙을 인정하는 것입니다. 따라서 세금계산서 자체를 발급하지 못하는 업종이라면 신용카드 등으로 결제해도 매입세액공제를 받지 못합니다.

세금계산서 제도를 설명드리면서 다음의 업종은 일반과세자라고 하더라도 세금계산서를 발행하지 못한다고 말씀드렸습니다.

① 미용, 욕탕 및 유사서비스업

② 여객운송업(전세버스 운송업은 제외)

③ 입장권을 발행하여 영위하는 사업

④ 과세되는 쌍꺼풀 수술 등의 용역을 공급하는 사업

⑤ 과세되는 동물의 진료용역을 공급하는 사업

⑥ 과세되는 무도학원, 자동차 운전학원 사업

제일 자주 발생하는 것은 무엇일까요? ②번과 관련되어 있겠지요. 사업상 출장을 간다고 해도 교통비는 매입세액공제를 받지 못합니다. 출장을 가기 위해 KTX나 고속버스를 타거나, 비행기를 탄다고 해도 매입세액공제는 받지 못합니다.

여러분이 좋아하는 연예인의 경우도 마찬가지입니다. 연예인이라면 헤어숍에 가서 미용을 하거나, 쌍꺼풀 수술을 하거나 하는 비용도 모두 사업과 관련된 지출이 맞을 겁니다. 하지만 이런 비용도 헤어숍이나 병원에서 세금계산서를 발급하지 못하기 때문에 부가가치세 매입세액공제는 받지 못합니다. 또 회사에서 워터파크 등 입장권을 발행하는 곳으로 워크숍을 간다고 해도 매입세액공제는 받지 못하는 것입니다.

한가지 다르게 생각을 해볼까요? 위의 ②번의 괄호에 전세버스 운송업은 제외라고 되어있지요? 만일 회사에서 워크숍 등의 명목으로 전세버스를 하루 빌려서 이동하는 경우에는 어떨까요? 이런 경우에는 세금계산서를 받거나 신용카드 등 매입세액공제를 받으면 됩니다.

적격 증빙에 관한 문제는 아니지만 다음과 같은 질문을 자주 듣습니다.

① 법인에서 직원이 먼저 본인 명의 카드로 법인 비용을 결제하고 나중에 법인에서 비용을 정산받았을 경우 부가가치세 공제가 되나요?

② 개인사업자인데 직원이 본인 명의 카드로 사업비용을 결제하고 나중에 사장님에게 정산받았을 경우 부가가치세 공제가 되나요?

모두 같은 사항에 대한 질문입니다. 적격증빙은 공급받는 자 명의로 발부 받아야 합니다. 직원의 개인 카드는 직원을 공급받는 자로 하여 발급받은 것이므로 적격증빙이 아니고 따라서 부가가치세 공제는 받지 못합니다. 다만 사업을 위해 사용된 비용이 맞다면 법인세법, 또는 소득세법에 따라 비용으로 계상할 수는 있습니다.

(3) 세금계산서의 발급시기 오류에 따른 매입세액 불공제

세금계산서 발급시기와 관련되어서 매입세액공제를 받지 못하는 경우를 몇 가지 생각해 봅시다. 우리가 사업자등록, 재화·용역의 공급시기에 대해 공부할 때 언급했던 내용입니다.

① 사업자등록 전 매입세액은 사업개시일이 속하는 날의 과세기간의 익월 20일 내에 사업자등록을 하는 경우에만 공제

② 공급시기와 세금계산서 작성일이 틀리면 사실과 다른 세금계산서로 보아 매입세액공제를 받지 못함.

먼저 거래처 사장님이 사업은 이미 시작했는데 사업자등록을 늦게 한 경우가 있을 겁니다. 흔히 볼 수 있는 경우입니다. 사업은 시작해서 가구

나 사무실 인테리어 등으로 비용을 지출하고 적격증빙은 사업주 주민등록번호로 발급받았는데 사업자등록을 하지 않았다면 이 비용에 대해서는 매입세액공제를 받지 못할까요?

경우에 따라 다릅니다만 결론은 사업개시일이 속하는 과세기간의 익월 20일 내에 사업자등록을 한다면 사업개시일부터의 매입세액은 공제받을 수 있습니다. 그림으로 설명을 해 보겠습니다.

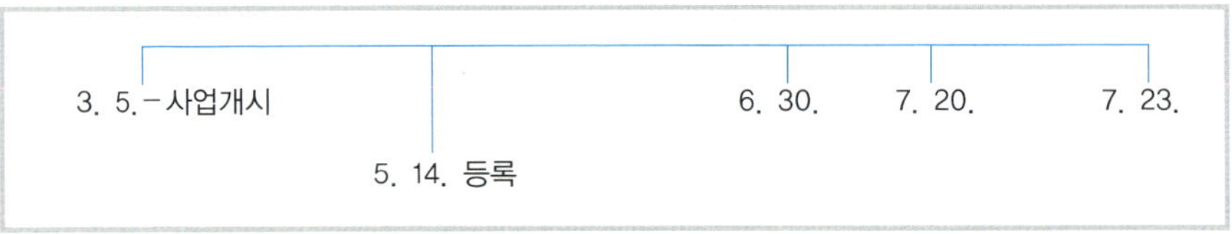

그림에서 보듯이 사업개시일인 3. 5.이 속하는 과세기간이 끝난 후 20일인 7. 20. 내에만 사업자등록을 신청하면 사업개시일인 3. 5.부터 6. 30.까지의 매입세액에 대해 공제가 가능합니다. 반면 사업자등록일인 3. 5.이 속하는 과세기간으로부터 20일이 지난 7. 20. 이후에 사업자등록신청을 하면 어떻게 될까요? 이 경우에는 사업자등록일인 3. 5.부터 직전 과세기간 종료일인 6. 30.까지의 매입세액은 공제받지 못합니다.

그러면 반대로 우리 거래처의 매입처가 폐업한 사업자라면 어떨까요? 전자세금계산서는 문제가 되지 않습니다. 폐업사업자는 전자세금계산서를 발급하지 못하니까요. 문제는 종이세금계산서와 카드 등이 문제가 되는데 이것을 우리가 알 수 있는 방법은 없습니다. 세금계산서마다 홈텍스에서 사업자 상태를 조회할 수는 없으니까요. 그래도 거래처 사장님들께서 물어보시면 답변을 해줘야 하니 알고는 있으셔야 할 겁니다.

이제 적격증빙의 발급과 관련되어 매입세액공제를 받지 못하는 경우에 대한 것을 요점 정리해 봅시다.

① 간이과세자나 면세사업자로부터 매입한 것은 공제받을 수 없다. 따라서

- 범용회계프로그램에서 내려받은 것 중 간이나 면세로 되어있는 것은 모두 불공제한다.
- 종이로 받은 것 중 사업자등록번호(111-22-33333)의 중간 두 자리(22)가 90~99이면 면세 개인사업자이니 모두 공제하지 않는다.

② 적격증빙을 받았더라도 공제받지 못하는 것이 있다. 특별한 경우를 제외하면 사람이 타는 운송수단의 교통비, 입장권이 필요한 곳에서 쓴 것은 공제하지 말자.

③ 사업자등록 전의 매입세액은 사업개시일이 속하는 과세기간의 종료일로부터 20일 이내에 사업자등록을 하면 공제받을 수 있고, 폐업자로부터 받은 적격증빙은 공제받지 못한다.

(4) 사업과 무관한 경비에 대한 매입세액 불공제

사업과 무관한 경비에 대한 매입세액은 당연히 불공제하는 것이 맞습니다. 그런데 왜 별도로 제가 언급할까요? 몇 가지 살펴봐야 할 것이 있기 때문입니다.

1) 비영업용 소형승용차의 구입 및 유지와 관련된 매입세액

주위에서 비영업용 소형승용차에 대한 매입세액은 공제받지 못한다는 말을 자주 들었을 겁니다. 우선 부가가치세법에서 어떻게 규정하고 있는지를 살펴봅시다. 정확한 표현으로는 '**직접** 영업에 사용되지 않는 **개별소비세법 제1조 제2항 제3호에 따른 자동차**의 **구입, 임차 및 유지**와 관련된 매입세액은 공제하지 않는다'입니다. 승용차는 상식적으로는 업무에 사

용하는 것이 맞습니다. 거래처도 가야 하고, 물건을 나를 때도 있고 하니까요. 그런데 왜 매입세액공제를 받지 못할까요? 업무용으로 사용하지 않을 때도 많고, 업무에 사용할 때와 그렇지 않을 때의 구분도 쉽지 않기 때문이지요. 그래서 "직접"이라는 표현이 중요합니다. 직접 업무에 사용한다면 공제를 해야 하니까요.

그럼 "직접"이라는 말은 뭘 의미할까요. 세법에서는 운수업, 자동차판매업, 자동차임대업, 운전학원업, 무인 경비업에서 사용하는 차량은 직접 업무에 사용하는 것으로 규정하고 있습니다. 따라서 이들 업종의 경우는 소형승용차라고 해도 매입세액공제를 해주어야 합니다. 거래처 사장님이 자동차렌트회사를 하고 있는데 렌트하는 자동차를 소형승용차라고 해서 불공제를 하면 안된다는 말입니다. 이 '직접'이란 말이 있으므로 위의 업종 외의 업종을 영위하면 '비영업용 승용차'가 됩니다.

두 번째로 소형승용차란 무엇일까요? 여기서 승용차란 우리가 생각하는 자동차만 생각하면 안됩니다. 소형승용차는

① 경차(배기량 100CC 이하)가 아닌 정원 8인 이하의 승용차

② 배기량 125cc가 넘는 오토바이,

③ 캠핑용 자동차(트레일러 포함)

를 의미합니다. 꼭 자동차만 매입세액공제를 받지 못하는 것은 아니라는 이야기이고, 승용차라고 했으니 승합자동차, 화물자동차는 매입세액공제를 받을 수 있는 것이죠.

그럼 이걸 어떻게 구분하나요? 차량 원부를 받아보면 됩니다. 차량 원부에 차종, 배기량 등이 적혀있으니까요. 오토바이도 125CC가 넘으면 안되니 원동기 등록증도 받아야 하겠지요. 혹시 9인 미만인 승용차가 소형승용차라고 해도 틀린 말은 아닙니다. 8인 이하와 9인 미만은 같은 말입니다.

그럼 "구입, 임차 및 유지" 라는 말은 왜 구분해놓았을까요. 자동차를 사는 것뿐만이 아니고 임차하거나 수리 및 관리하는 데 들어가는 비용도 불공제한다는 뜻입니다. 자동차 렌트를 할 경우 발생하는 비용, 차량 수리비, 기름값 모두 매입세액을 불공제한다는 뜻입니다. 따라서 자동차 렌트회사에서 발생한 증빙, 자동차 정비업체에서 발생한 비용 등은 모두 공제하면 안됩니다.

실무적으로는 자동차의 유류비가 가장 자주 발생하는 것인데 보통 경유는 공제한다 라고 생각하지만 이건 정확하지는 않은 내용입니다. 반드시 차량원부나 리스 혹은 렌트 계약서를 확인해야 합니다. 어차피 2016년부터는 소형승용차의 감가상각에 대한 세법이 개정되어 차량 원부에 있는 정보들을 감가상각 시부인 시 입력해야 하니까 차량 원부 등은 꼭 받아 놓는 것이 좋습니다.

2) 접대비가 매입세액을 공제받지 못하는 이유

접대비는 사업을 위한 비용인데 왜 공제를 받지 못할까요? 여기에는 국세청의 현실적인 고민이 담겨 있습니다. 식당에서 밥을 먹었습니다. 그런데 거래처 사람과 밥을 먹었을까요? 아니면 가족들과 먹었을까요? 이걸 알 수 있는 방법은 없습니다. 그래서 일률적으로 매입세액을 불공제하도록 한 것이죠.

(5) 기타의 매입세액 불공제 사유

우리가 지금까지 살펴본 매입세액 불공제 사유 외에도 두 가지 매입세액 불공제 사유가 더 있습니다. 우선은 면세사업과 관련된 매입세액은 불공제 됩니다. 면세사업과 관련해서는 부가가치세 매출세액이 없기 때문에 매입세액도 불공제합니다. 실무상으로는 우리가 면세사업자에 대해서는 부가가치세 신고를 하지 않기 때문에 과세사업과 면세사업을 겸영하는 사업자의 경우에 해당하는 문제일 것입니다.

두 번째로는 토지의 자본적 지출과 관련된 매입세액입니다. 왜 이 경우에 매입세액 불공제를 할까요? 이유는 부가가치라는 것 자체에 관련이 있습니다. 부가가치를 창출하기 위해서는 수단이 필요합니다. 고등학교 때 배우셨을 텐데 생산활동을 하려면 세 가지가 필요합니다. 사람, 돈, 토지이지요. 부가가치에 대해 세금을 매기는데 그 수단에 세금을 내라고 하지는 않습니다. 그래서 각 생산요소의 가격인 인건비, 이자, 토지 자체의 거래에 대해서는 부가가치세가 없습니다. 토지에 대한 자본적 지출에 관한 세법과 회계기준의 입장은 모두 동일합니다. 토지에 건물을 짓기 전 터파기 공사를 할 때까지 지출한 비용은 토지의 원가에 산입하는 것입니다.

예를 들어 기존 공장건물이 노후화돼서 공장건물을 헐고 새 공장을 짓는다고 가정을 해 봅시다. 새로운 공장을 지어야 하므로 기존 공장은 철거해야 하고, 그 잔해물을 치워야 하겠지요. 이 때 토지의 목적은 공장을 짓는 것이므로 공장 건물을 짓기 전에 발행한 철거 용역비, 잔해물을 치우는 청소비용은 모두 토지의 원가에 산입해야 합니다. 따라서 이러한 용역을 제공받으면서 세금계산서를 받았다면 매입세액을 불공제해야 하므로 다음과 같이 분개합니다.

차) 토　지　　　××　대) 미지급금　　　×× – 공급대가

주로 제조업을 하는 거래처에서 신규로 공장을 짓거나 할 때 문제가 될 텐데, 자주 일어나는 일은 아니지만 대부분 큰 돈이 들어가는 일이라 잘못 공제하면 문제가 될 소지가 많으니 주의해야 합니다.

(6) 더존에서의 매입세액공제 처리

앞서 더존 상에서 전자자료를 다운받는 것에 대해서는 설명드렸습니다. 다운받은 자료를 어떻게 처리하는 것이 실수를 줄이고, 효율적으로 처리하는지 봅시다.

1) 전자세금계산서를 회계처리 후 전표 전송

① step 1 : 특이 세금계산서 확인

더존에서 오른쪽 하단에 회계프로그램에서는 전자세금계산서에 대한 체크리스가 있습니다. 위에서 보이는 수입납부 유예는 특수한 경우이므로 설명을 제외하고 나머지를 설명하면 다음과 같습니다.

전자세금계산서 전표전송(F3) 기능모음(F11)

작성일자 2018 년 01 월 01 일 ~ 2018 년 06 월 30 일 구분 2.매입 거래처 처음 ~ 끝 전표상태 0.전체

☑	일자	발급일자	전송일자	코드	거래처	품명	공급가액	세액	합계	유형	차변계정	대변계정	분개전송	전표상태	작업방법	승인번호
☐	01-31	2018-02-05	2018-02-05	00110	롯데푸드(	육가공	15,865,980	1,586,598	17,452,578	과세	상품	외상매입금	○	전송완료	승인번호일치	201801
☐	01-31	2018-02-07	2018-02-08	00590	씨제이제일	CJ 선물	408,275,400	40,827,540	449,102,940	과세	상품	외상매입금	○	전송완료	승인번호일치	201801
☐	01-31	2018-02-01	2018-02-01	01822	나이스페이	PG수수료	23,360	2,336	25,696	과세	상품	외상매입금	○	전송완료	승인번호일치	201801
☐	01-31	2018-02-09	2018-02-09	01118	(주)사나디	키티스	425,564	42,556	468,120	과세	상품	외상매입금	○	전송완료	승인번호일치	201801
☐	01-31	2018-02-09	2018-02-09	01119	(주)디코랜	디코파	813,183	81,317	894,500	과세	상품	외상매입금	○	전송완료	승인번호일치	201801
☐	01-31	2018-02-02	2018-02-02	00226	주)인터파	OM수수료	94,433	9,444	103,877	과세	(판)지급수	외상매입금	○	전송완료	승인번호일치	201801
☐	01-31	2018-02-08	2018-02-08	01827	한울	다용도	127,000	12,700	139,700	과세	상품	외상매입금	○	전송완료	승인번호일치	201801
☐	01-31	2018-02-06	2018-02-07	01407	현대로지스	택배운	8,622,091	862,209	9,484,300	과세	(판)운반비	외상매입금	○	전송완료	승인번호일치	201801
☐	01-31	2018-02-06	2018-02-07	01408	㈜농심	라면	27,567,080	2,756,708	30,323,788	과세	상품	외상매입금	○	전송완료	승인번호일치	201801
☐	01-31	2018-02-06	2018-02-07	00249	(주)동원에	외	52,721,194	5,272,117	57,993,311	과세	상품	외상매입금	○	전송완료	승인번호일치	201801
☐	01-31	2018-02-05	2018-02-06	01474	대상주식회	청정원1	22,302,400	2,230,240	24,532,640	과세	상품	외상매입금	○	전송완료	승인번호일치	201801
☐	01-31	2018-02-05	2018-02-06	01235	(주)지앤지	안전거라	105,555	10,555	116,110	과세	(판)지급수	외상매입금	○	전송완료	승인번호일치	201801
☐	01-31	2018-02-05	2018-02-05	00101	(주)LG생활	명품 3	27,541,638	2,754,161	30,295,799	과세	상품	외상매입금	○	전송완료	승인번호일치	201801
☐	01-31	2018-02-12	2018-02-12	00114	나이스세무	1월 기장	250,000	25,000	275,000	과세	(판)지급수	외상매입금	○	전송완료	승인번호일치	201801
☐	01-31	2018-02-08	2018-02-08	01411	주식회사	락앤락	172,960	17,296	190,256	과세	상품	외상매입금	○	전송완료	승인번호일치	201801
☐	01-31	2018-02-06	2018-02-06	00115	애경유통 (	세제류	45,668	4,566	50,234	과세	상품	외상매입금	○	전송완료	승인번호일치	201801
	거래처별 소계		:	6건			480,000	48,000	528,000							
	합계(거래처 : 49)		:	231건			,459,755,843	145,975,588	,605,731,431							

수입납부 유예 공급자(면세) 세액확인 고정자산확인 수정 지연

구분	코드	계정과목	차변	대변	코드	거래처	적요
차변	135	부가세대급금	8,000		01771	(주)에이디티캡스	월정료 (201801)
차변	831	지급수수료	80,000		01771	(주)에이디티캡스	월정료 (201801)
대변	251	외상매입금		88,000	01771	(주)에이디티캡스	월정료 (201801)
합 계			88,000	88,000			

㉠ 세액확인 : 세액이 공급가액의 10%가 아닌 경우입니다. 단순히 단수차이로 발생할 수도 있지만 그렇지 않다면 잘못 발행된 것이므로 공급자에게 수정세금계산서 발급을 요청하라고 통보해야

합니다.

ⓒ 수정 : 수정세금계산서라는 표시입니다.

ⓓ 지연

세금계산서가 지연발급되었거나 지연전송된 것입니다. 이 경우 이미 전자세금계산서가 발급되었으므로 다음의 사항에 대한 불이익이 있음을 통보해야 합니다.

- 지연발급의 경우

  세금계산서가 공급시기가 속하는 과세기간의 익월 10일(휴일이면 익영업일)까지 미발급되어 있는 경우

  해당 세금계산서가 공급시기가 속하는 과세기간 확정신고일까지 발급된 경우 - 공급가액의 0.5%의 세금계산서합계표 불성실가산세

  해당 세금계산서가 공급시기가 속하는 과세시간 확정신고일 이후에 발급된 경우

  · 가산세는 없으나 매입세액 자체를 불공제
  · 분개는 유형을 54 불공으로 하고 불공제 사유는 1번 필요적 기재사항 누락으로 하여 분개합니다.

- 지연전송의 경우

  세금계산서 발행일의 익월 11일(휴일이면 익영업일) 이후에 전송된 경우로서 공급가액의 0.5%의 세금계산서 합계표 불성실가산세

ⓔ 고정자산 확인

수선비, 차량유지비, 소모품비, 사무용품비 등 자산과 관련된 비용 중 3,000,000원 이상인 데이터를 보여 줍니다. 해당 증빙이 비용이 아니고 고정자산 등에 해당한다면 고정자산 취득에 관한 분

개를 하고, 고정자산 등록 화면으로 들어가서 고정자산 등록을 합니다.

② step 2 : **거래처별로 정열 후에 회계처리 후 전표 전송**

전자세금계산서를 거래처별로 정렬하는 이유는 대부분의 경우에 한 거래처에서 같은 회계 계정의 품목을 구입하기 때문입니다. 전표를 일괄 처리하기가 편리합니다.

㉠ 거래처별로 정열 후 매입세액이 불공제되는 비영업용 소형승용차, 접대비 관련 비용을 먼저 유형에서 불공으로 바꾸고, 불공의 원인에 따라 전표를 수정합니다.

㉡ 이후 세금계산서 품목에 따라서 일괄 분개 후 전표를 전송합니다.

전자세금계산서

작성일자 2018 년 01 월 01 일 ~ 2018 년 06 월 30 일 구분 2.매입 거래처 처음 ~ 끝 전표상태 0.전체

☑	일자	발급일자	전송일자	코드	거래처	품명	공급가액	세액	합계	유형	차변계정	대변계정
☐	03-31	2018-04-05	2018-04-06	01408	㈜농심	라면	25,761,540	2,576,154	28,337,694	과세	상품	외상매입금
☐	04-30	2018-05-04	2018-05-08	01408	㈜농심	라면	9,684,890	968,489	10,653,379	과세	상품	외상매입금
☐	05-31	2018-06-05	2018-06-07	01408	㈜농심	라면	11,059,460	1,105,946	12,165,406	과세	상품	외상매입금
☐	06-30	2018-07-05	2018-07-06	01408	㈜농심	라면	8,138,750	813,875	8,952,625	과세	상품	외상매입금
☐	06-12	2018-06-14	2018-06-14	01409	주식회사 유경	키친플라워 포타맥스 아이스박	112,000	11,200	123,200	과세	상품	외상매입금
☐	06-18	2018-06-18	2018-06-18	01409	주식회사 유경	키친플라워 포타맥스 아이스박	55,600	5,560	61,160	과세	상품	외상매입금
☐	06-25	2018-06-25	2018-06-25	01409	주식회사 유경	키친플라워 포타맥스 아이스박	58,000	5,800	63,800	과세	상품	외상매입금
☐	06-30	2018-07-03	2018-07-03	01409	주식회사 유경	키친플라워 포타맥스 아이스박	58,000	5,800	63,800	과세	상품	외상매입금
☐	01-31	2018-02-08	2018-02-08	01411	주식회사 탑플레이스유통	락앤락 물품대	172,960	17,296	190,256	과세	상품	외상매입금
☐	02-28	2018-03-07	2018-03-07	01411	주식회사 탑플레이스유통	락앤락 물품대	293,312	29,331	322,643	과세	상품	외상매입금
☐	03-31	2018-04-10	2018-04-10	01411	주식회사 탑플레이스유통	락앤락 물품대	681,249	68,125	749,374	과세	상품	외상매입금
☐	04-30	2018-05-10	2018-05-10	01411	주식회사 탑플레이스유통	락앤락 물품대	945,310	94,531	1,039,841	과세	상품	외상매입금
☐	05-31	2018-06-08	2018-06-08	01411	주식회사 탑플레이스유통	락앤락 물품대	620,462	62,047	682,509	과세	상품	외상매입금
☐	06-30	2018-07-10	2018-07-10	01411	주식회사 탑플레이스유통	락앤락 물품대	1,531,024	153,103	1,684,127	과세	상품	외상매입금
☐	01-19	2018-01-23	2018-01-24	01414	(주)토빅스	/B104/ 박스	86,800	8,680	95,480	과세	상품	외상매입금
☐	03-09	2018-03-13	2018-03-14	01414	(주)토빅스	/B104/ 박스	86,800	8,680	95,480	과세	상품	외상매입금
☐	04-06	2018-04-09	2018-04-10	01414	(주)토빅스	/B104/ 박스	84,700	8,470	93,170	과세	상품	외상매입금
☐	05-02	2018-05-04	2018-05-05	01414	(주)토빅스	/B104/ 박스	140,200	14,020	154,220	과세	상품	외상매입금
☐	06-07	2018-06-11	2018-06-12	01414	(주)토빅스	/B82/ 박스	175,200	17,520	192,720	과세	상품	외상매입금
☐	06-11	2018-06-12	2018-06-13	01414	(주)토빅스	/C85/ 박스	580,800	58,080	638,880	과세	상품	외상매입금
☐	01-31	2018-02-12	2018-02-12	01419	(주)오뚜기	특선48호	21,674,510	2,167,452	23,841,962	과세	상품	외상매입금
☐	02-28	2018-03-09	2018-03-09	01419	(주)오뚜기	오뚜기특선12호	10,936,659	1,093,666	12,030,325	과세	상품	외상매입금
☐	03-31	2018-04-09	2018-04-09	01419	(주)오뚜기	특선특2호	36,395	3,639	40,034	과세	상품	외상매입금
☐	04-30	2018-05-04	2018-05-04	01419	(주)오뚜기	삼성화재2호	14,500,000	1,450,000	15,950,000	과세	상품	외상매입금
☐	05-31	2018-06-08	2018-06-08	01419	(주)오뚜기	참기름13호	2,099,866	209,987	2,309,853	과세	상품	외상매입금
☐	06-30	2018-07-05	2018-07-05	01419	(주)오뚜기	진라면 매운맛 멀티 (120gX5)	22,260,744	2,226,074	24,486,818	과세	상품	외상매입금
					거래처별 소계 : 6건		1,725,840	172,584	1,898,424			
					합계(거래처 : 49) : 231건		1,459,755,843	145,975,588	1,605,731,431			

■ 수입납부 유예

2) 전자계산서를 회계처리 후 전표 전송

전자세금계산서와 같은 요령으로 처리합니다.

3) 사업용 신용카드를 회계처리 후 전표 전송

① step 1 : 거래처별로 정열 후 사업과 무관한 비용 제외

전체메뉴 | 신용카드

신용카드   수집한 국세청자료집계   전표전송(F3)   기능모음(F11)

승인일자 2018 년 01 월 01 일 ~ 2018 년 06 월 30 일 구분 2.매입 자료구분 1.국세청 카 드 처음 ~ 끝 전표상태 0.전체

☑	일자	코드	거래처	구분	품명	공급가액	세액	봉사료	합계	국세청	추천유형	전표유형		차변계정	대변계정
☐	06-01	00709	커피지애 금촌점	간이		9,200			9,200	불공제	불공제	일반		(판)복리후	외상매입금
☑	01-12		코코헤어	간이		60,000			60,000	불공제		일반		미추천	외상매입금
☐	01-12	00715	푼푼히 두루치기	간이		7,273	727		8,000	불공제	불공제	일반		(판)복리후	외상매입금
☐	01-12	00715	푼푼히 두루치기	간이		7,273	727		8,000	불공제	불공제	일반		(판)복리후	외상매입금
☐	05-09	00715	푼푼히 두루치기	간이		18,182	1,818		20,000	불공제	불공제	일반		(판)복리후	외상매입금
☐	05-11	00715	푼푼히 두루치기	간이		15,454	1,546		17,000	불공제	불공제	일반		(판)복리후	외상매입금
☐	05-12	00715	푼푼히 두루치기	간이		6,364	636		7,000	불공제	불공제	일반		(판)복리후	외상매입금
☐	06-15		푼푼히 두루치기	간이		22,727	2,273		25,000	불공제		일반		(판)복리후	외상매입금
☐	06-22		푼푼히 두루치기	간이		15,454	1,546		17,000	불공제		일반		(판)복리후	외상매입금
☑	01-12		두리이비인후과	면세		10,600			10,600	불공제		일반		미추천	외상매입금
☐	05-05	00805	바다를 사랑하는 형제들	면세		60,000			60,000	불공제		매입	카면	(판)복리후	외상매입금
☐	04-01		싱싱수산	면세		120,000			120,000	불공제	불공제	일반		(판)복리후	외상매입금
☐	06-10		싱싱수산	면세		159,000			159,000	불공제	불공제	일반		(판)복리후	외상매입금
☑	02-14		연세내과의원	면세		3,200			3,200	불공제		일반		미추천	외상매입금
☑	05-09		연세내과의원	면세		3,200			3,200	불공제		일반		미추천	외상매입금
☑	05-10		연세내과의원	면세		38,000			38,000	불공제		일반		미추천	외상매입금
☐	05-23		원산수산	면세		40,000			40,000	불공제		일반		미추천	외상매입금
☐	01-06		진양호	면세		116,000			116,000	불공제		일반		미추천	외상매입금
☐	04-14		플라워수향	면세	거래처 집	54,546	5,454		60,000	불공제	불공제	일반		(판)접대비	외상매입금
☑	05-09		한사랑외과의원	면세		7,300			7,300	불공제		일반		미추천	외상매입금
카드별			매입 : 172건			5,246,710	524,590		5,771,300						
			일반 : 80건			3,802,743	346,807		4,149,550						
합계(카드: 4) :			719 건			27,267,225	2,547,650		29,814,875						

공급자확인   면세확인   고정자산확인   전자중복

우선 거래처를 눌러 거래처별로 정열 한 후 사업과 관련이 없는 병원비, 백화점 사용액, 약국, 헤어숍 등의 사용 내역을

㉠ 개인사업자인 경우는 체크하여 삭제하고,

㉡ 법인사업자인 경우에는 전표 유형을 일반으로 바꾸어 전송합니다. 이렇게 일반으로 전송한 사업과 무관한 경비는 내용에 따라 복리후생비, 급여, 대표이사 등의 대여금으로 회계처리 합니다.

② step 2 : 오른쪽 하단의 특이사항을 확인 후 처리

매입세금계산서와 동일하며 추가로 다음과 같은 특이사항이 발생할 수 있습니다.

㉠ 세액확인

세금계산서의 세액확인과는 좀 다른 경우가 발생할 수 있습니다.

공급가액 × 10% 〉 세액인 것은 동일하지만 세금계산서처럼 세액이 잘못 계산되어 세금계산서가 발행된 것이 아니라, 정상적인 영수증일 경우가 많습니다. 공장을 운영하는 사업자가 직원 식당을 운영하는 경우에 마트에서 쌀 등 면세 재화와 조미료 등 과세 재화를 한번에 구매하게 될 것입니다. 이 때 공급가액에는 면세 재화 금액이 포함되어 있어서 차액이 생깁니다. 이렇게 세액 계산이 잘못된 경우가 아니라면 하나의 증빙을 두 개로 나누어 입력하고 각각 분개를 해야 합니다. 세액의 계산이 잘못된 것이라면 당연히 증빙의 금액을 고쳐서 입력하면 됩니다.

㉡ 공급자 확인

이것은 매입세액공제시 설명드렸던 세금계산서를 발급할 수 없는 업종, 즉 철도 등 여객운송사업자 등의 재화, 용역을 공급받고 결제한 금액이라는 것입니다. 따라서 당연히 유형을 일반으로 바꾸고 매입세액공제를 받지 않아야 합니다.

㉢ 전자중복

전자세금계산서를 발급받은 거래처와 동일한 사업자에게 신용카드 결제를 한 경우에 표시됩니다. 당연히 전자세금계산서가 발급되었다면 삭제하여야 할 것이고 그렇지 않다면 정상적으로 처리하면 됩니다.

③ step 3 : **회사 구분을 보고 간이, 면세 신용카드부터 일반으로 전송합니다.**
우선 아래와 같이 구분자에서 거래처를 클릭하여 거래처별로 정리한 후, 다시 구분을 클릭하여 간이, 면세부터 전표 유형을 '일반'으로 전환 후 전표처리 합니다. 간이사업자나 면세사업자를 먼저 처리하는 것은 분개를 하다보면 실수를 할 수 있기 때문입니다. 더존에서는 먼저 전표 전송을 마친 증빙은 전표 전송이 다시 되지 않기 때문

에 간이나 면세사업자로부터의 신용카드 매입을 공제받는 실수를 줄일 수 있습니다.

신용카드

승인일자 2018년 01월 01일 ~ 2018년 06월 30일 구분 2.매입 자료구분 1.국세청 카 드 처음 ~ 끝 전표상태 0.전체

일자	코드	거래처	구분	품명	공급가액	세액	봉사료	합계	국세청	추천유형	전표유형	차변계정	대변계정
05-01		밀당	간이		12,728	1,272		14,000	불공제		일반		
05-05		밀당	간이		19,093	1,907		21,000	불공제		일반		
05-15		낭만치맥 김포풍무점	간이		23,637	2,363		26,000	불공제	불공제	일반		
06-14		리빙바지락칼국수	간이		21,819	2,181		24,000	불공제		일반		
06-15		리빙바지락칼국수	간이		21,819	2,181		24,000	불공제		일반		
06-15		헬로!카툰(만화대여업)	간이		20,500	200		20,700	불공제		일반		
06-16		리빙바지락칼국수	간이		16,364	1,636		18,000	불공제		일반		
06-17		헬로!카툰(만화대여업)	간이		15,091	209		15,300	불공제		일반		
06-18		낭만치맥 김포풍무점	간이		48,182	4,818		53,000	불공제	불공제	일반		
06-19		리빙바지락칼국수	간이		10,910	1,090		12,000	불공제		일반		
06-20		리빙바지락칼국수	간이		16,364	1,636		18,000	불공제		일반		
06-22		헬로!카툰(만화대여업)	간이		8,100			8,100	불공제		일반		
06-25		리빙바지락칼국수	간이		16,364	1,636		18,000	불공제		일반		
06-25		헬로!카툰(만화대여업)	간이		6,500			6,500	불공제		일반		
06-30		리빙바지락칼국수	간이		6,364	636		7,000	불공제	불공제	일반		
01-03		선이비인후과	면세		35,100			35,100	불공제		일반		
01-04		금한우 축산물센터	면세		25,900			25,900	불공제		일반		
02-28		호남수산(홍한수산)	면세		125,000			125,000	불공제		일반		
03-26		금한우 축산물센터	면세		48,400			48,400	불공제		일반		
04-04		오빠과일가게	면세		16,000			16,000	불공제	불공제	일반		
카드별		매입 : 377건			15,894,874	1,581,226		17,476,100					
		일반 : 275건			10,794,355	522,125		11,316,480					
합계(카드: 6) :		744 건			82,498,915	7,665,045		90,163,960					

④ step 4 : 나머지 영수증을 성격에 따라 분개하고 전송합니다.

4) 현금영수증 회계처리 후 전표 전송

사업자 명의로 발급된 현금영수증은 홈텍스 아이디와 패스워드를 알고 있다면 홈텍스를 통해서 상세명세를 받을 수 있습니다.

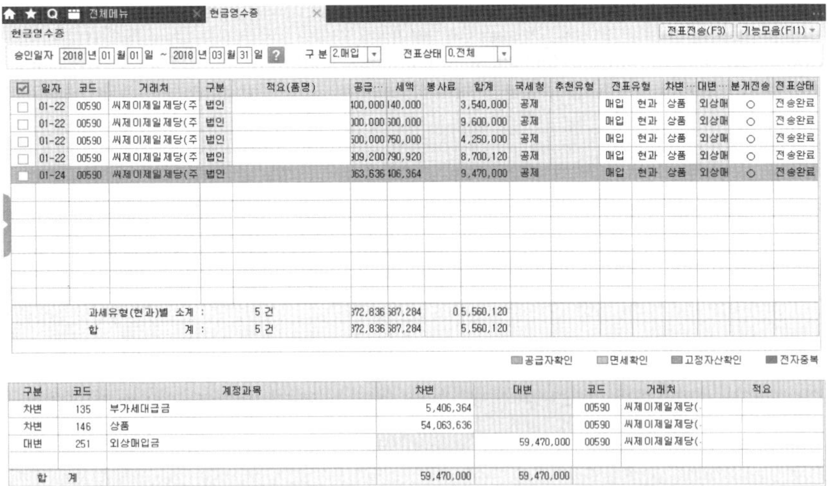

현금영수증

승인일자 2018년 01월 01일 ~ 2018년 03월 31일 구 분 2.매입 전표상태 0.전체

일자	코드	거래처	구분	적요(품명)	공급…	세액	봉사료	합계	국세청	추천유형	전표유형	차변…	대변…	분개전송	전표상태
01-22	00590	씨제이제일제당(주	법인		400,000	140,000		3,540,000	공제		매입 현과	상품	외상매	○	전송완료
01-22	00590	씨제이제일제당(주	법인		000,000	600,000		9,600,000	공제		매입 현과	상품	외상매	○	전송완료
01-22	00590	씨제이제일제당(주	법인		500,000	750,000		4,250,000	공제		매입 현과	상품	외상매	○	전송완료
01-22	00590	씨제이제일제당(주	법인		909,200	790,920		8,700,120	공제		매입 현과	상품	외상매	○	전송완료
01-24	00590	씨제이제일제당(주	법인		063,636	406,364		9,470,000	공제		매입 현과	상품	외상매	○	전송완료
과세유형(현과)별 소계 :			5 건		872,836	687,284	0	5,560,120							
합 계 :			5 건		872,836	687,284		5,560,120							

공급자확인 면세확인 고정자산확인 전자중복

구분	코드	계정과목	차변	대변	코드	거래처	적요
차변	135	부가세대급금	5,406,364		00590	씨제이제일제당(	
차변	146	상품	54,063,636		00590	씨제이제일제당(	
대변	251	외상매입금		59,470,000	00590	씨제이제일제당(	
합 계			59,470,000	59,470,000			

처리 방법은 신용카드와 동일합니다.

5) 종이로 된 적격증빙을 직접 회계처리 합니다.

6) 수입세금계산서의 분개

이 단계에서 회계처리를 위해 한 가지를 더 알아두는 것이 좋습니다. 바로 수입세금계산서에 관한 문제입니다. 수입세금계산서를 보면 회계처리가 자동으로 다음과 같이 되어 있는 것을 볼 수 있습니다.

(차) 부가세대급금(선급금) ×× (대) 외상매입금 ××

왜 이렇게 분개가 되는지는 수입세금계산서를 발행이 되는 과정을 보면 알 수 있습니다. 수입세금계산서는 세관장이 발행하는 세금계산서입니다. 수입을 하게되면 세관장은 (수입신고가격 + 관세)의 10%를 수입부가가치세로 부과하고 사업자는 이 돈을 먼저 납부합니다. 즉 수입세금계산서의 공급가액은 수입신고가액 + 관세인 셈입니다. 바로 여기서 일반 세금계산서와 차이가 있습니다. 일반세금계산서에서는 공급가액 = 물건 값이지만 수입세금계산서에는 여러 가지 무역 조건과 관련해서 수입신고가격 + 관세가 물건값이 아닐 경우가 많이 발생합니다.

예를 들어 중국에서 옷을 수입해서 파는 사업자의 경우라면 돈을 주는 시기에 따라 환율 변동으로 인해 물건값이 틀려질 수 있겠지요. 따라서 수입세금계산서의 경우는 상품 등 자산 계정이 발생되지 않는 것입니다.

따라서 수입세금계산서 분개 시 그냥 넘어가지 마시고 자산에 대해서 공급가액만큼 꼭 분개를 해두시는 것이 좋습니다.

7) 세금계산서 합계표를 마감합니다.

수입세금계산서 등을 포함한 모든 세금계산서에 관한 전표 전송이 완료 되었다면 세금계산서 합계표에서 마감합니다.

이 때 반드시 국세청에서 조회한 합계표와 더존 상의 합계표 중 전자분 금액이 일치하는지 확인해야 합니다.

8) 계산서 합계표를 마감합니다.

이 경우도 합계표 마감 시 국세청에서 조회한 계산서 합계표와 더존 상의 전자분 금액이 일치하는지 확인해야 합니다.

매출계산서

유형	구분	매출처	매수	공급가액
전자	사업자			
	주민번호			
	소계			
전자 외	사업자			
	주민번호			
	소계			
합계				

매입계산서

유형	구분	매입처	매수	공급가액
전자	사업자	19	117	266,002,437
	주민번호			
	소계	19	117	266,002,437
전자 외	사업자			
	주민번호			
	소계			
합계		19	117	266,002,437

(매입)전자계산서

	거래처명	등록번호	매수	공급가액
1	나무사이로	105-06-94601	6	10,124,000
2	서울우유 도화상수 고객센터	105-16-42650	6	4,445,600
3	형제유통	106-06-84130	10	15,406,350
4	지에스씨인터내셔날(주)본사	106-86-70680	20	17,108,700
5	(주)엠아이커피	114-86-71787	3	2,970,000
6	대림원예종묘 (주)	123-81-82847	1	480,000
7	KB캐피탈	124-81-25121	3	6,554,700
8	주식회사 티아이지트레이드	126-86-56095	3	6,630,000
9	주식회사 경민코퍼레이션	128-86-53420	22	129,593,000
10	청원영농조합법인	135-81-50746	3	210,000
11	(주)단비에프에스	204-86-44278	6	4,057,850
12	(주)세스코	212-81-05946	3	456,000
13	하나캐피탈(주)	220-81-09337	3	786,300
14	(주)하늘유통	233-81-03149	5	3,922,437
15	파도식품	330-93-00072	1	340,000
16	매일우유 이태원 대리점	460-04-01043	5	7,371,000
17	(주)홍림	526-81-00200	3	165,000
18	모모스커피 주식회사	853-81-00169	2	1,206,500
19	주식회사 엔비코퍼레이션	871-88-00400	12	54,175,000
전자 계산서 합계			117	266,002,437
전자신고 마감합계 07월 부터 ~ 09월 까지			117	266,002,437

9) 신용카드 수령금액 합계표를 마감합니다.

신용카드 등 매입내역 합계

구분	거래건수	공급가액	세액
합계	685	23,676,401	2,367,347
현금영수증	142	2,923,988	292,381
화물 운전자 복지카드			
사업용신용카드	543	20,752,413	2,074,966
기타 신용카드			

신용카드 등 매입내역 및 기타 신용카드 매출전표 수령금액

	유형	거래내역				가맹점(공급자)		회원 인적사항		
		거래일자	공급가액	세액	건수	상 호	사업자등록번호	성명(법인명)	카드회원번호	승인번호
674	현금	2018-09-07	64,455	6,445	1	동아열쇠장식	204-27-88435			380037069
675	현금	2018-09-07	2,273	227	1	동아열쇠장식	204-27-88435			380037146
676	현금	2018-09-10	-25,182	-2,518	1	철물25	132-24-77855			380068065
677	현금	2018-09-10	2,273	227	1	철물25	132-24-77855			380066073
678	현금	2018-09-11	15,000	1,500	1	뿌다구니	131-34-68600			380092653
679	현금	2018-09-11	21,755	2,175	1	아리아니 (Ariany	211-08-83664			380092654
680	현금	2018-09-11	2,273	227	1	뿌다구니	131-34-68600			380092729
681	현금	2018-09-14	2,728	272	1	경원전파사	106-06-33868			147695284
682	현금	2018-09-20	2,636	264	1	알 (R) 전산	131-36-38279			380020511
683	현금	2018-09-20	7,091	709	1	빅셀러스	135-29-55030			380020512
684	현금	2018-09-20	2,273	227	1	알 (R) 전산	131-36-38279			380020586
685	현금	2018-09-20	2,273	227	1	빅셀러스	135-29-55030			380020587
686										

3 부가가치세 신고 사례

여기까지만 알고 있으면 가장 간단한 부가가치세 신고를 할 수 있습니다. 순서대로 살펴보면 다음과 같습니다.

(1) 홈텍스 자료 출력

① 부가가치세 신고도움서비스 ② 부가가치세 예정고지세액조회 ③ 화물운전복지카드누계조회 ④ 부가가치세 성실신고 안내문 조회 ⑤ 신용카드 매출자료 조회 ⑥ 현금영수증 매출총액 조회 ⑦ 전자세금계산서 합계표 조회를 눌러 출력합니다.

(2) 더존에서 증빙내역 받기

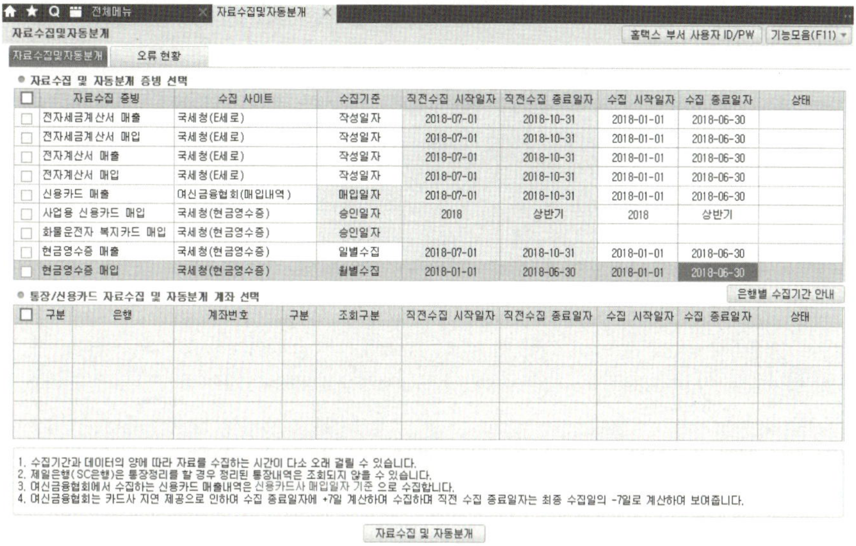

(3) 매출 및 매입세금계산서 분개 전송

전자세금계산서

전자세금계산서 | 전표전송(F3) | 기능모음(F11)

작성일자 2018 년 01 월 01 일 ~ 2018 년 06 월 30 일 | 구분 1.매출 | 거래처 처음 ~ 끝 | 전표상태 0.전체

☑	일자	발급일자	전송일자	코드	거래처	품명	공급가액	세액	합계	유형	차변계정	대변계정	분개전송	전표상태	작업방법	승인번호
☐	05-31	2018-05-31	2018-05-31	00780	감성가득퍼	mdf 외	4,662,364	466,236	5,128,600	과세	외상매출금	상품매출				
☐	06-30	2018-06-30	2018-06-30	00780	감성가득퍼	mdf 외	3,400,455	340,045	3,740,500	과세	외상매출금	상품매출				
☐	04-02	2018-05-02	2018-05-02	00781	주식회사 ‡	mdf 외	11,933,500	1,193,350	13,126,850	과세	외상매출금	상품매출				
☐	05-04	2018-05-04	2018-05-04	00781	주식회사 ‡	mdf 외	-11,933,500	-1,193,350	-13,126,850	과세	외상매출금	상품매출				
☐	04-30	2018-05-04	2018-05-04	00782	한결 가구	합판 외	109,091	10,909	120,000	과세	외상매출금	상품매출				
☐	04-24	2018-04-24	2018-04-24	00783	LIM FURNI1	합판 외	104,545	10,455	115,000	과세	외상매출금	상품매출				
☐	03-17	2018-03-17	2018-03-17	00784	(주)상림	합판 외	104,545	10,455	115,000	과세	외상매출금	상품매출				
☐	01-31	2018-02-01	2018-02-01	40162	동구실업	mdf 외	612,727	61,273	674,000	과세	외상매출금	상품매출				
☐	02-28	2018-03-02	2018-03-02	40162	동구실업	mdf 외	7,756,364	775,636	8,532,000	과세	외상매출금	상품매출				
☐	03-31	2018-04-04	2018-04-04	40162	동구실업	mdf 외	9,778,545	977,855	10,756,400	과세	외상매출금	상품매출				
☐	04-30	2018-05-04	2018-05-04	40162	동구실업	mdf 외	8,620,545	862,055	9,482,600	과세	외상매출금	상품매출				
☐	05-31	2018-06-01	2018-06-01	40162	동구실업	mdf 외	1,474,909	147,491	1,622,400	과세	외상매출금	상품매출				
	거래처별 소계		:		8건		63,524,091	6,352,409	69,876,500							
	합계(거래처 : 23)		:		100건		530,664,941	53,066,495	583,731,436							

세액확인 | 수정 | 지연

구분	코드	계정과목	차변	대변	코드	거래처	적요
대변	255	부가세예수금		40,364	00351	(주) 민영	자작 24 T
대변	401	상품매출		403,636	00351	(주) 민영	자작 24 T
차변	108	외상매출금	444,000		00351	(주) 민영	자작 24 T
합	계		444,000	444,000			

우선 코드를 눌러 거래처별로 정리하고 합니다.

매출세금계산서에서 ☑ 부분을 보면 수정세금계산서가 발급되었습니다.

원래 수정전 세금계산서가 바로 위에 있는 것을 확인하고 분개를 마친 후 전표를 전송합니다.

전자세금계산서

전자세금계산서 | 전표전송(F3) | 기능모음(F11)

작성일자 2018 년 01 월 01 일 ~ 2018 년 06 월 30 일 | 구분 2.매입 | 거래처 처음 ~ 끝 | 전표상태 0.전체

☑	일자	발급일자	전송일자	코드	거래처	품명	공급가액	세액	합계	유형	차변계정	대변계정	분개전송	전표상태	작업방법	승인번호
☐	03-31	2018-04-04	2018-04-04	00387	(주) 유노	M(E1)일	189,000	18,900	207,900	과세	상품	외상매입금				
☐	04-30	2018-05-04	2018-05-04	00387	(주) 유노	M(E1)양	126,000	12,600	138,600	과세	상품	외상매입금				
☐	05-31	2018-06-08	2018-06-08	00387	(주) 유노	M(E1)일	1,293,000	129,300	1,422,300	과세	상품	외상매입금				
☐	06-30	2018-07-04	2018-07-04	00387	(주) 유노	M(E1)양	2,084,000	208,400	2,292,400	과세	상품	외상매입금				
☐	03-31	2018-04-03	2018-04-03	00785	주식회사 ‡	HS9152 :	2,197,300	219,730	2,417,030	과세	상품	외상매입금				
☐	06-30	2018-07-04	2018-07-04	00785	주식회사 ‡	T-3035 :	107,727	10,773	118,500	과세	상품	외상매입금				
☐	01-31	2018-02-05	2018-02-05	35922	(주)보성합	MDF외	70,143,418	7,014,342	77,157,760	과세	상품	외상매입금				
☐	02-28	2018-03-08	2018-03-08	35922	(주)보성합	MDF외	57,592,418	5,759,242	63,351,660	과세	상품	외상매입금				
☐	03-31	2018-04-07	2018-04-07	35922	(주)보성합	합판외	53,839,627	5,383,963	59,223,590	과세	상품	외상매입금				
☐	04-30	2018-05-05	2018-05-05	35922	(주)보성합	MDF외	55,948,000	5,594,800	61,542,800	과세	상품	외상매입금				
☐	05-31	2018-06-07	2018-06-07	35922	(주)보성합	MDF외	82,575,000	8,257,500	90,832,500	과세	상품	외상매입금				
☐	06-30	2018-07-06	2018-07-06	35922	(주)보성합	MDF외	60,492,545	6,049,255	66,541,800	과세	상품	외상매입금				
	거래처별 소계		:		6건		205,285	20,526	225,811							
	합계(거래처 : 9)		:		42건		467,442,397	46,744,239	514,186,636							

수입납부 유예 | 공급자(면세) | 세액확인 | 고정자산확인 | 수정 | 지연

구분	코드	계정과목	차변	대변	코드	거래처	적요
차변	135	부가세대급금	3,472		00193	케이티	일반전화 (00310
차변	814	통신비	34,724		00193	케이티	일반전화 (00310
대변	251	외상매입금		38,196	00193	케이티	일반전화 (00310
합	계		38,196	38,196			

매입세금계산서에서 ☑ 부분이 있는지 확인하고 분개 후 전표를 전송합니다. 이때 매입세액 불공제 사유가 있는 세금계산서가 있다면 유형 54 불공으로 바꾼 후 전송하여야 합니다.

(4) 매출 및 매입계산서 전표 전송 : 세금계산서와 같습니다.

(5) 매입신용카드 전표 전송

우선 거래처를 눌러 거래처별로 정열 한 후 사업과 관련이 없는 병원비, 백화점 사용액, 약국, 헤어숍 등의 사용 내역을

① 개인사업자인 경우는 체크하여 삭제하고,

② 법인사업자인 경우에는 전표 유형을 일반으로 바꾸어 전송합니다. 이렇게 일반으로 전송한 사업과 무관한 경비는 내용에 따라 복리후생비, 급여, 대표이사 등의 대여금으로 회계처리 합니다.

그리고 □에 해당하는 확인사항이 있으면 체크하여 처리합니다.

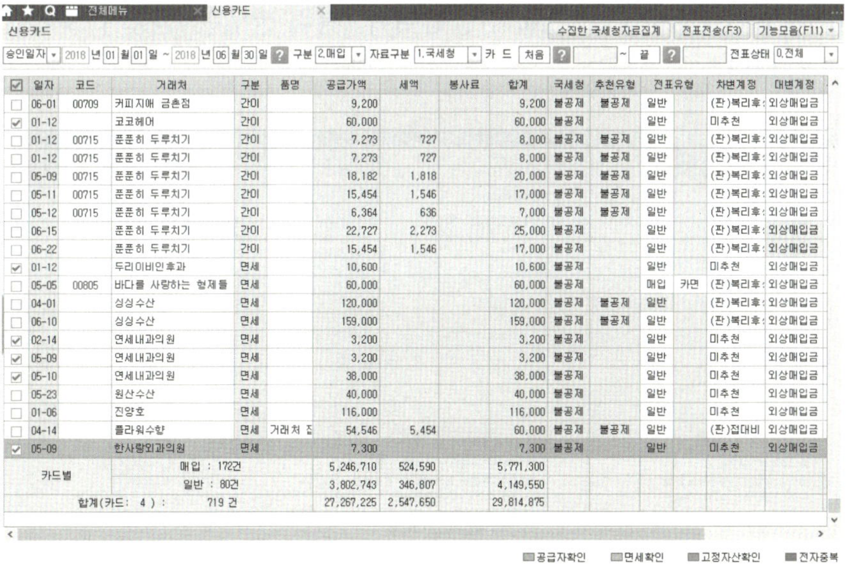

☑	일자	코드	거래처	구분	품명	공급가액	세액	봉사료	합계	국세청	추천유형	전표유형		차변계정	대변계정
☐	06-01	00709	커피지애 금촌점	간이		9,200			9,200	불공제	불공제	일반		(판)복리후	외상매입금
☑	01-12		코코헤어	간이		60,000			60,000	불공제		일반		미추천	외상매입금
☐	01-12	00715	푼푼히 두루치기	간이		7,273	727		8,000	불공제	불공제	일반		(판)복리후	외상매입금
☐	01-12	00715	푼푼히 두루치기	간이		7,273	727		8,000	불공제	불공제	일반		(판)복리후	외상매입금
☐	05-09	00715	푼푼히 두루치기	간이		18,182	1,818		20,000	불공제	불공제	일반		(판)복리후	외상매입금
☐	05-11	00715	푼푼히 두루치기	간이		15,454	1,546		17,000	불공제	불공제	일반		(판)복리후	외상매입금
☐	05-12	00715	푼푼히 두루치기	간이		6,364	636		7,000	불공제	불공제	일반		(판)복리후	외상매입금
☐	06-15		푼푼히 두루치기	간이		22,727	2,273		25,000	불공제		일반		(판)복리후	외상매입금
☐	06-22		푼푼히 두루치기	간이		15,454	1,546		17,000	불공제		일반		(판)복리후	외상매입금
☑	01-12		두리이비인후과	면세		10,600			10,600	불공제		일반		미추천	외상매입금
☐	05-05	00805	바다를 사랑하는 형제들	면세		60,000			60,000	불공제		매입	카면	(판)복리후	외상매입금
☐	04-01		싱싱수산	면세		120,000			120,000	불공제	불공제	일반		(판)복리후	외상매입금
☐	06-10		싱싱수산	면세		159,000			159,000	불공제	불공제	일반		(판)복리후	외상매입금
☑	02-14		연세내과의원	면세		3,200			3,200	불공제		일반		미추천	외상매입금
☑	05-09		연세내과의원	면세		3,200			3,200	불공제		일반		미추천	외상매입금
☑	05-10		연세내과의원	면세		38,000			38,000	불공제		일반		미추천	외상매입금
☐	05-23		원산수산	면세		40,000			40,000	불공제		일반		미추천	외상매입금
☐	01-06		진양호	면세		116,000			116,000	불공제		일반		미추천	외상매입금
☐	04-14		플라워수향	면세	거래처 집	54,546	5,454		60,000	불공제	불공제	일반		(판)접대비	외상매입금
☑	05-09		한사랑외과의원	면세		7,300			7,300	불공제		일반		미추천	외상매입금
카드별			매입 : 172건			5,246,710	524,590		5,771,300						
			일반 : 80건			3,802,743	346,807		4,149,550						
합계(카드: 4) :			719 건			27,267,225	2,547,650		29,814,875						

이후 간이과세자와 면세사업자부터 분개를 하고 전송합니다. 이 경우 간이과세자나 면세사업자에게 결제한 신용카드 증빙을 전표유형에서 일반이 아닌 매입으로 분류하여 전표를 전송할 가능성이 있습니다.

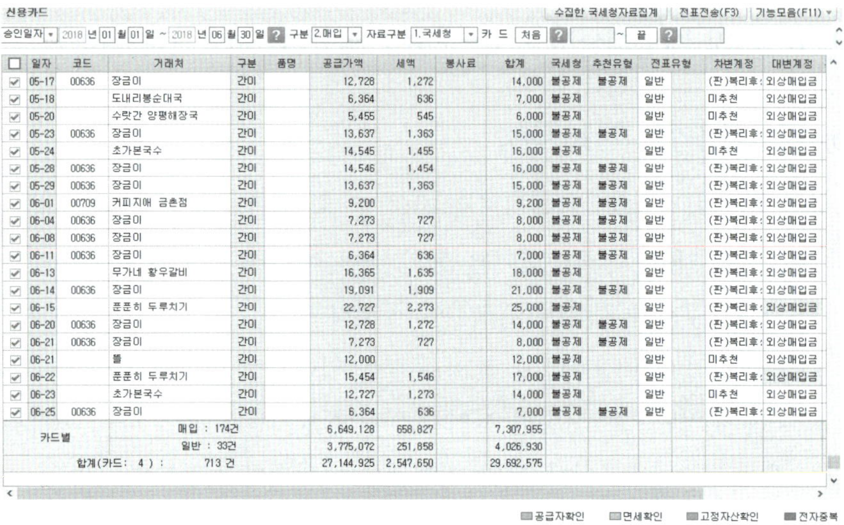

신용카드 | 수집한 국세청자료집계 | 전표전송(F3) | 기능모음(F11)

승인일자 2018 년 01 월 01 일 ~ 2018 년 06 월 30 일 구분 2.매입 자료구분 1.국세청 카 드 처음 ~ 끝

일자	코드	거래처	구분	품명	공급가액	세액	봉사료	합계	국세청	추천유형	전표유형	차변계정	대변계정
05-17	00636	장금이	간이		12,728	1,272		14,000	불공제	불공제	일반	(판)복리후	외상매입금
05-18		도내리봉순대국	간이		6,364	636		7,000	불공제		일반	미추천	외상매입금
05-20		수랏간 양평해장국	간이		5,455	545		6,000	불공제		일반	미추천	외상매입금
05-23	00636	장금이	간이		13,637	1,363		15,000	불공제	불공제	일반	(판)복리후	외상매입금
05-24		초가본국수	간이		14,545	1,455		16,000	불공제		일반	미추천	외상매입금
05-28	00636	장금이	간이		14,546	1,454		16,000	불공제	불공제	일반	(판)복리후	외상매입금
05-29	00636	장금이	간이		13,637	1,363		15,000	불공제	불공제	일반	(판)복리후	외상매입금
06-01	00709	커피지애 금촌점	간이		9,200			9,200	불공제	불공제	일반	(판)복리후	외상매입금
06-04	00636	장금이	간이		7,273	727		8,000	불공제	불공제	일반	(판)복리후	외상매입금
06-08	00636	장금이	간이		7,273	727		8,000	불공제	불공제	일반	(판)복리후	외상매입금
06-11	00636	장금이	간이		6,364	636		7,000	불공제	불공제	일반	(판)복리후	외상매입금
06-13		무가네 황우갈비	간이		16,365	1,635		18,000	불공제		일반	(판)복리후	외상매입금
06-14	00636	장금이	간이		19,091	1,909		21,000	불공제	불공제	일반	(판)복리후	외상매입금
06-15		푼푼히 두루치기	간이		22,727	2,273		25,000	불공제		일반	(판)복리후	외상매입금
06-20	00636	장금이	간이		12,728	1,272		14,000	불공제	불공제	일반	(판)복리후	외상매입금
06-21	00636	장금이	간이		7,273	727		8,000	불공제	불공제	일반	(판)복리후	외상매입금
06-21		뜰	간이		12,000			12,000	불공제		일반	미추천	외상매입금
06-22		푼푼히 두루치기	간이		15,454	1,546		17,000	불공제		일반	(판)복리후	외상매입금
06-23		초가본국수	간이		12,727	1,273		14,000	불공제		일반	미추천	외상매입금
06-25	00636	장금이	간이		6,364	636		7,000	불공제	불공제	일반	(판)복리후	외상매입금
카드별		매입 : 174건			6,649,128	658,827		7,307,955					
		일반 : 33건			3,775,072	251,858		4,026,930					
합계(카드: 4) :		713 건			27,144,925	2,547,650		29,692,575					

공급자확인 | 면세확인 | 고정자산확인 | 전자중복

(6) 매입현금영수증을 전표 전송합니다. 처리 방법은 신용카드와 같습니다.

(7) 수기세금계산서, 계산서, 카드매출 및 현금영수증 매출, 현금매출이 있는 경우 빠른부가가치세 화면에 입력합니다.

전체메뉴 | 빠른부가세입력

빠른부가세입력 128-20-39892 검색 | 복사(F4) | 이동(Ctrl+F4) | 전자발행(Ctrl+7) | 기능모음(F11)

일자 2018 년 01 월 ~ 2018 년 06 월 현금잔액 1,597,950원 매출

전체 | 매출세금 | 매입세금 | 매출카드 | 매입카드 | 매출현금 | 매입현금

월	일	유형	품명	공급가액	부가세	코드	거래처명	사업.주민번호	전자세금	분개	번호	증빙
06	30	과세	mdf 외	3,125,000	312,500	00131	리빈디자인	128-27-89159	전자입력	외상	50001	
06	30	과세	mdf 외	4,741,818	474,182	00239	예전인테리어	128-34-30976	전자입력	외상	50002	
06	30	과세	mdf 외	5,239,909	523,991	00353	티앤에스(T&S)	128-39-62245	전자입력	외상	50003	
06	30	과세	mdf 외	2,616,727	261,673	00414	에이원	128-70-30125	전자입력	외상	50004	
06	30	과세	mdf 외	800,455	80,045	00133	웰빙디자인	141-01-11222	전자입력	외상	50005	
06	30	과세	mdf 외	643,636	64,364	00133	웰빙디자인	141-01-11222	전자입력	외상	50006	
06	30	과세	mdf 외	2,548,636	254,864	00336	주식회사 드림디자인	141-81-43099	전자입력	외상	50007	
06	30	과세	mdf 외	1,637,182	163,718	00376	디자인 티제이(TJ)	373-58-00044	전자입력	외상	50008	
06	30	과세	mdf 외	6,041,273	604,127	00379	주식회사 제이디자인	391-87-00149	전자입력	외상	50009	
06	30	과세	mdf 외	3,651,455	365,145	00360	주식회사 다락	480-81-00132	전자입력	외상	50010	
06	30	과세	mdf 외	1,448,273	144,827	00378	연디자인	809-21-00265	전자입력	외상	50011	
06	30	과세	mdf 외	3,400,455	340,045	00780	감성가득퍼니처	839-33-00459	전자입력	외상	50012	
06	30	과세	mdf 외	10,951,545	1,095,155	00418	주식회사 인휴	841-81-00429	전자입력	외상	50013	
06	30	과세	mdf 외	2,848,182	284,818	00623	주식회사 더엣지	880-87-00727	전자입력	외상	50014	
06	30	카과	카드매출	75,689,273	7,568,927					외상	50020	
01	08	과세	일반전화 (003109455381)	34,724	3,472	00193	케이티	102-81-42945	전자입력	외상	50001	
01	18	과세	임대료	2,500,000	250,000	00310	권오복부동산중개소	141-02-65818		외상	50001	
01	30	과세	나왕계단판	175,000	17,500	00306	(주)디에스팀버	128-86-77849	전자입력	외상	50001	
01	31	과세	1월기장료	100,000	10,000	00304	나이스세무법인관악지사	119-85-38321	전자입력	외상	50016	
01	31	과세	MDF외	70,143,418	7,014,342	35922	(주)보성합판상사	128-81-35922	전자입력	외상	50017	
01	31	과세	M(E1) 양면무뉘목(G2502)	1,352,000	135,200	00387	(주) 유노인더스	137-86-49522	전자입력	외상	50018	
			업체별 소계									

구분	코드	계정과목	차변	대변	코드	거래처	적요	관리
차변	108	외상매출금	83,258,200				카드매출	
대변	255	부가세예수금		7,568,927			카드매출	
대변	401	상품매출		75,689,273			카드매출	

현금영수증 매출과 카드매출이 있다면 동일하게 유형을 현과, 건별로 바꾸고 입력하면 됩니다.

(8) 세금계산서 및 계산서 합계표 마감

마감하기 전에 반드시 홈텍스에서 출력한 합계표와 위의 전자 분이 맞는지 꼭 확인해야 합니다.

(9) 신용카드매출전표발행집계표를 불러옵니다.

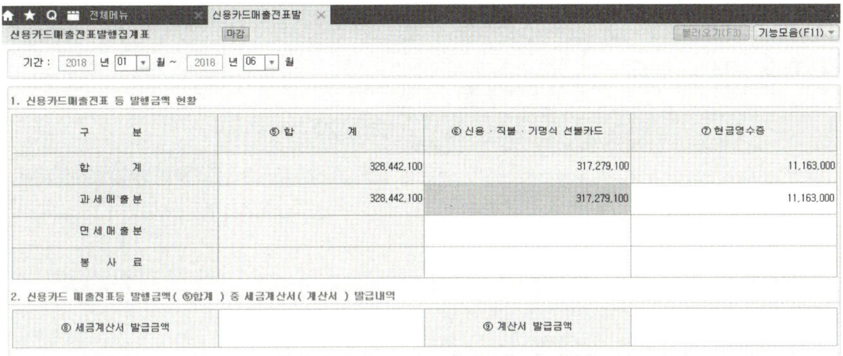
신용카드매출전표발행집계표 마감

기간 : 2018 년 01 월 ~ 2018 년 06 월

1. 신용카드매출전표 등 발행금액 현황

구 분	⑤ 합 계	⑥ 신용 · 직불 · 기명식 선불카드	⑦ 현금영수증
합 계	328,442,100	317,279,100	11,163,000
과 세 매 출 분	328,442,100	317,279,100	11,163,000
면 세 매 출 분			
봉 사 료			

2. 신용카드 매출전표등 발행금액(⑤합계) 중 세금계산서(계산서) 발급내역

⑧ 세금계산서 발급금액		⑨ 계산서 발급금액	

(10) 신용카드수령금액합계표를 마감합니다.

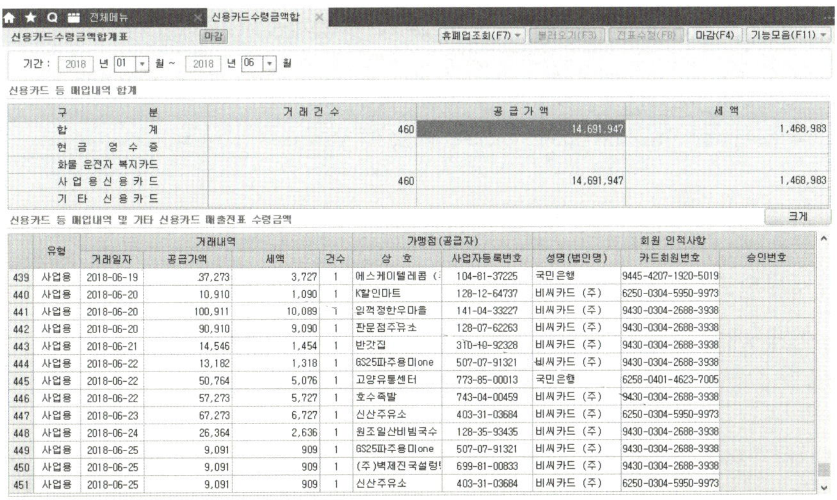
신용카드수령금액합계표 마감 휴폐업조회(F7) 불러오기(F3) 전표수정(F8) 마감(F4) 기능모음(F11)

기간 : 2018 년 01 월 ~ 2018 년 06 월

신용카드 등 매입내역 합계

구 분	거 래 건 수	공 급 가 액	세 액
합 계	460	14,691,947	1,468,983
현 금 영 수 증			
화물 운전자 복지카드			
사 업 용 신 용 카 드	460	14,691,947	1,468,983
기 타 신 용 카 드			

신용카드 등 매입내역 및 기타 신용카드 매출전표 수령금액

	유형	거래내역				가맹점(공급자)		회원 인적사항		
		거래일자	공급가액	세액	건수	상 호	사업자등록번호	성명(법인명)	카드회원번호	승인번호
439	사업용	2018-06-19	37,273	3,727	1	에스케이텔레콤 (	104-81-37225	국민은행	9445-4207-1920-5019	
440	사업용	2018-06-20	10,910	1,090	1	K할인마트	128-12-64737	비씨카드 (주)	6250-0304-5950-9973	
441	사업용	2018-06-20	100,911	10,089	1	일꺽정한우마을	141-04-33227	비씨카드 (주)	9430-0304-2688-3938	
442	사업용	2018-06-20	90,910	9,090	1	판문점주유소	128-07-62263	비씨카드 (주)	9430-0304-2688-3938	
443	사업용	2018-06-21	14,546	1,454	1	반갓집	310-10-92328	비씨카드 (주)	9430-0304-2688-3938	
444	사업용	2018-06-22	13,182	1,318	1	GS25파주용미one	507-07-91321	비씨카드 (주)	9430-0304-2688-3938	
445	사업용	2018-06-22	50,764	5,076	1	고양유통센터	773-85-00013	국민은행	6258-0401-4623-7005	
446	사업용	2018-06-22	57,273	5,727	1	호수족발	743-04-00459	비씨카드 (주)	9430-0304-2688-3938	
447	사업용	2018-06-23	67,273	6,727	1	신산주유소	403-31-03684	비씨카드 (주)	6250-0304-5950-9973	
448	사업용	2018-06-24	26,364	2,636	1	원조일산비빔국수	128-35-93435	비씨카드 (주)	9430-0304-2688-3938	
449	사업용	2018-06-25	9,091	909	1	GS25파주용미one	507-07-91321	비씨카드 (주)	9430-0304-2688-3938	
450	사업용	2018-06-25	9,091	909	1	(주)벽제진국설렁	699-81-00833	비씨카드 (주)	9430-0304-2688-3938	
451	사업용	2018-06-25	9,091	909	1	신산주유소	403-31-03684	비씨카드 (주)	6250-0304-5950-9973	

(11) 부가가치세 신고서를 작성합니다.

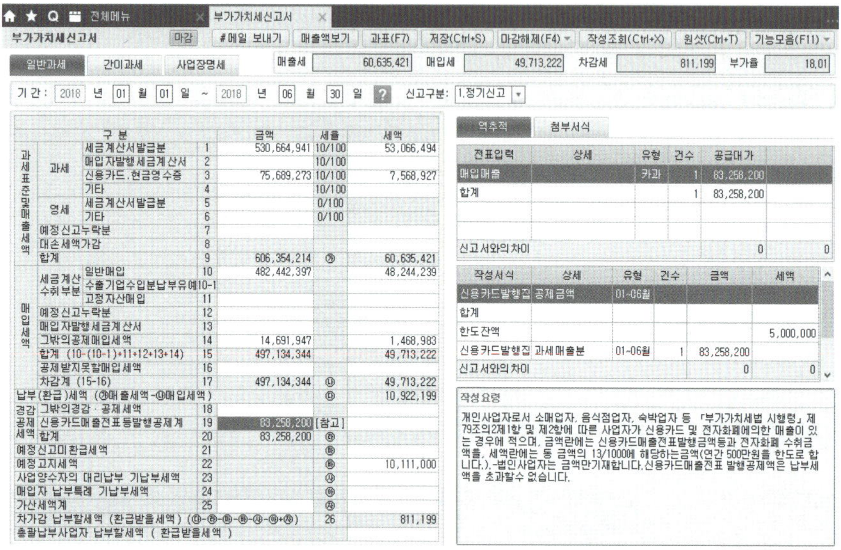

개인사업자이므로 예정고지세액이 있을 것이므로 예정고지세액을 입력합니다.

완성된 신고서를 보면

> 과세매출 세금계산서 발급분 = 매출세금계산서합계표
> 과세매출 신용카드, 현금영수증 금액 + 세액 = 신용카드매출전표발행집계표
> 과세매입 세금계산서 수취부분 = 매입세금계산서합계표
> 그 밖의 공제매입세액 금액 + 세액 = 신용카드수령금액합계표

임을 알 수 있습니다. 각 하위서식의 금액과 신고서 상의 금액이 부가가치세신고서 각 란의 항목을 구성하고 있음을 아실 수 있으실 겁니다.

이제 매입세액 중 더 배워야 할 것들을 시작해 봅시다.

4 의제매입세액공제

매입할 때 부가가치세를 내지 않았어도 일정부분을 공제해주는 제도가 의제매입세액공제 제도입니다. 따라서 세금계산서를 받지 않아도 일정액의 공제를 해주는 것입니다. 음식점 등의 경우 많이 적용됩니다. 법률적인 용어는 특수한 쓰임새가 있는 경우가 많아서 반드시 구분해서 알아두어야 할 것들이 많습니다. 바로 '의제(간주)'와 '추정'이라는 말이 대표적인 법률 용어입니다.

'무엇으로 추정한다' 와 '무엇으로 의제(간주)한다'라는 말은 일반적으로는 동일한 말입니다. 그런데 법전에서는 아주 큰 차이가 있습니다. '추정한다'라고 하면 반대 증거가 있으면 그 주장이 받아들여지지만, '간주한다' 또는 '의제한다'라고 한다면 반대 증거가 있어도 받아들이지 않습니다. 아주 다르지요. 그래서 의제매입세액공제라는 말을 풀어쓰면 '매입세액은 없지만 있는 것으로 간주하여 세액공제를 한다'라는 말입니다.

(1) 의제매입세액공제의 요건

의제매입세액공제는 **면세 농산물 등을 원재료**로 하여 부가가치세가 **과세되는 재화나 용역을 공급**하는 경우에 적용합니다. 예를 들면 음식점을 운영하는 과세사업자가 정육점에서 면세가 적용되는 삼겹살을 사서 판다고 해봅시다. 이 경우 음식점은 과세사업이고, 정육점의 삼겹살은 면세가 적용되니까 의제매입세액공제가 적용될 것입니다.

그럼 의제매입세액공제는 왜 할까요? 정부에서 이런 사업자들에게 주는 특혜일까요? 아닙니다. 그냥 논리상 그렇게 해야 할 뿐인 겁니다. 면세를 공부할 때 말씀드렸지만 여러거래 단계 사이에 면세 단계가 있으면 징수해야 할 부가가치세보다 더 많이 부가가치세를 내게 됩니다. 따라서 더 내게 되는 부가가치세를 없애기 위해 의제매입세액을 공제하는 것입니다.

즉 우리나라와 같이 매출세액 - 매입세액의 형태로 부가가치세를 과세하게 되면

면세사업자 → 과세사업자 → 소비자 혹은

과세사업자 → 면세사업자 → 과세사업자 → 소비자의 경우처럼

면세사업자가 중간에 있게 되면 최종 생산물이 창출하는 부가가치에 대해 내는 부가가치세보다 더 많은 부가가치세가 부과되기 때문에 의제매입세액을 공제하는 것입니다.

간단히 예를 들어 삼겹살을 정육점에서 구입하여 제육볶음을 만들어 파는 과세사업자인 식당을 예로 들어봅시다. 정육점에서는 삼겹살을 10,000원에 팔고 식당에서는 제육볶음을 만들어서 16,500원에 팔았다고 합시다. 각 사업자는 다음과 같이 부가가치세를 냅니다.

정육점 : 매출 10,000원 → 면세이므로 부가가치세는 0

식　당 : 매출세액 1,500원 - 매입세액 0 = 부가가치세 1,500원

그런데 거래의 전체 단계를 보면 삼겹살은 면세되는 것이니, 징수해야 할 부가가치세는 과세되는 증가된 부가가치(15,000－10,000) 5,000원에의 10%인 500원이어야 합니다. 그런데 실제로 세금은 1,500원을 걷었죠. 원래는 면세되어야 할 삼겹살 가격 10,000원에도 세금이 붙어 1,000원을 징수하는 결과를 낳게 됩니다. 따라서 원래 면세였던 재화에 부가하여 징수된 1,000원은 어떤 식이든 공제를 해 주어야 합니다. 이것이 의제매입세액공제의 취지인 것입니다.

따라서 **면세되는 농산물 등을 이용하여 만든 과세 재화가 영세율적용 대상이 된다면 해당 면세 구입액 등에 대해서는 의제매입세액공제를 하지 않습니다.**

영세율이 적용되면 최종단계에서 부가가치세가 과세되지 않으므로 부

가가치세를 더 징수하는 일이 발생하지 않기 때문입니다.

그럼 이런 경우에는 그냥 의제매입세액공제를 해주나요? 아닙니다. 다음과 같은 서류들을 제출해야 합니다.

① 의제매입세액공제신고서

② 매입처별계산서합계표, 신용카드매출전표 등 수령명세서

즉 의제매입세액공제를 해달라고 신청해야 하고, 세금계산서는 아니지만 계산서 등 적격증빙은 받으라는 것이지요. 다만 제조업 등을 경영하는 사업자가 농어민으로부터 직접 매입하는 경우에는 ①번만 제출합니다. 농어민은 사업자이긴 하지만 사업자등록을 내는 경우는 거의 없고 신용카드 단말기도 설치하지 않기 때문이죠. 의제매입세액공제신고서는 다음과 같습니다.

의제매입세액 공제신고서

접수번호	접수일	처리기간 즉시

1. 신고인 인적사항

① 상호(법인명)	② 사업자등록번호
③ 업태	④ 종목

2. 면세농산물등 매입가액 합계

구 분		⑤ 매입처 수	⑥ 건 수	⑦ 매입가액	⑧ 공제율	⑨ 의제매입세액
⑩ 합 계						
사업자로부터의 매 입 분	⑪ 계 산 서					
	⑫ 신용카드 등					
⑬ 농어민 등으로부터의 매입분						

3. 면세농산물등 의제매입세액 관련 신고내용

가. 과세기간 과세표준 및 공제 가능한 금액 등

과세표준			대상액 한도계산		⑲ 당기 매입액	⑳ 공제대상금액 (=⑱과 ⑲의 금액 중 적은 금액)
⑭ 합계	⑮ 예정분	⑯ 확정분	⑰ 한도율	⑱ 한도액		

나. 과세기간 공제할 세액

공제대상세액		이미 공제받은 세액			㉖ 공제(납부)할 세액 (=㉒-㉓)
㉑ 공제율	㉒ 공제대상세액	㉓ 합계	㉔ 예정 신고분	㉕ 월별 조기분	

4. 매입시기 집중 제조업 면세농산물등 의제매입세액 관련 신고내용

가. 1역년 과세표준 및 제2기 과세기간 공제 가능한 금액 등

과세표준			대상액 한도계산		1역년 매입액			㉟ 공제대상금액 (=㉛과 ㉜의 금액 중 적은 금액)
㉗ 합계	㉘ 제1기	㉙ 제2기	㉚ 한도율	㉛ 한도액	㉜ 합계	㉝ 제1기	㉞ 제2기	

나. 제2기 과세기간 공제할 세액

공제대상세액		이미 공제받은 세액					㊸ 공제(납부)할 세액 (=㊲-㊳)
㊱ 공제율	㊲ 공제대상세액	㊳ 총 합계	㊴ 제1기	제2기			
				㊵ 합계	㊶ 예정 신고분	㊷ 월별 조기분	

5. 농어민 등으로부터의 매입분에 대한 명세(합계금액으로 작성함)

일련 번호	㊹ 면세농산물등을 공급한 농어민 등		㊺ 건수	㊻ 품 명	㊼ 수 량	㊽ 매입가액
	성명	주민등록번호				
합계						
1						
2						
3						

「부가가치세법 시행령」 제84조 제5항 및 제113조 제4항에 따라 의제매입세액을 공제받기 위하여 위와 같이 신고합니다.

년 월 일

신고인 (서명 또는 인)

세 무 서 장 귀하

위의 표에서 농어민으로부터의 구입액은 아래의 표에 입력합니다.

5. 농어민 등으로부터의 매입분에 대한 명세(합계금액으로 작성함)						
일련번호	㊹ 면세농산물등을 공급한 농어민 등		㊺ 건수	㊻ 품 명	㊼ 수 량	㊽ 매입가액
	성명	주민등록번호				
합계						
1						
2						
3						

이 표가 완성되면 농어민으로부터의 구입액은 아래의 표에 A에 기재되고 우리가 계산서 등을 수취하고 적요란에 의제매입세액을 선택한 금액은 아래의 B와 C에 기재됩니다.

2. 면세농산물등 매입가액 합계						
구 분		⑤ 매입처 수	⑥ 건 수	⑦ 매입가액	⑧ 공제율	⑨ 의제매입세액
⑩ 합 계						
사업자로부터의 매 입 분	⑪ 계 산 서 B					
	⑫ 신용카드 등 C					
⑬ 농어민 등으로부터의 매입분 A						

동 A + B + C 가 의제매입세액공제의 대상이 되는 매입가액인 것입니다.

(2) 의제매입세액의 계산

1) 공제대상 면세 농산물 등의 매입가격

① 공제대상 면세 매입가격 : 매입가격 계산 시 다음에 유의합니다.

㉠ 운임 등 매입부대비용 제외

㉡ 수입한 재화의 경우는 관세의 과세가격을 구입가격으로 보므로 수입계산서에서 관세를 제외한 금액을 매입가액으로 봅니다.

또한 면세와 과세사업을 겸영하는 사업자의 경우 과세사업에 공한 것만 의제매입세액공제 대상이 되는데 실질에 따라 다음과 같이 계산합니다.

㉠ 과세사업과 면세사업에 귀속되는 면세매입가격이 각각 구분되는 경우 – 그 실지 귀속에 따름

㉡ 구분이 불명확한 경우

$$\text{면세농산물 등의 매입가액} \times \text{당 과세기간의} \frac{\text{면세공급가액}}{\text{총공급가액}}$$

② 이렇게 계산한 면세 매입가액은 모두 공제하는 것이 아니며 업종별로 아래와 같은 금액을 한도로 계산합니다.

㉠ 한도율

<table>
<tr><th colspan="2">구 분</th><th>음식점업</th><th>이외</th></tr>
<tr><td rowspan="3">개인
사업자</td><td>과세표준 1억원 이하</td><td>60%</td><td rowspan="2">50%</td></tr>
<tr><td>과세표준 2억원 이하</td><td>55%</td></tr>
<tr><td>과세표준 2억원 초과</td><td>45%</td><td>40%</td></tr>
<tr><td colspan="2">법인사업자</td><td colspan="2">35%</td></tr>
</table>

2) 의제매입세액계산 = 공제대상면세 농산물 등의 매입가격 × 공제율

<table>
<tr><th colspan="2">구 분</th><th>공제율</th></tr>
<tr><td rowspan="3">음식점업</td><td>유흥장소</td><td>4/104</td></tr>
<tr><td>개인</td><td>8/108
과표가 2억원 이하일 경우 9/109</td></tr>
<tr><td>법인</td><td>6/106</td></tr>
<tr><td rowspan="2">제조업</td><td>개인 및 중소기업</td><td>4/104</td></tr>
<tr><td>이외</td><td>2/102</td></tr>
<tr><td colspan="2">이외의 업종</td><td>2/102</td></tr>
</table>

사 례

음식점을 영위하는 개인사업자의 매출과 매입이 다음과 같습니다.

일 자	카드매출결제액	계산서매입액
1. 1. ~ 3. 31.	33,000,000	30,000,000
4. 1. ~ 6. 30.	132,000,000	90,000,000
합 계	165,000,000	120,000,000

STEP 1 면세 매입농산물 등 매입가액 합계

음식점업을 영위하는 사업자이므로 공제율은 9/109입니다.

따라서 서식은 아래와 같이 작성됩니다.

2. 면세농산물등 매입가액 합계

구 분		⑤ 매입처 수	⑥ 건 수	⑦ 매입가액	⑧ 공제율	⑨ 의제매입세액
⑩ 합 계				120,000,000	9/109	
사업자로부터의 매 입 분	⑪ 계 산 서			120,000,000	9/109	
	⑫ 신용카드 등					
⑬ 농어민 등으로부터의 매입분						

STEP 2 의제매입세액의 계산

3. 면세농산물등 의제매입세액 관련 신고내용

가. 과세기간 과세표준 및 공제 가능한 금액 등

과세표준			대상액 한도계산		⑲ 당기 매입액	⑳ 공제대상금액 (=⑱과 ⑲의 금액 중 적은 금액)
⑭ 합계	⑮ 예정분	⑯ 확정분	⑰ 한도율	⑱ 한도액		
150,000,000	30,000,000	120,000,000	55%	82,500,000	120.000.000	82,500,000

나. 과세기간 공제할 세액

공제대상세액		이미 공제받은 세액			㉖ 공제(납부)할 세액 (=㉒ – ㉓)
㉑ 공제율	㉒ 공제대상세액	㉓ 합계	㉔ 예정 신고분	㉕ 월별 조기분	
9/109	6,811,926				6,811,926

해당 과세기간의 과세표준이 150,000,000원인 음식점 사업자이므로 한도율은 55%이므로 한도액은 150,000,000원 × 0.55 = 82,500,000원입니다. 당기 매입액 120,000,000원 〈 82,500,000원이므로 공제대상금액은 둘 중 적은 금액인 82,500,000원입니다. 그리고 공제율은 9/109이므로 공제대상세액은 82,500,000원 × 9/109 = 6,811,926원이 됩니다.

3) 의제매입세액의 재계산

위의 사례는 개인사업자이므로 예정신고를 하지 않을 경우입니다.

공제대상세액		이미 공제받은 세액			㉖ 공제(납부)할 세액 (=㉒－㉓)
㉑ 공제율	㉒ 공제대상세액	㉓ 합계	㉔ 예정 신고분	㉕ 월별 조기분	
8/108	6,111,111				6,111,111

따라서 '이미 공제받은 세액' 란에 기표가 되지 않습니다.

하지만 법인사업자이거나 고정자산 등의 매입이 있어 조기환급을 신청하는 개인사업자라면 예정신고를 할 수 있습니다. 이때 예정신고기간에 의제매입세액공제를 받았다면 확정신고 시 과세기간 전체를 대상으로 의제매입세액을 계산하고 기 공제받았던 세액을 차감하여 정산하여야 합니다.

개인의 경우 1기 과세기간에 예정신고분은 세무서에서 고지받은 납부서대로 납부하고, 7. 25.에만 신고합니다. 법인의 경우에는 예정신고기간에 대해서도 반드시 신고해야 하지요. 개인의 경우도 고정자산 투자 등이 있으면 위의 신고기간과는 별도로 조기환급을 신청할 수 있는데 이때 월별 조기분이 생깁니다. 이 경우에는 먼저 이런 신고를 한 후에 확정신고기간에 정산을 하게 되는 것입니다.

사 례

음식점을 영위하는 법인사업자. 자료는 위와 동일
예정신고기간에는 다음과 같이 의제매입세액공제 신고서가 작성되었을 것입니다.

3. 면세농산물등 의제매입세액 관련 신고내용						
가. 과세기간 과세표준 및 공제 가능한 금액 등						
과세표준			대상액 한도계산		⑲ 당기 매입액	⑳ 공제대상금액 (=⑱과 ⑲의 금액 중 적은 금액)
⑭ 합계	⑮ 예정분	⑯ 확정분	⑰ 한도율	⑱ 한도액		
30,000,000	30,000,000		35%	10,500,000	30,000,000	10,500,000

나. 과세기간 공제할 세액					
공제대상세액		이미 공제받은 세액			㉖ 공제(납부)할 세액 (=㉒－㉓)
㉑ 공제율	㉒ 공제대상세액	㉓ 합계	㉔ 예정 신고분	㉕ 월별 조기분	
6/106	594,339				594,339

1기 예정신고기간의 매출액이 30,000,000원이므로 한도율은 35%일 것이고 공제대상 한도액은 매출액 30,000,000원 × 0.35 = 10,500,000원이 됩니다.

1기 예정기간 한도액 10,500,000원 < 1기 예정기간 매입액 30,000,000원이므로 공제대상 금액은 10,500,000원이 되고, 공제율은 6/106이 되어 공제대상 세액은 10,500,000원 × 6/106 = 594,339원이 됩니다.

지금까지 설명이 맞을까요? 아닙니다. 우선 예정신고기간에는 위의 란이 작성되지 않습니다. 3번 면세농산물 등 의제매입세액 관련 신고 내용은 확정신고시에만 작성합니다. 따라서 위의 란은 모두 아래와 같이 공란으로 작성됩니다.

3. 면세농산물등 의제매입세액 관련 신고내용						
가. 과세기간 과세표준 및 공제 가능한 금액 등						
과세표준			대상액 한도계산		⑲ 당기 매입액	⑳ 공제대상금액 (=⑱과 ⑲의 금액 중 적은 금액)
⑭ 합계	⑮ 예정분	⑯ 확정분	⑰ 한도율	⑱ 한도액		

나. 과세기간 공제할 세액					
공제대상세액		이미 공제받은 세액			㉖ 공제(납부)할 세액 (=㉒－㉓)
㉑ 공제율	㉒ 공제대상세액	㉓ 합계	㉔ 예정 신고분	㉕ 월별 조기분	

그리고 예정신고기간에는 아래와 같이 구입액 전체에 대해 먼저 의제매입세액공제를 적용합니다.

구 분		⑤ 매입처 수	⑥ 건 수	⑦ 매입가액	⑧ 공제율	⑨ 의제매입세액
⑩ 합 계				30,000,000	6/106	1,698,113
사업자로부터의 매 입 분	⑪ 계 산 서			30,000,000	6/106	1,698,113
	⑫ 신용카드 등					
⑬ 농어민 등으로부터의 매입분						

이후 확정신고기간에 다음과 같이 신고서가 작성될 것입니다.

3. 면세농산물등 의제매입세액 관련 신고내용

가. 과세기간 과세표준 및 공제 가능한 금액 등

과세표준			대상액 한도계산		⑲ 당기 매입액	⑳ 공제대상금액 (=⑱과 ⑲의 금액 중 적은 금액)
⑭ 합계	⑮ 예정분	⑯ 확정분	⑰ 한도율	⑱ 한도액		
150,000,000	30,000,000	120,000,000	35%	52,500,000	120.000.000	52,500,000

나. 과세기간 공제할 세액

공제대상세액		이미 공제받은 세액			㉖ 공제(납부)할 세액 (=㉒－㉓)
㉑ 공제율	㉒ 공제대상세액	㉓ 합계	㉔ 예정 신고분	㉕ 월별 조기분	
6/106	2,971,698	1,698,113	1,698,113		1,273,585

즉 1기 과세기간을 통틀어 의제매입세액공제액 = 52,500,000원 × 6/106 = 2,971,698원인데 예정신고시 1,698,113원을 공제받았으니 확정신고기간에는 이를 차감한 1,273,585원만 공제한다는 것입니다.

4) 매입시기 집중 제조업자의 면세 농산물 등 의제매입세액

매매시기 집중 제조업자란 1기 과세기간(1.1.~6.30.)까지의 면세 농산물 등의 매입가액이 1년(1.1.~12.31.)의 25% 미만, 혹은 75% 이상인 제조업자를 말합니다. 특정 과일의 통조림만을 만들어 파는 제조업자라면 아무래도 그 과일의 생산시기가 있으므로 특정 시기에 매입이 집중될 수밖에 없습니다.

이런 사업자들은 위의 재계산과 유사하게 2기 과세기간에 1기 과세기간에 공제받은 부분을 차감하고 공제받으라는 것입니다. 의제매입세액신고서 4번에 해당합니다.

4. 매입시기 집중 제조업 면세농산물등 의제매입세액 관련 신고내용								
가. 1역년 과세표준 및 제2기 과세기간 공제 가능한 금액 등								
과세표준			대상액 한도계산		1역년 매입액			㉟ 공제대상금액 (=㉛과 ㉜의 금액 중 적은 금액)
㉗ 합계	㉘ 제1기	㉙ 제2기	㉚ 한도율	㉛ 한도액	㉜ 합계	㉝ 제1기	㉞ 제2기	

나. 제2기 과세기간 공제할 세액							
공제대상세액		이미 공제받은 세액					㊸ 공제(납부)할 세액 (=㊲－㊳)
㊱ 공제율	㊲ 공제대상세액	㊳ 총 합계	㊴ 제1기	제2기			
				㊵ 합계	㊶ 예정 신고분	㊷ 월별 조기분	

일반사업자의 재계산과 동일한데 빨간색 부분이 틀리지요. 이 때 주의할 점은 다음과 같습니다.

① 2기분 자체의 공제를 받는 것은 3번에서 받고, 1기 때 한도에 걸려서 공제받지 못한 금액을 4번에서 공제받는 것입니다. 따라서 반드시 해당 제조업자는 의제매입세액신고서의 3번과 4번이 모두 작성됩니다.

3. 면세농산물등 의제매입세액 관련 신고내용–2기분 자체의 의제매입세액 계산						
가. 과세기간 과세표준 및 공제 가능한 금액 등						
과세표준			대상액 한도계산		⑲ 당기 매입액	⑳ 공제대상금액 (=⑱과 ⑲의 금액 중 적은 금액)
⑭ 합계	⑮ 예정분	⑯ 확정분	⑰ 한도율	⑱ 한도액		

나. 과세기간 공제할 세액					
공제대상세액		이미 공제받은 세액			㉖ 공제(납부)할 세액 (=㉒－㉓)
㉑ 공제율	㉒ 공제대상세액	㉓ 합계	㉔ 예정 신고분	㉕ 월별 조기분	

4. 매입시기 집중 제조업 면세농산물등 의제매입세액 관련 신고내용 – 1기 미공제 금액의 추가 공제								
가. 1역년 과세표준 및 제2기 과세기간 공제 가능한 금액 등								
과세표준			대상액 한도계산		1역년 매입액			㉟ 공제대상금액 (=㉛과 ㉜의 금액 중 적은 금액)
㉗ 합계	㉘ 제1기	㉙ 제2기	㉚ 한도율	㉛ 한도액	㉜ 합계	㉝ 제1기	㉞ 제2기	

나. 제2기 과세기간 공제할 세액							
공제대상세액		이미 공제받은 세액					㊸ 공제(납부)할 세액 (=㊲－㊳)
㊱ 공제율	㊲ 공제대상세액	㊳ 총 합계	㊴ 제1기	제2기			
				㊵ 합계	㊶ 예정 신고분	㊷ 월별 조기분	

② 공제대상액을 구하는 한도율 ⑰은 위에서 설명한 한도율을 적용하지만 4번의 ㉚ 한도율은 다음의 율을 사용합니다.

사업자 구분		한도율
개인사업자	1년간 과세표준 4억원 이하	50%
	1년간 과세표준 4억원 초과	40%
법인사업자		35%

(3) 더존에서 의제매입세액공제 입력

1) 1단계 : 빠른부가세에서 매입계산서, 매입신용카드, 매입현금영수증의 분개 시 농산물 등의 전표의 적요에 6 의제매입세액 원재료차감(부가)를 입력합니다.

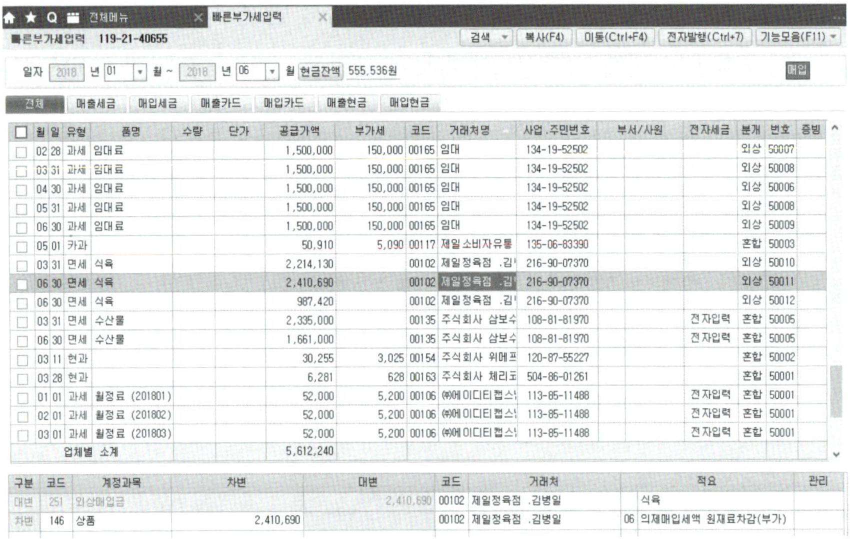

월	일	유형	품명	수량	단가	공급가액	부가세	코드	거래처명	사업.주민번호	부서/사원	전자세금	분개	번호	증빙
02	28	과세	임대료			1,500,000	150,000	00165	임대	134-19-52502			외상	50007	
03	31	과세	임대료			1,500,000	150,000	00165	임대	134-19-52502			외상	50008	
04	30	과세	임대료			1,500,000	150,000	00165	임대	134-19-52502			외상	50006	
05	31	과세	임대료			1,500,000	150,000	00165	임대	134-19-52502			외상	50008	
06	30	과세	임대료			1,500,000	150,000	00165	임대	134-19-52502			외상	50009	
05	01	카과				50,910	5,090	00117	제일소비자유통	135-06-83390			혼합	50003	
03	31	면세	식육			2,214,130		00102	제일정육점 .김	216-90-07370			외상	50010	
06	30	면세	식육			2,410,690		00102	제일정육점 .김	216-90-07370			외상	50011	
06	30	면세	식육			987,420		00102	제일정육점 .김	216-90-07370			외상	50012	
03	31	면세	수산물			2,335,000		00135	주식회사 삼보수	108-81-81970		전자입력	혼합	50005	
06	30	면세	수산물			1,661,000		00135	주식회사 삼보수	108-81-81970		전자입력	혼합	50005	
03	11	현과				30,255	3,025	00154	주식회사 위메프	120-87-55227			혼합	50002	
03	28	현과				6,281	628	00163	주식회사 체리;ㅍ	504-86-01261			혼합	50001	
01	01	과세	월정료 (201801)			52,000	5,200	00106	㈜에이디티캡스	113-85-11488		전자입력	혼합	50001	
02	01	과세	월정료 (201802)			52,000	5,200	00106	㈜에이디티캡스	113-85-11488		전자입력	혼합	50001	
03	01	과세	월정료 (201803)			52,000	5,200	00106	㈜에이디티캡스	113-85-11488		전자입력	혼합	50001	
		업체별 소계				5,612,240									

구분	코드	계정과목	차변	대변	코드	거래처	적요	관리
대변	251	외상매입금		2,410,690	00102	제일정육점 .김병일	식육	
차변	146	상품	2,410,690		00102	제일정육점 .김병일	06 의제매입세액 원재료차감(부가)	

카드 매입의 경우에는 주의해야 할 점이 있습니다. 마트 등에서 구입한 신용카드영수증 상에서 공급가액의 10% ≠ 매입세액인 경우가 있습니다. 마트 등에서 고추장 등 과세물품과 면세물품을 같이 구입했을 경우 많이 발생합니다. 예를 들어 마트 등에서 구입했는데 공급가액 300,000원, 세액 10,000원으로 찍혀 있다면 면세물품을 200,000원, 과세물품을 100,000원 구입했다는 뜻일 겁니다. 이 경우

자동분개를 하면

차변) 상　　품　　300,0000원　대변) 외상매입금　310,000원
　　부가세대급금　　10,000원

으로 되어있을 것입니다. 이것을 그냥 두면 '카과'이므로 면세농산물이 아닌 것으로 인식되어 의제매입세액이 계산에 적용되지 않습니다. 따라서 이때는 한 증빙을 두 개로 나누어 입력하여야 합니다.

예) 카과 공급가액 3,000,000 부가세 100,000이라면

　카과 공급가액 1,000,000 부가세 100,000

　카면 공급가액 2,000,000 부가세 0

으로 나누고 카면 전표의 적요에 6 의제매입세액 원재료차감(부가)를 선택하셔야 합니다.

2) 2단계 : 농어민 등으로부터 직접 매입분이 있으면 거래처 코드 성명과 주민등록으로 거래처 등록을 한 후 면건으로 입력합니다.

3) 3단계 : 의제매입세액 공제율 체크하고 정산내역 입력하기

위의 매입세액정산(의제)는 확정신고 시에만 입력합니다.

4) 4단계 : 의제매입세액 분개하기

이러한 한도를 검증하여 최종적으로 공제세액이 확정되어지면 일반전표에 매입세액공제분에 대해 다음과 같이 분개를 하거나 결산 마감분개 시 타계정 대체로 반영합니다.

차) 부가가치세예수금 ×× 대) 원재료 ××

(4) 기타의 고려 사항

의제매입세액공제는 소득세나 법인세의 세액공제와는 틀린 면이 있습니다. '세액공제'라는 말을 쓰지만 공제 사유 등 원래 논리상 전혀 다른 것이죠. 일반적으로 확정신고기한 내에 신고를 하지 않으면 세액공제 감면은 받지 못합니다. 그런데 의제매입세액공제는 해 줍니다. 법인세법 및 소득세법을 다 배우고 고민을 해보면 당연한 것이라고 생각하겠지만 일단은 이렇게 알아둡시다.

의제매입세액공제는 확정신고를 하지 않고 기한 후 신고를 한다고 해도 적용하고, 심지어 세무조사를 통해 과세관청에서 세액을 경정하는 경우에도 의제매입 내역이 확인되면 적용합니다. 단 꼭 사업자등록을 한 사업자만 적용합니다. 사업자등록을 하지 않은 채 사업을 한다면 당연히 신고 자체를 하지 않을 것이고, 이 경우 과세관청에서 세액을 결정해서 세액을 고지하게 되는데 이 경우에는 적용하지 않습니다. 국세기본법에서 납세의무가 어떻게 성립하고, 확정되는 지를 공부해야 이 사항을 이해할 수 있으니 일단은 이렇게 알아둡시다.

5 재활용 폐자원 매입세액공제

의제매입세액공제를 이해했다면 재활용 폐자원 매입세액공제는 쉽게 이해할 수 있습니다. 입력해야 하는 내용이 틀리고 의제매입세액이 일반적으로 적용되는 반면에 특수 업종에만 적용된다는 점만 틀릴 뿐, 계산방법은 의제매입세액공제와 대동소이합니다. 다만 그 논리는 틀립니다. 의제매입세액공제는 거래 단계에 면세가 끼어있으면 원래 걷어야 하는 부가가치세액보다 많은 세액이 걷히게 되는 환수효과나 누적효과가 발생하는 것을 완화하기 위해 적용한다고 말씀드렸을 겁니다. 그런데 재활용 폐자원은 면세재화가 아닙니다. 과세재화이지요. 고물상이 고철을 수집해서 철강회사에 파는 것은 당연히 과세 대상입니다. 그러니까 고물상이 사업자인 다른 고물상으로부터 폐자원을 매입할 때는 세금계산서를 받아서 매입세액공제를 받는 것이 당연하고, 사업자가 아닌 일반인에게 빈병을 수집해서 음료수 회사에 공급하는 경우라면 사업자가 아닌 사람에게서는 세금계산서를 받지 않았으니 매입세액을 공제받지 못하는 것이 당연합니다. 환수효과와 누적효과가 발생하지 않지요. 재활용 폐자원 매입세액공제는 단순히 폐자원의 재활용을 독려하기 위한 수단입니다. 그래서 부가가치세법에서 규정하고 있는 것이 아니라 조세특례제한법에서 규정하고 있습니다.

(1) 재활용 폐자원 매입세액공제의 요건

재활용 폐자원 매입세액공제는 다음과 같은 업종에만 적용합니다.

① 폐기물재활용신고를 한 자　② 자동차매매업자

③ 중고자동차 수출업자　④ 재생재료 수집 및 판매업자

그리고 공제대상 재화는 다음과 같습니다.

① 고철, 폐비철, 폐지, 폐유리, 폐합성수지, 폐합성고무/캔, 폐건전지, 폐타이어, 폐섬유

② 중고자동차 : 중고자동차 중 다음의 중고자동자는 공제하지 않습니다.

㉠ 자동자 원부의 제작연월일 ~ 수출신고수리일까지의 기간이 1년 미만인 수출하는 중고자동차

㉡ 면세사업자(겸영사업자 포함)가 부가가치세 매입세액공제를 받은 자동차를 매각하는 경우

여기서 ㉠은 생산된 지 얼마 되지 않은 것이니 폐자원이라 할 수 없어서 공제대상에서 제외하는 것은 이해가 되는데 ㉡은 이해가 잘 가지 않습니다. 우선 우리가 이미 배운 비영업용소형승용차의 경우에는 해당하지 않습니다. 매입세액공제를 받은 적이 없으니까요. 그러니까 이 경우는 매입세액공제를 받은 겸영사업자가 매입세액공제 대상인 경차, 9인승 이상의 승용차를 매각하는 경우라고 알아 둡시다.

이러한 재활용 폐자원 매입세액공제를 받으려면 신고시에 매입처별세금계산서합계표, 또는 영수증과 재활용폐자원 및 중고품 매입세액공제 신고서를 제출해야 합니다. 신고서 서식은 다음과 같습니다.

■ 조세특례제한법 시행규칙 [별지 제69호서식(1)] <개정 2017. 3. 17.>

재활용폐자원 및 중고자동차 매입세액 공제신고서(갑)

(　　년　　기)

※ 뒤쪽의 작성방법을 읽고 작성하시기 바랍니다. (앞쪽)

	처리기간	즉시

1. 신고자 인적사항

① 성 명(법 인 명)	② 사업자등록번호
③ 업 태	④ 종 목

2. 재활용폐자원 등 매입 합계

구분	매입처수	건수	취득금액	매입세액 공제액
⑤ 합계				
⑥ 영 수 증 수 취 분				
⑦ 계 산 서 수 취 분				

3. 재활용폐자원 매입세액공제 관련 신고내용

가. 과세기간 과세표준 및 공제가능한 금액 등

매출액			대상액 한도계산		당기 매입액			⑯ 공제가능한 금액 (=⑫－⑭)
⑧ 합계	⑨ 예정분	⑩ 확정분	⑪ 한도율	⑫ 한도액	⑬ 합계	⑭ 세금계산서	⑮ 영수증 등	

나. 과세기간 공제할 세액

⑰ 공제대상금액 (=⑮과 ⑯의 금액 중 적은 금액)	공제대상세액		이미 공제받은 세액			㉓ 공제 (납부)할 세액 (=⑲－⑳)
	⑱ 공제율	⑲ 공제대상세액	⑳ 합계	㉑ 예정신고분	㉒ 월별조기분	

4. 영수증 수취분에 대한 매입처 명세(합계금액으로 기재, 단 중고자동차는 거래건별로 기재)

일련번호	㉔ 공급자		㉕ 건수	㉖ 품명	㉗ 수량	㉘ 차량번호	㉙ 차대번호	㉚ 취득금액
	성명 또는 상호(기관명)	주민등록번호 또는 사업자등록번호						
합계								
1								
2								
3								
4								
5								

「조세특례제한법 시행령」 제110조 제5항에 따라 재활용폐자원 및 중고자동차에 대한 매입세액을 공제받기 위하여 신고합니다.

년　　월　　일

신고인　　　　(서명 또는 인)

세무서장 귀하

첨부서류	* 구비서류: 매입처별계산서합계표 * 공급자가 5곳을 초과하는 경우(중고자동차의 경우 거래건수가 5건을 초과하는 경우)에는 별지 제69호서식(2)에 이어서 작성합니다.	수수료 없음

210㎜×297㎜[일반용지 70g/㎡(재활용품)]

스크랩등 매입세액 공제신고서(갑)

(년 기)

※ 뒤쪽의 작성방법을 읽고 작성하시기 바랍니다. (앞쪽)

접수번호	접수일자	처리기간 즉시

1. 신고자 인적사항

① 성 명(법 인 명)	② 사업자등록번호
③ 업 태	④ 종 목

2. 스크랩등 매입 합계

구분	매입처 수	건수	수량	취득금액	의제매입세액
⑤ 합계					
⑥ 영수증 수취분					
⑦ 계산서 수취분					

3. 영수증 수취분에 대한 매입처 명세(합계금액으로 기재)

일련번호	⑧ 공급자		⑨ 건수	⑩ 품명	⑪ 수량	⑫ 취득금액	⑬ 의제매입세액
	성명 또는 상호(기관명)	주민등록번호 또는 사업자등록번호					
1							
2							
3							
4							
5							
6							
7							
8							
9							
10							

「조세특례제한법 시행령」 제110조의2 제4항에 따라 스크랩등에 대한 매입세액을 공제받기 위하여 신고합니다.

년 월 일

신고인 (서명 또는 인)

세무서장 귀하

어떤가요. 신고서 자체는 의제매입신고서랑 비슷하지요. 계산하는 구조가 동일하기 때문입니다. 하지만 다음과 같은 차이점이 있습니다. 의제매입세액공제는 면세 농산물 등을 구입하는 경우에 적용합니다. 따라서 농어민으로부터 직접 구입하는 경우가 아니라면 적격증빙인 계산서, 신용카드 등을 받아야 적용됩니다. 그래서 계산서 등 합계표 그 자체가 증빙입니다.

(2) 재활용 폐자원 매입세액공제의 계산

$$= \text{공제대상금액} \times \frac{3}{103} \quad \text{중고자동차는 } \frac{9}{109}$$

공제대상금액 = 해당 과세기간 영수증과 계산서 수취분 재활용 폐자원 취득가액

한도 = 재활용 폐자원 관련 과세표준 × 80%(중고자동차는 100%)
- 세금계산서 수취분 재활용 폐자원 매입가액 또는 중고자동차 취득가액(사업용 고정자산은 제외) - A

계산식을 보면 A부분이 의제매입세액공제와 다르다는 것을 알 수 있습니다.

의제매입세액을 보면 A부분이 없는데 재활용 폐자원 매입세액은 A부분이 있을까요? 의제매입세액은 매입품목 자체가 면세이므로 계산서 등을 받은 금액을 차감할 이유가 없습니다. 그에 비해 재활용 폐자원 매입세액공제 대상이 되는 매입품목은 모두 과세대상입니다. 세금계산서를 받은 것은 의제매입세액공제 대상이 아니라 세금계산서 수취에 따른 매입세액공제 대상이 되므로 이 금액을 제외한 금액만을 공제대상으로 하는 것입니다.

재활용 폐자원도 의제매입세액과 같이 한도가 있습니다. 하지만 조금 틀리죠. 기억하실 것은 세 가지입니다.

① 중고자동차는 한도가 없다.

② 세금계산서를 발급받은 것은 공제대상이 아니라서 공제대상에서 제외한다.

③ 매입가격은 직접 취득가액만 포함하는 것이지 운송비와 같은 부대비용은 공제대상이 아니다.

사 례

폐자원 판매 회사인 A법인의 매출과 매입이 다음과 같다고 합시다.

일 자	매출세금계산서 공급대가	매입세금계산서 공급대가	영수증 폐자원매입액
1. 1.~3. 31.	33,000,000	11,000,000	16,000,000
4. 1.~6. 30.	132,000,000	33,000,000	72,000,000
합 계	165,000,000	44,000,000	88,000,000

1기 예정신고시에는 매출액에 따른 한도를 적용하지 않고 매입액 전체에 대해서 재활용 폐자원 매입세액을 공제받습니다. 공제액은 다음과 같습니다.

16,000,000 × 3 /103 = 466,019

2. 재활용폐자원 등 매입 합계

구분	매입처수	건수	취득금액	매입세액 공제액
⑤ 합 계				
⑥ 영 수 증 수 취 분			16,000,000	466,019
⑦ 계 산 서 수 취 분				

3. 재활용폐자원 매입세액공제 관련 신고내용

가. 과세기간 과세표준 및 공제가능한 금액 등

매출액			대상액 한도계산		당기 매입액			⑯ 공제가능한 금액 (=⑫−⑭)
⑧ 합계	⑨ 예정분	⑩ 확정분	⑪ 한도율	⑫ 한도액	⑬ 합계	⑭ 세금계산서	⑮ 영수증 등	

나. 과세기간 공제할 세액

⑰ 공제대상금액 (=⑮과 ⑯의 금액 중 적은 금액)	공제대상세액		이미 공제받은 세액			㉓ 공제(납부)할 세액 (=⑲−⑳)
	⑱ 공제율	⑲ 공제대상세액	⑳ 합계	㉑ 예정신고분	㉒ 월별조기분	

이후 확정신고기간에는 과세기간 전체에 대해 한도를 계산합니다.

영수증 매입액은 88,000,000원이지만 한도액이 다음과 같이 80,000,000만 원 이므로 한도액 80,000,000원만 공제대상이 됩니다.
매출과세표준 150,000,000원 × 0.8 - 매입세금계산서 공급대가 40,000,000원 = 80,000,000원
따라서 서식은 다음과 같이 작성될 것입니다.

2. 재활용폐자원 등 매입 합계

구분	매입처수	건수	취득금액	매입세액 공제액
⑤ 합계				
⑥ 영 수 증 수 취 분			150,000,000	466,019
⑦ 계 산 서 수 취 분				

3. 재활용폐자원 매입세액공제 관련 신고내용

가. 과세기간 과세표준 및 공제가능한 금액 등

매출액			대상액 한도계산		당기 매입액			⑯ 공제가능한 금액 (=⑫-⑭)
⑧ 합계	⑨ 예정분	⑩ 확정분	⑪ 한도율	⑫ 한도액	⑬ 합계	⑭ 세금계산서	⑮ 영수증 등	
150,000,000	30,000,000	120,000,000	80%	120,000,000	128,000,000	40,000,000	88,000,000	80,000,000

나. 과세기간 공제할 세액

⑰ 공제대상금액 (=⑮과 ⑯의 금액 중 적은 금액)	공제대상세액		이미 공제받은 세액			㉓ 공제(납부)할 세액 (=⑲-⑳)
	⑱ 공제율	⑲ 공제대상 세액	⑳ 합계	㉑ 예정 신고분	㉒ 월별 조기분	
80,000,000	3/103	2,330,097	466,019	466,019		1,864,078

(3) 더존에서 재활용 폐자원 매입세액공제 입력

① step1: 중고차 매매업자 및 수출업자는 기초 환경설정에서 중고자동차 차량 등록을 사용할 수 있도록 환경설정을 합니다.

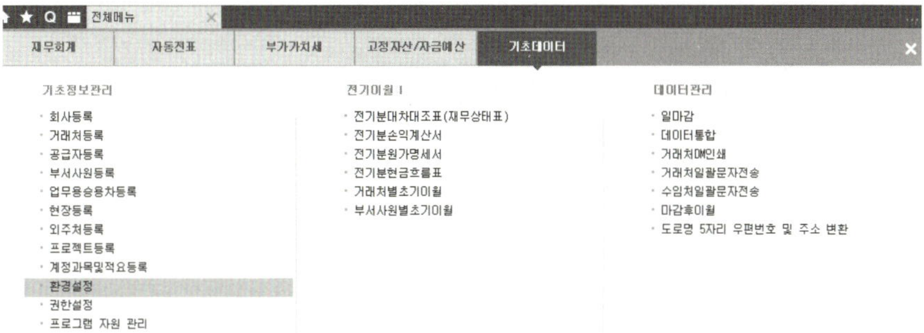

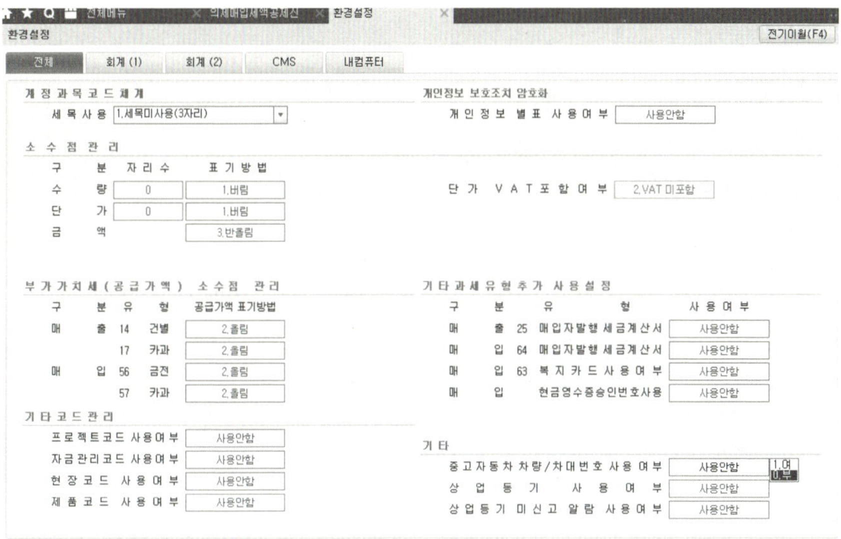

② step 2 : 매입내역을 입력

매입내역을 입력하는 방법은 두 가지가 있습니다.

㉠ 먼저 전표에 계산서를 발급받은 경우에는 유형을 53면세매입, 영수증 등을 받은 경우에는 유형을 60면건으로 입력하고 재활용 폐자원 세액공제신고서에서 불러오기를 실행합니다. 이때 중고차

의 경우에는 차량 원부를 보고차량 번호 및 차대번호를 입력해야 합니다.

㉡ 엑셀로 재활용 폐자원 매입자 명세를 전산에 업로드 한 후 전표를 통합해서 기표합니다.

위의 그림처럼 기능모음에서 엑셀 내려받기를 실행하면 다음과 같은 엑셀 서식을 다운받을 수 있습니다.

취득일자	성명(상호)	주민등록번호 (사업자등록번호)	구분	품명	수량	취득금액	공제율	차량번호	차대번호	건수

엑셀 자료를 생성 후 엑셀 불러오기를 실행하고 업로드 된 자료를 확인합니다.

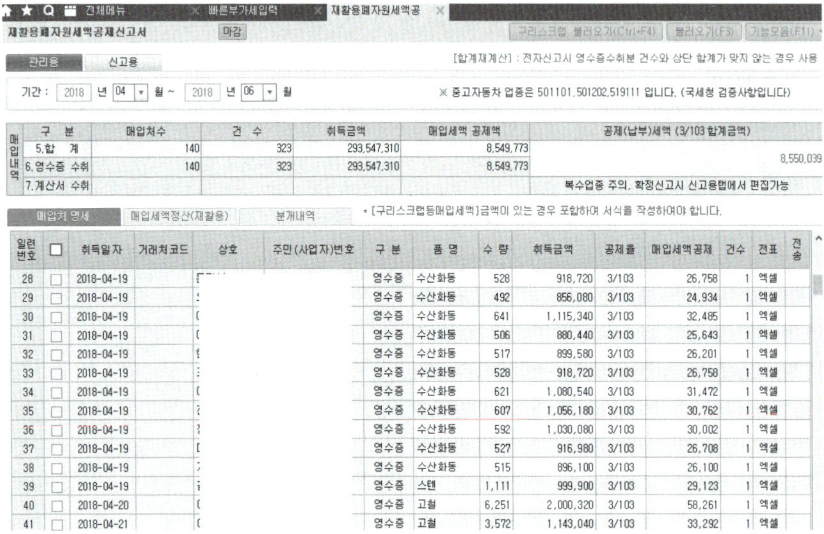

재활용폐자원세액공제신고서 [마감]

구리스크랩 불러오기(Ctrl+F4) | 불러오기(F3) | 기능모음(F11)

관리용 | 신고용

[합계재계산] : 전자신고시 영수증수취분 건수와 상단 합계가 맞지 않는 경우 사용

기간 : 2018 년 04 월 ~ 2018 년 06 월

※ 중고자동차 업종은 501101,501202,519111 입니다. (국세청 검증사항입니다)

매입내역 구 분	매입처수	건 수	취득금액	매입세액 공제액	공제(납부)세액 (3/103 합계금액)
5.합 계	140	323	293,547,310	8,549,773	8,550,039
6.영수증 수취	140	323	293,547,310	8,549,773	
7.계산서 수취					복수업종 주의, 확정신고시 신고용탭에서 편집가능

매입처 명세 | 매입세액정산(재활용) | 분개내역

* [구리스크랩등매입세액]금액이 있는 경우 포함하여 서식을 작성하여야 합니다.

일련번호	☐	취득일자	거래처코드	상호	주민(사업자)번호	구 분	품 명	수 량	취득금액	공제율	매입세액공제	건수	전표	전송
28	☐	2018-04-19				영수증	수산화동	528	918,720	3/103	26,758	1	엑셀	
29	☐	2018-04-19				영수증	수산화동	492	856,080	3/103	24,934	1	엑셀	
30	☐	2018-04-19				영수증	수산화동	641	1,115,340	3/103	32,485	1	엑셀	
31	☐	2018-04-19				영수증	수산화동	506	880,440	3/103	25,643	1	엑셀	
32	☐	2018-04-19				영수증	수산화동	517	899,580	3/103	26,201	1	엑셀	
33	☐	2018-04-19				영수증	수산화동	528	918,720	3/103	26,758	1	엑셀	
34	☐	2018-04-19				영수증	수산화동	621	1,080,540	3/103	31,472	1	엑셀	
35	☐	2018-04-19				영수증	수산화동	607	1,056,180	3/103	30,762	1	엑셀	
36	☐	2018-04-19				영수증	수산화동	592	1,030,080	3/103	30,002	1	엑셀	
37	☐	2018-04-19				영수증	수산화동	527	916,980	3/103	26,708	1	엑셀	
38	☐	2018-04-19				영수증	수산화동	515	896,100	3/103	26,100	1	엑셀	
39	☐	2018-04-19				영수증	스텐	1,111	999,900	3/103	29,123	1	엑셀	
40	☐	2018-04-20				영수증	고철	6,251	2,000,320	3/103	58,261	1	엑셀	
41	☐	2018-04-21				영수증	고철	3,572	1,143,040	3/103	33,292	1	엑셀	

이후 이 합계를 1번의 경우와 같이 분개처리를 합니다.

여기까지 입력했으면 서식 중 어디까지 입력이 된 것일까요? 신고서식 중 아래의 두 부분이 입력된 것입니다.

2. 재활용폐자원 등 매입 합계

구분	매입처수	건수	취득금액	매입세액 공제액
⑤ 합 계				
⑥ 영수증 수취분				
⑦ 계산서 수취분				

4. 영수증 수취분에 대한 매입처 명세(합계금액으로 기재, 단 중고자동차는 거래건별로 기재)

일련번호	㉔ 공급자		㉕ 건수	㉖ 품명	㉗ 수량	㉘ 차량번호	㉙ 차대번호	㉚ 취득금액
	성명 또는 상호(기관명)	주민등록번호 또는 사업자등록번호						
합계								
1								
2								
3								
4								
5								

③ step 3: 예정신고시에는 공제대상 금액의 한도체크가 없으므로 이대로 마감합니다.

④ step 4: 확정신고시에는 매입세액정산(재활용) 화면에서 공제대상 금액의 한도를 검토합니다.

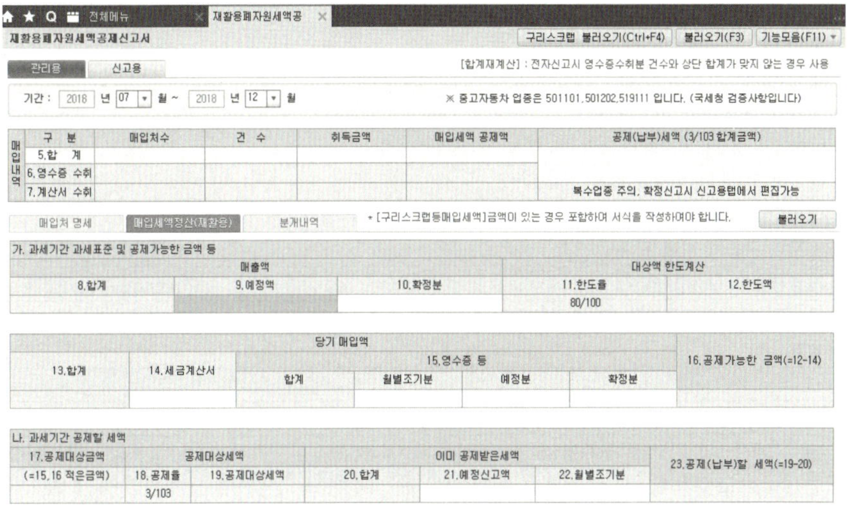

⑤ step 5: 일반전표 화면에서 매입세액공제에 대한 분개를 합니다. 분개는 의제매입세액공제와 같이 처리하면 됩니다.

6 매입세액 불공제 및 겸영사업자의 매입세액 안분계산

(1) 매입세액 불공제

매입세액 불공제는 매입세금계산서를 처리할 때 설명하였어야 하나 공통매입세액과 결부되는 점이 있어 뒤로 설명을 미루었습니다. 우선 작성되는 서식의 순서를 보면서 설명드리겠습니다. 우선 공제받지 못할 매입세액 명세를 봅시다. 서식은 다음과 같습니다.

공제받지 못할 매입세액 명세서

년 제 기 (월 일 ~ 월 일)

※ 뒤쪽의 작성방법을 읽고 작성하시기 바랍니다. (앞쪽)

1. 제출자 인적사항

상호(법인명)	성명(대표자)	사업자등록번호

2. 공제받지 못할 매입세액 명세

매입세액 불공제 사유	세금계산서			비고
	매수	공급가액	매입세액	
① 필요적 기재사항 누락 등				
② 사업과 직접 관련 없는 지출				
③ 비영업용 소형승용자동차 구입·유지 및 임차				
④ 접대비 및 이와 유사한 비용 관련				
⑤ 면세사업등 관련				
⑥ 토지의 자본적 지출 관련				
⑦ 사업자등록 전 매입세액				
⑧ 금·구리 스크랩 거래계좌 미사용 관련 매입세액				
⑨ 합계				

3. 공통매입세액 안분 계산 명세

일련번호	과세·면세사업등 공통매입		⑫ 총공급가액 등	⑬ 면세공급가액 등	⑭ 불공제 매입세액 [⑪×(⑬÷⑫)]
	⑩ 공급가액	⑪ 세액			
1					
2					
3					
합계					

4. 공통매입세액의 정산 명세

일련번호	⑮ 총공통매입세액	⑯ 면세사업등 확정비율	⑰ 불공제 매입세액 총액(⑮×⑯)	⑱ 기 불공제 매입세액	⑲ 가산 또는 공제되는 매입세액(⑰－⑱)
1					
2					
합계					

5. 납부세액 또는 환급세액 재계산 명세

일련번호	⑳ 해당 재화의 매입세액	㉑ 경감률[1－(5/100 또는 25/100×경과된 과세기간의 수)]	㉒ 증가 또는 감소된 면세공급가액(사용 면적) 비율	㉓ 가산 또는 공제되는 매입세액 (⑳×㉑×㉒)
1				
2				
합계				

위 서식 중 '2. 공제받지 못할 매입세액 명세'는 직 부인되는 매입세액의 명세입니다. 우리가 매입세액 불공제 사유에서 배웠던 유형은 불공을 선택하고 불공제 사유는 아래와 같은 여러 가지 중 한가지를 선택하면 됩니다.

위와 같이 분개한 내역은 '부가가치세 – 첨부서류' 화면에서 매입세액 불공제 내역 화면을 선택하여 2 공제받지 못할 매입세액 화면에서 불러오기를 실행하면 됩니다.

'3. 공통매입세액 안분계산 명세', '4. 공통매입세액의 정산 명세', '5. 납부세액 또는 환급세액 재계산 명세'는 우리가 뒤에서 배울 겸영사업자의 매입세액 불공제를 공부할 때 작성하는 란입니다.

위 표를 보면 매입세액 불공제는 크게 두 분류가 있다는 것을 알 수 있습니다. 즉 바로 불공제되는 매입세액과 겸영사업자의 면세사업사용분이 그것입니다. 따라서 위의 서식이 작성되면 아래와 같이 부가가치세 신고서 2page의 '(16)공제받지 못할 매입세액'란의 A~D란이 작성되고 이 결과(E)가 부가가치세 1page의 '공제받지 못할 매입세액'란이 작성됩니다.

(16) 공제받지 못할 매입세액 명세	구 분		금 액	세율	세 액
	공제받지 못할 매입세액	(49)	A		B
	공통매입세액 면세사업등분	(50)	C		D
	대 손 처 분 받 은 세 액	(51)			
	합 계	(52)			E

매입 세액				금액	세율	세액
	세금계산서 수 취 분	일 반 매 입	(10)			
		수출기업 수입분 납부유예	(10-1)			
		고정자산 매입	(11)			
	예 정 신 고 누 락 분		(12)			
	매 입 자 발 행 세 금 계 산 서		(13)			
	그 밖 의 공 제 매 입 세 액		(14)			
	합계(10)-(10-1)+(11)+(12)+(13)+(14)		(15)			
	공 제 받 지 못 할 매 입 세 액		(16)			E
	차 감 계 (15)-(16)		(17)		㉯	

이러한 계산 구조를 본다면 부가가치세 매입세액공제액은 다음과 같이 계산됨을 알 수 있습니다.

매입세금계산서 전체
– 직접 매입세액공제 불공제분
– 겸영사업자의 공통 매입세액 중 면세사업분
= 매입세액

(2) 겸영사업자의 매입세액 안분계산

1) 매입세액공제 부인 구조

① 부인의 시기에 대한 구조 이해

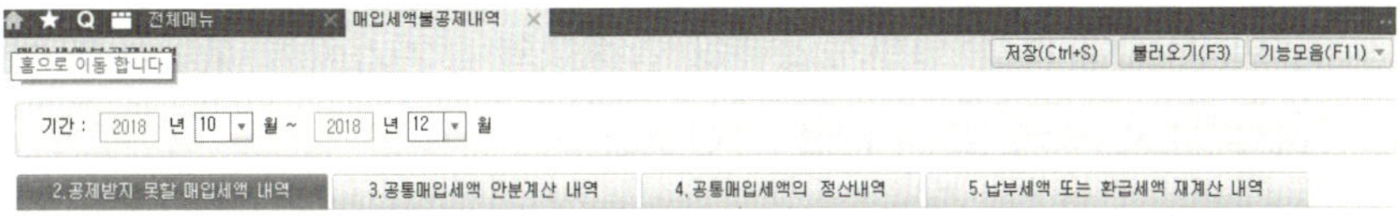

공제받지 못할 매입세액 내역			
불공제사유	세금계산서		
	매수	공급가액	매입세액
①필요한 기재사항 누락			
②사업과 직접 관련 없는 지출			
③비영업용 소형 승용 자동차구입 및 유지			
④접대비 및 이와 유사한 비용 관련	1	10,000,000	1,000,000
⑤면세사업 관련			
⑥토지의 자본적 지출 관련			
⑦사업자등록 전 매입세액			
⑧금.구리 스크랩 거래계좌 미사용 관련 매입세액			
⑨ 합 계	1	10,000,000	1,000,000

구분	공급가액	세액
공통매입세액 안분 계산		
공통매입세액 정산 내역		
납부세액 또는 환급세액 재계산 내역		
총계(불공제매입세액,안분,정산,재계산의 공급가액과 세액)	10,000,000	1,000,000

더존의 3번, 4번, 5번 화면은 각각 '공제받지 못할 매입세액 명세서' 서식의 양식과 일치합니다. 이 중 2 공제받지 못할 매입세액 명세는 예정신고기간 혹은 확정신고기간마다 작성하는 것이며, 3 공통매입세액 안분계산 내역은 예정신고 혹은 월별 조기신고 시, 개인사업자의 부가가치세 작성하는 것이고 4 공통매입 세액의 정산내역은 확정신고시 작성하게 됩니다. 그리고 5 납부세액 또는 환급세액 재계산 내역은 공통매입세액 안분계산의 대상이 되었던 고정자산에 대해 면세공급가액 비율이 5% 이상 증감한 경우에 작성합니다.

② 부인의 회계처리의 구조에 대한 이해

앞서 매입세액은 다음과 같은 구조로 계산한다고 했습니다.

매입세금계산서 전체
− 직접 매입세액공제 불공제분
− 겸영사업자의 공통 매입세액 중 면세사업분

= 매입세액

위의 구조에 따라 겸영사업자의 임대료의 부가가치세 부인분은 아래와 같이 분개 되어야 할 것입니다.

사 례

임대료 공급가액 1,000,000원 면세사업비율 40%
− 세금계산서 수취시

차)		대)		
임 대 료	1,000,000	예 금	1,100,000
부가세대급금	100,000		

− 안분계산시

차)		대)	
임 대 료	40,000	부가세대급금	40,000

그런데 더존에서는 반대로 분개합니다. 서식을 자동작성하기 위한 어쩔 수 없는 선택일 수밖에 없는데 아래와 같이 분개하는 구조입니다.
− 세금계산서 수취시

차)		대)	
임 대 료	1,100,000	예 금	1,100,000

− 안분계산시

차)		대)	
부가세대급금	60,000	임대료	60,000

2) 공통매입세액의 안분계산

① 안분계산의 방법

법인의 예정신고기간 혹은 개인사업자의 면세사업에 관련된 매입세액(매입세액 불공제되는 매입세액)

$$= \text{총공통매입세액} \times \text{해당 과세기간의} \frac{\text{면세공급가액}}{\text{총공급가액}}$$

㉠ 공통 사용 재화를 공급받은 과세기간 중에 해당 재화를 공급하여 직전 과세기간의 공급가액 실적에 따라 공급가액을 재계산한 재화에 대해서는 직전 과세기간의 공급가액 실적을 기준으로 안분

㉡ 해당 과세기간의 과세사업과 면세사업의 공급가액 중 어느 하나가 없는 경우 안분계산 기준은 다음의 순서에 따라 적용 - 가

Ⓐ (총매입가액 - 공통매입가액)에 대한 면세사업 매입가액 비율

Ⓑ 총예정공급가액에 대한 면세사업에 관련된 예정공급가액 비율

Ⓒ 총예정사용면적에 대한 면세사업에 관련된 예정사용면적 비율

다만 건물 및 구축물을 신축하거나 취득하여 과세사업과 면세사업에 제공할 예정면적을 구분할 수 있는 경우에는 Ⓒ를 우선적으로 사용하며, 이후에 과세사업과 면세사업의 공급가액이 모두 발생하여 각 공급가액 비율로 면세비율을 계산한 경우에도 Ⓒ를 적용하고, 과세사업과 면세사업의 사용면적이 확정되는 과세기간에 면세사용면적비율에 따라 공통매입세액을 정산합니다.

② 안분계산의 배제

다음과 같은 경우에는 안분계산을 적용하지 않습니다.

㉠ 해당 과세기간의 총공급가액 중 면세공급가액이 5% 미만인 경우. 단 공통매입세액이 500만원 이상인 경우는 제외

㉡ 해당 과세기간 중의 공통매입세액이 5만원 미만인 경우

㉢ 해당 과세기간에 신규로 사업을 개시한 사업자가 해당 과세기간에 공급한 공통사용재화의 경우

3) 공통매입세액의 정산

위와 같이 계산한 공통매입세액은 확정신고 시, 혹은 위의 '가'의 경우에 해당한 경우에는 공급가액 및 사용면적이 확정되는 과세기간의 확정신고 시 정산합니다.

① 예정신고분을 확정신고 시 정산하는 경우 불공제 매입세액

$$= \text{총공통매입세액} \times \text{해당 과세기간의} \frac{\text{면세공급가액}}{\text{총공급가액}} - \text{기 불공제 매입세액}$$

② 예정신고 혹은 확정신고 시 면세 혹은 과세사업의 공급가액이 없어 예외적인 안분계산기준을 적용한 경우의 불공제 매입세액

㉠ 처음에 매입가액 비율 또는 예정공급가액 비율로 공통매입세액을 안분계산한 경우 불공제 매입세액

$$= \begin{matrix}\text{총공통}\\\text{매입세액}\end{matrix} \times \begin{matrix}\text{과세사업과 면세사업의}\\\text{공급가액이 확정되는 과세기간의}\end{matrix} \frac{\text{면세공급가액}}{\text{총공급가액}} - \begin{matrix}\text{기불공제}\\\text{매입세액}\end{matrix}$$

㉡ 처음에 예정사용면적 비율로 계산한 경우 불공제 매입세액

$$= \begin{matrix}\text{총공통}\\\text{매입세액}\end{matrix} \times \begin{matrix}\text{과세사업과 면세사업의}\\\text{사용면적이 확정되는 과세기간의}\end{matrix} \frac{\text{면세공급가액}}{\text{총공급가액}} - \begin{matrix}\text{기불공제}\\\text{매입세액}\end{matrix}$$

사 례

예정신고 시 안분계산 후 확정신고 시 정산하는 사례

A사의 과세기간과 확정신고기간의 매출이 다음과 같은 경우 공통매입세액 계산대상으로 임대료 공급가액이 매월 10,000,000원이 있습니다.

구 분	과세사업공급가액	면세사업공급가액	합 계
2018.1.1. ~ 3.31.	400,000,000	600,000,000	1,000,000,000
2018.4.1. ~ 6.30.	200,000,000	800,000,000	1,000,000,000
합 계	600,000,000	1,400,000,000	2,000,000,000

예정신고 시 불공제 매입세액은 1,800,000원이 되고 서식은 다음과 같이 작성됩니다.

$$= 3{,}000{,}000 \times \frac{600{,}000{,}000}{1{,}000{,}000{,}000} = 1{,}800{,}000$$

확정신고 시 불공제 매입세액은 1,200,000원이 되고 서식은 다음과 같이 작성됩니다.

$$= 6{,}000{,}000 \times \frac{1{,}000{,}000{,}000}{2{,}000{,}000{,}000} - 1{,}800{,}000 = 1{,}200{,}000$$

3. 공통매입세액 안분 계산 명세

일련번호	과세・면세사업등 공통매입		⑫ 총공급가액 등	⑬ 면세공급가액 등	⑭ 불공제 매입세액 [⑪×(⑬÷⑫)]
	⑩ 공급가액	⑪ 세액			
1	30,000,000	3,000,000	1,000,000,000	600,000,000	1,800,000
2					
3					
합계					

4. 공통매입세액의 정산 명세

일련번호	⑮ 총공통매입세액	⑯ 면세사업등 확정비율	⑰ 불공제 매입세액 총액(⑮×⑯)	⑱ 기 불공제 매입세액	⑲ 가산 또는 공제되는 매입세액(⑰−⑱)
1	6,000,000	50%	3,000,000	1,800,000	1,200,000
2					
합계					

예정신고 시는 3번, 확정신고 시는 4번이 작성되는 것입니다.

매입 과세기간에는 공급가액이 없어 예정공급가액 기준으로 매입세액공제를 받은 경우

2017년 1기에 사업을 시작한 A사는 공장건설에 시간이 소요되어 2018년 2기에 공장을 완성. A사는 예정공급가액의 비율이 과세 8, 면세 2일 것으로 예상했으나 실제 2018년 2기 공급가액 비율은 과세 7, 면세 3이였으며 각 과세기간의 공통매입세액은 다음과 같다고 가정.

구분	2017년 1기	2017년 2기	2018년 1기	합계
공통매입세액	100,000,000	200,000,000	300,000,000	600,000,000

이 경우 A사의 각 기별 매입세액 불공제액은 다음과 같습니다.

2017년 1기 100,000,000 × 0.2 = 20,000,000

2017년 2기 200,000,000 × 0.2 = 40,000,000

2018년 1기 300,000,000 × 0.2 = 60,000,000

2018년 2기 600,000,000 × 0.3 = 120,000,000 = 60,000,000

따라서 2018년 2기의 서식은 다음과 같이 작성됩니다.

4. 공통매입세액의 정산 명세

일련번호	⑮ 총공통매입세액	⑯ 면세사업등 확정비율	⑰ 불공제 매입세액 총액(⑮×⑯)	⑱ 기 불공제 매입세액	⑲ 가산 또는 공제되는 매입세액(⑰-⑱)
1	600,000,000	30%	180,000,000	120,000,000	60,000,000
2					
합계					

4) 더존에서의 공통매입세액 안분

공통매입세액 안분 구조를 설명드릴 때 더존에서는 서식과 반대로 분개한다고 말씀드렸습니다. 왜 그런지 사례를 봅시다.

① 공통매입세액 안분계산 대상 증빙입력

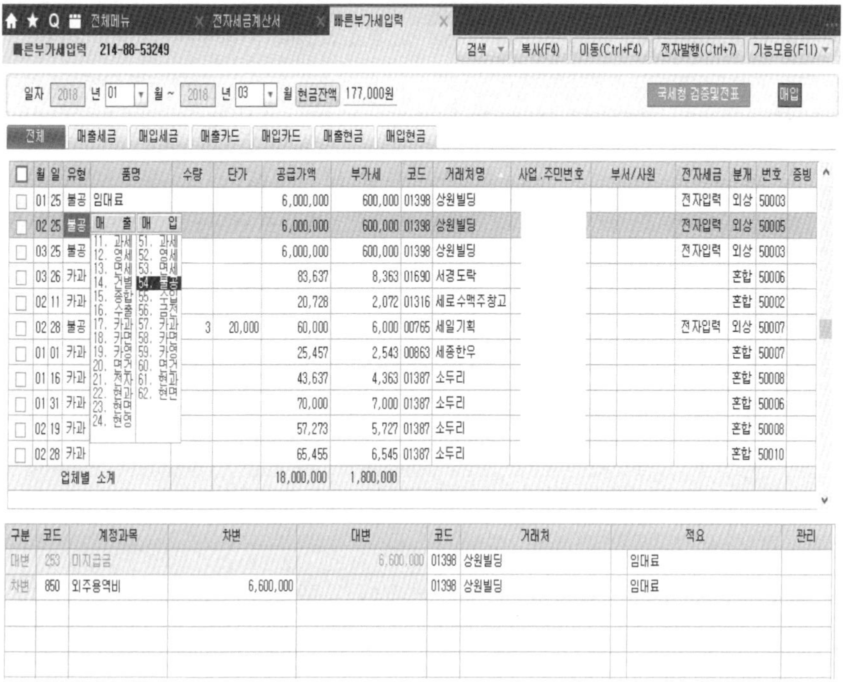

위와 같이 유형은 불공을 선택하고 불공제 사유에 공통매입세액 안분계산 분을 선택합니다. 이때 분개를 보시면 더존에서 공통매입세액 불공제분에 대해서 왜 이렇게 분개하는지 알 수 있습니다.

해당 증빙에 대해서 전체 금액을 불공제 → 공통매입세액 공제분을 다시 일반전표 입력

위와 같은 구조이기 때문입니다.

② 예정신고 시 공통매입세액 안분계산과 분개

매입세액불공제내역

기간 : 2018 년 01 월 ~ 2018 년 03 월

2.공제받지 못할 매입세액 내역 | 3.공통매입세액 안분계산 내역 | 4.공통매입세액의 정산내역 | 5.납부세액 또는 환급세액 재계산 내역

	계산식	구분	과세,면세 사업 공통매입 (10)공급가액	(11)세액	(12)총공급가액 등 (총예정사용면적)	(13)면세공급가액 등 (총예정사용면적)	(14)불공제 매입세액 (⑪×⑬÷⑫)
1	1.공급가액기준		41,354,994	4,135,324	147,038,158	102,746,988	2,889,672
2							
	합 계		41,354,994	4,135,324	147,038,158	102,746,988	2,889,672

위와 같이 3번란에서 불러오기를 실행하고 공급가액을 입력하면 됩니다. 따라서 예정신고 시 공통매입세액 불공제액은 2,889,672원이 됩니다.

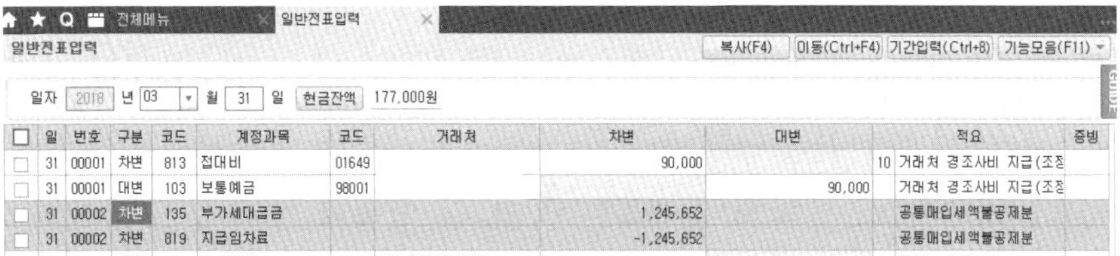

일반전표입력

일자 2018 년 03 월 31 일 현금잔액 177,000원

일	번호	구분	코드	계정과목	코드	거래처	차변	대변	적요	증빙
31	00001	차변	813	접대비	01649		90,000		10 거래처 경조사비 지급(조정	
31	00001	대변	103	보통예금	98001			90,000	거래처 경조사비 지급(조정	
31	00002	차변	135	부가세대급금			1,245,652		공통매입세액불공제분	
31	00002	차변	819	지급임차료			-1,245,652		공통매입세액불공제분	

그리고 일반분개에서 위와 같이 분개합니다. 처음에 증빙을 입력할 때 전체 증빙을 불공제되는 매입세액 4,135,324원 − 2,889,672원 = 1,245,652원을 부가가치세를 공제받을 수 있도록 부가가치세 대급금을 계상하는 것입니다.

부가세 대급금의 상대계정은 원래 학문상으로는 매입세액 안분계산의 대상이 되는 계정을 따라가야 합니다. 위에서는 과정만 이해하기 위해 지급임차료 하나만 계상했지만 원래의 분개는 각 증빙의 성격에 따라 자산 혹은 증빙의 성격에 맞는 비용 계정이 되어야 합니다.

차) 부가세대급금 1,000,000
임 차 료 −200,000
통 신 비 −600,000
상 품 −200,000

위의 분개와 같이 구분해야 한다는 뜻이지요. 하지만 실무상으로는 번거롭고 금액이 적은 경우에는

차) 부가세대급금 1,000,000 대) 잡이익 1,000,000

과 같이 처리해도 무방하리라 생각됩니다.

③ 확정신고 시 공통매입세액 정산과 분개

확정신고기간에도 공통매입세액의 안분계산 대상이 되는 증빙이 있다면 ①과 같이 분개하고 매입세액 불공제 내역 4번을 작성합니다.

	계산식	구분	(15)총공통 매입세액	(16)면세사업 확정비율(%)			(17)불공제매입세액총액 ((15)×(16))	(18)기 불공제 매입세액	(19)가산또는공제되는 매입세액((17)-(18))
				면세공급가액 (면세사용면적)	총공급가액 (총사용면적)	면세비율(%)			
1	1.면세공급가액기준		9,897,095	271,563,399	415,644,875	65.335437	6,466,310	2,889,672	3,576,638
2									
총공통매입세액 참고사항			4,914,545						
합 계			9,897,095	271,563,399	415,644,875		6,466,310	2,889,672	3,576,638

공통매입세액 9,897,095 × (면세.과세 사업의 공급가액이 확정되는 과세기간의 면세공급가 271,563,399 / 면세.과세 사업의 공급가액이 확정되는 과세기간의 총공급가 415,644,875) (면세비율%) 65.335437 − 기 불공제 매입 2,889,672 = 불공제매입세액 3,576,638

※ 비율로 입력합니다.(50% -> 50)

이후 다음의 금액에 대해 ②와 같이 분개합니다.

	공통매입세액 총액	9,897,095
-	불공제매입세액 총액	6,466,310
-	기공제매입세액 총액	1,245,652
=	공제매입세액	2,185,133

5) 납부세액 혹은 환급세액의 재계산

① 대상 자산

공통매입세액 안분계산에 따라 매입세액이 공제된 **감가상각자산**

② 재계산 시기

직전 계산 혹은 재계산 시의 면세비율과의 차이가 **5% 이상인 확정 신고기간**

③ 재계산 이유

감가상각대상 자산에 대하여 공통매입세액 안분계산에 따라 매입세액이 공제된 후에 면세 비중이 증가하거나 감소 된 경우 당초의 매입세액공제가 과소하거나 과대해지는 경우가 있기 때문입니다.

④ 불공제 매입세액(음수이면 추가 공제되는 매입세액)

= 매입세액 × (1 - 체감률 × 경과된 과세기간 수) × 증가된 면세비율

체감률 : 건물 및 구축물 5%, 그 밖의 감가상각자산 25%

경과 된 과세기간 수 : 1.1. 및 7.1.이 몇 번 지나갔는지 세면 됩니다. 다만 체감률이 5%, 25%이므로 건물 및 구축물은 20, 기타 감가상각자산은 4를 한도로 합니다.

증가 된 면세비율

면세공급가액비율로 안분계산한 경우 : 증감된 면세공급가액비율

면세사용면적비율로 안분계산한 경우 : 증감된 면세사용면적비율

⑤ 재계산의 배제

㉠ 재화의 공급의제에 해당하는 경우

㉡ 공통사용재화인 감가상각자산을 공급하여 과세표준에 포함되는 공급가액의 안분계산을 한 경우

위의 두 가지 모두 매출세액에서 면세비율의 변화가 반영되므로 매입세액계산 시에는 재계산을 하지 않는 것입니다.

사 례

A사는 사업용 건물을 공급가액 500,000,000원에 2017.4.25.에 매입하였고 각 과세기간의 공급가액은 다음과 같습니다.

과세기간	과세공급가액	면세공급가액	합계	면세비율
2017년 1기	120,000,000	280,000,000	400,000,000	30%
2017년 2기	250,000,000	250,000,000	500,000,000	50%
2018년 1기	240,000,000	360,000,000	600,000,000	40%
2018년 2기	301,000,000	399,000,000	700,000,000	43%

이때 건물분 매입세액 불공제액은 다음과 같습니다.

2017년 1기 50,000,000원 × 30% = 15,000,000원

2017년 2기 면세비율 증가 20% 〉 5% 이므로 재계산

불공제 매입세액 = 50,000,000원 × (1 - 5% × 1) × 20% = 9,500,000원

2017년 1기 면세비율 감소 5% 〉 5% 이므로 재계산

불공제 매입세액 = 50,000,000원 × (1 - 5% × 2) × 10% = -4,500,000원

따라서 4,500,000원을 추가로 공제합니다.

2017년 2기 면세비율 증가 5% 〈 5% 이므로 재계산하지 않습니다.

⑥ 분개

면세비율이 증가하면 불공제매입세액이 많아지므로 자산의 증가에 해당합니다. 반대로 면세비율이 감소하면 추가 공제세액이 생기므로 자산의 감소에 해당합니다. 따라서 위와 같은 건물의 경우라면 다음과 같이 분개합니다.

- 면세비율이 증가한 경우 차) 건 물 ×××
  대) 부가세 대급금 ×××
- 면세비율이 감소한 경우 차) 부가세 대급금 ×××
  대) 건 물 ×××

6) 과세전환 매입세액공제

그러면 원래 매입세액 안분계산의 대상이 아니었던 면세사업 전용 감가상각 자산이 과세사업용으로 사용하는 경우에는 어떨까요?

논리는 4)와 동일합니다. 단지 공통사용재화가 아니므로 면세비율의 증감을 고려하지 않아도 됩니다.

① 과세전환 매입세액 공제액

= 취득 당시 면세사업과 관련하여 공제되지 않은 매입세액 × [1 − 체감률 × 경과된 과세기간 수]

4)와 비교하여 면세비율만 적용하지 않을 뿐 산식이 동일함을 알 수 있습니다.

② 기타 사항

과세전환 매입세액 공제는 확정신고 시만 적용하고 이후 과세와 면세사업에 공통으로 사용하는 경우는 4)와 동일합니다.

7 대손세액공제 및 변제대손세액, 대손 처분받은 세액

대손세액공제는 변제대손세액공제, 대손 처분받은 세액과 같이 정리해야 합니다. 부가가치세 납부세액 구조에서 대손과 관련된 내용만 정리해 봅시다.

매출세액(1단계) = 과세표준 × 세율 ① ± 대손세액 가감(공급자)
⇒ − A+D

매입세액(2단계) = 매입처별세금계산서합계표 상의 매입세액
+ 그 밖의 공제 매입세액
⑤ 변제 대손세액(공급받는 자 입장) C
− 공제받지 못할 매입세액
③ 대손처분받은 세액(공급받은 자 입장) B

논리는 이렇습니다. 공급하는 자 '갑'이 공급받는 자 '을'에게 재화를 공급하고 대가를 받지 못하였다고 가정합시다. 갑은 대금을 받지 못하였는데 매출 부가세를 부담하였으므로 세무서에 내야 하는 부가가치세에서 차감해 달라고 할 것입니다. 그러면 세무서는 갑이 내야 할 돈을 줄여주는 대신(A) 을에게 을이 돈을 안주고 매입세액공제를 받았던 금액만큼 더 세금을 걷기 위해 을의 매입세액에서 차감할 것입니다(B).

차후 을이 갑에게 물건 대금을 변제했다면 을은 B에 대해서 세무서에게 돌려달라고 할 것이고, 세무서는 을에게 부가가치세를 줄여주는 대신(C) 갑에게 공제해주었던 금액을 다시 달라고 할 것입니다(D).

이 때 공급자는 매출세액과 관련되므로 매출세액 단계에서 가감하는 것이고 공급받는 자는 매입과 관련된 것이므로 매입세액에서 가감합니다.

공급받는 자 입장에서는 세무서장이 공급자의 대손처분을 승인한 것은 내야 할 돈이므로 '대손처분받은 세액'으로 매입세금계산서에서 차감하

고, 공급자에게 변제한 세액은 돌려받아야 할 세금이므로 '변제 대손세액'으로 매입세액에 가산하는 것입니다.

부가가치세 신고서 상에서 보면 대손세액 가감은 신고서 1page (8)에서,

과세표준 및 매출세액						
	과세	세금계산서 발급분	(1)		10 / 100	
		매입자발행 세금계산서	(2)		10 / 100	
		신용카드・현금영수증 발행분	(3)		10 / 100	
		기타(정규영수증 외 매출분)	(4)			
	영세율	세금계산서 발급분	(5)		0 / 100	
		기 타	(6)		0 / 100	
	예정신고누락분		(7)			
	대손세액가감		(8)			
	합계		(9)		㉮	

변제 대손세액은 부가가치세 신고서 2page (47)에서,

	구 분			금 액	세율	세 액
(14) 그 밖의공제 매입세액 명세	신용카드매출전표등 수령명세서 제출분	일반매입	(40)			
		고정자산매입	(41)			
	의제매입세액		(42)		뒤쪽 참조	
	재활용폐자원등 매입세액		(43)		뒤쪽 참조	
	과세사업전환 매입세액		(44)			
	재고매입세액		(45)			
	변제대손세액		(46)			
	외국인 관광객에 대한 환급세액		(47)			
	합 계		(48)			

대손처분받은 세액은 부가가치세 신고서 2page (51)에서

	구 분		금 액	세율	세 액
(16) 공제받지 못할 매입세액 명세	공제받지 못할 매입세액	(49)			
	공통매입세액 면세사업등분	(50)			
	대손처분받은 세액	(51)			
	합 계	(52)			

작성되어 부가가치세 1page상에서 붉은 글씨와 같이 반영됩니다.

매입세액	세금계산서 수취분	일 반 매 입	(10)			
		수출기업 수입분 납부유예	(10-1)			
		고정자산 매입	(11)			
	예 정 신 고 누 락 분		(12)			
	매입자발행 세금계산서		(13)			
	그 밖의 공제매입세액		(14)			변제대손세액
	합계(10)-(10-1)+(11)+(12)+(13)+(14)		(15)			
	공제받지 못할 매입세액		(16)			대손처분 받은 세액
	차 감 계 (15)-(16)		(17)			

(1) 채권자 입장 : 대손세액공제 가감

① 대손 요건

대손세액공제의 핵심은 대손 요건에 해당하는지 입니다. 대손 요건은 법인은 법인세법, 개인사업자는 소득세법에 규정된 사항에 해당하여야 합니다. 기본적으로는 다음과 같은 채권에 해당합니다.

㉠ 소멸시효 완성 채권

상법, 어음법, 수표법, 민법에 따른 소멸시효 완성 채권

㉡ 채무자의 회생 및 파산에 관한 법률에 따른 회생계획의 인가 결정 또는 법원의 면책결정에 따라 회수불능으로 확정된 채권

㉢ 민사집행법 제102조에 따라 채무자의 재산에 대한 경매가 취소된 압류채권

㉣ 물품의 수출 또는 외국에서의 용역 제공으로 인하여 발생한 채권으로서 외국환거래에 관한 법령에 따라 한국은행 총재 또는 외국환은행의 장으로부터 채권 회수 의무를 면제받은 채권

기본적으로 소멸시효의 완성 이외에는 대손세액공제를 받기는 일반 실무자로서는 어렵습니다. 다만 다음과 같은 경우에는 사업자가 장부에 계상하는 것을 전제로 바로 인정할 수 있습니다.

㉠ 부도발생일로부터 6개월 이상 지난 수표 또는 어음상의 채권 및

외상매출금. 다만 채권자가 채무자의 재산에 대해 저당권을 설정한 채권은 제외

㉡ 채무자의 파산, 강제집행, 형의 집행, 사업의 폐지, 사망, 실종, 행방불명으로 인하여 회수할 수 없는 채권

㉢ 회수기일이 6개월 이상 지난 채권 중 채권가액이 채무자 별로 20만원 이하인 채권.

여러분이 보기에는 법률상의 용어도 많고 판단하시기 어려울 것입니다. 따라서 대손세액공제의 적용 여부는 여러 번 숙고하시고 결정하시는 것이 좋습니다.

② 대손세액공제의 시간적 범위

공급일로부터 5년이 지난 날이 속하는 과세기간에 대한 확정신고기한까지 신청해야 합니다.

③ 대손의 회계처리

차)	대손상각비	1,000,000	대)	외상매출금	1,100,000
	부가세예수금	100,000			

④ 대손세액공제 관련 서식

대손세액 공제(변제)신고서(갑)

접수번호	접수일	처리기간 즉시

1. 신고인 인적사항

① 상호(법인명)	② 사업자등록번호
③ 성명	④ 사업장 소재지

2. 대손세액 계산신고 내용

⑤ 대손확정 연월일	⑥ 대손 금액	⑦ 공제율 (10/110)	⑧ 대손 세액	공급받는 자			⑫ 대손 사유
				⑨ 상호	⑩ 성명	⑪ 사업자등록번호	

3. 변제세액 계산신고 내용

⑬ 변제 연월일	⑭ 변제 금액	⑮ 공제율 (10/110)	⑯ 변제 세액	공급자			⑳ 변제 사유
				⑰ 상호	⑱ 성명	⑲ 사업자등록번호	

「부가가치세법 시행령」 제87조 제4항에 따라 대손세액을 공제받기(매입세액에 가산하기) 위하여 신고합니다.

년 월 일

신고인 (서명 또는 인)

세 무 서 장 귀하

첨부서류	1. 대손확정사실을 증명하는 서류 및 관련 세금계산서 2. 변제사실을 증명하는 서류	수수료 없 음

대손세액공제는 위 표의 2번란을 작성하는 것입니다. 대손세액공제는 위에서 언급한 바와 같이 매입세액에서 공제하는 것이 아니라 매출세액에서 공제한다는 것을 꼭 기억합시다.

⑤ 대손세액공제의 더존 입력

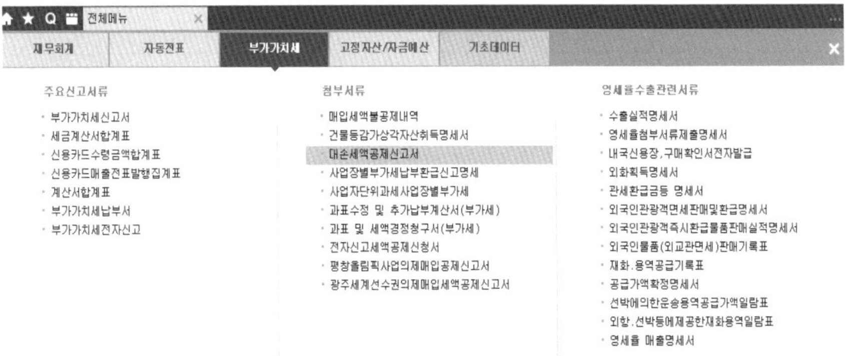

대손세액공제는 위의 대손세액공제 신고서상의 대손발생에서 입력합니다.

위의 화면에서 보듯이 대손사유를 반드시 기재하고 채무자와 관련된 사항을 입력하면 됩니다. 추후 채무자가 대금을 변제하고 변제대손세액공제를 받는다면 채권자는 공제받은 대손세액을 다시 납부하여야 합니다. 그러나 대손 요건에서 보듯이 잘 발생하지는 않습니다. 위의 내역이 작성되었다면 부가가치세 신고서 1page 매출세액의 대손세액 가감란에 표시됩니다.

<table>
<tr><td rowspan="9">과세
표준
및
매출
세액</td><td rowspan="4">과세</td><td>세금계산서 발급분</td><td>(1)</td><td></td><td>10/100</td><td></td></tr>
<tr><td>매입자발행 세금계산서</td><td>(2)</td><td></td><td>10/100</td><td></td></tr>
<tr><td>신용카드·현금영수증 발행분</td><td>(3)</td><td></td><td rowspan="2">10/100</td><td></td></tr>
<tr><td>기타(정규영수증 외 매출분)</td><td>(4)</td><td></td><td></td></tr>
<tr><td rowspan="2">영세율</td><td>세금계산서 발급분</td><td>(5)</td><td></td><td>0/100</td><td></td></tr>
<tr><td>기타</td><td>(6)</td><td></td><td>0/100</td><td></td></tr>
<tr><td colspan="2">예정신고누락분</td><td>(7)</td><td></td><td></td><td></td></tr>
<tr><td colspan="2">대손세액가감</td><td>(8)</td><td></td><td></td><td></td></tr>
<tr><td colspan="2">합계</td><td>(9)</td><td></td><td>㉮</td><td></td></tr>
</table>

⑵ 채무자 입장 : 변제대손세액공제 및 대손 처분받은 세액

변제대손세액공제는 채무자가 대손 처분받은 채무를 상환하였을 경우 작성됩니다. 변제대손세액을 공제받으려면 서식의 3번란을 작성하면 됩니다.

3. 변제세액 계산신고 내용

<table>
<tr><td rowspan="2">⑬ 변제
연월일</td><td rowspan="2">⑭ 변제
금액</td><td rowspan="2">⑮ 공제율
(10/110)</td><td rowspan="2">⑯ 변제
세액</td><td colspan="3">공급자</td><td rowspan="2">⑳ 변제 사유</td></tr>
<tr><td>⑰ 상호</td><td>⑱ 성명</td><td>⑲ 사업자등록번호</td></tr>
<tr><td></td><td></td><td></td><td></td><td></td><td></td><td></td><td></td></tr>
<tr><td></td><td></td><td></td><td></td><td></td><td></td><td></td><td></td></tr>
<tr><td></td><td></td><td></td><td></td><td></td><td></td><td></td><td></td></tr>
</table>

더존에서는 아래의 서식을 작성하면 됩니다.

위의 서식을 작성하면 부가가치세 신고서 2page의 매입세액공제에서 붉은 글씨에 해당하는 란에 결과값이 포함됩니다.

	구 분			금 액	세율	세 액
(14) 그 밖의 공제 매입 세액 명세	신용카드매출전표등 수령명세서 제출분	일 반 매 입	(40)			
		고정자산매입	(41)			
	의 제 매 입 세 액		(42)		뒤쪽 참조	
	재 활 용 폐 자 원 등 매 입 세 액		(43)		뒤쪽 참조	
	과세사업전환 매입세액		(44)			
	재 고 매 입 세 액		(45)			
	변 제 대 손 세 액		(46)			
	외국인 관광객에 대한 환급세액		(47)			
	합 계		(48)			

한편 공급자가 대손세액공제를 받으면 공급자의 관할 세무서장은 공급받은 자의 관할 세무서장에게 통지하게 되고 공급받는 자의 관할 세무서장은 공급받은 자에게 빼야 할 세액을 결정 또는 경정 통지하게 됩니다. 따라서 대손 처분받은 세액란은 공급받는 자가 직접 작성하여 신고하는 경우는 발생하지 않습니다. 하지만 관할 세무서장의 대손처분을 받아 공급받은

과세기간의 수정신고를 한다면 대손처분에 관한 서식이 작성됩니다.

(16) 공제받지 못할 매입세액 명세	구 분		금 액	세율	세 액
	공제받지 못할 매입세액	(49)			
	공통매입세액 면세사업등분	(50)			
	대 손 처 분 받 은 세 액	(51)			
	합 계	(52)			

위의 붉은색 란이 작성되는 것인데 이 경우 수정신고에 따른 신고불성실 가산세와 납부불성실 가산세는 부과하지 않습니다.

X

차가감납부세액의 계산

이제 어디까지 공부했는지 봅시다. 부가가치세는 세 단계를 거쳐 계산된다고 말씀드린 바를 기억해 봅시다. 그리고 앞으로 돌아가 목차를 봅시다. 어디까지 배웠을까요? 2단계까지는 모두 배운 것입니다. 부가가치세 신고서로 본다면 1, 2page의 붉은색 부분을 모두 배운 것입니다.

일반과세자 부가가치세 [ ]예정 [ ]확정 [ ]기한후과세표준 [ ]영세율 등 조기환급 신고서

※ 뒤쪽의 작성방법을 읽고 작성하시기 바랍니다. (4쪽 중 제1쪽)

관리번호		처리기간	즉시

신고기간 년 제 기 (월 일 ~ 월 일)

사업자	상 호 (법인명)		성 명 (대표자명)		사업자등록번호	- -
	생년월일		전화번호	사업장	주소지	휴대전화
	사업장 주소			전자우편주소		

❶ 신 고 내 용

구 분				금 액	세율	세 액
과세표준 및 매출세액	과세	세금계산서 발급분	(1)		10 / 100	
		매입자발행 세금계산서	(2)		10 / 100	
		신용카드·현금영수증 발행분	(3)		10 / 100	
		기타(정규영수증 외 매출분)	(4)			
	영세율	세금계산서 발급분	(5)		0 / 100	
		기 타	(6)		0 / 100	
	예 정 신 고 누 락 분		(7)			
	대 손 세 액 가 감		(8)			
	합 계		(9)		㉮	A
매입세액	세금계산서 수 취 분	일 반 매 입	(10)			
		수출기업 수입분 납부유예	(10-1)			
		고정자산 매입	(11)			
	예 정 신 고 누 락 분		(12)			
	매입자발행 세금계산서		(13)			
	그 밖의 공제매입세액		(14)			
	합계(10)-(10-1)+(11)+(12)+(13)+(14)		(15)			
	공제받지 못할 매입세액		(16)			
	차 감 계 (15)-(16)		(17)		㉯	B
납부(환급)세액 (매출세액 ㉮ - 매입세액 ㉯)					㉰	C
경감·공제세액	그 밖의 경감·공제세액		(18)			
	신용카드매출전표등 발행공제 등		(19)			
	합 계		(20)		㉱	
예정신고미환급세액			(21)		㉲	
예 정 고 지 세 액			(22)		㉳	
사업양수자의 대리납부 기납부세액			(23)		㉴	
매입자 납부특례 기납부세액			(24)		㉵	
가 산 세 액 계			(25)		㉶	
차감·가감하여 납부할 세액(환급받을 세액)(㉰-㉱-㉲-㉳-㉴-㉵+㉶)					(26)	
총괄 납부 사업자가 납부할 세액(환급받을 세액)						

❷ 국세환급금 계좌신고 (환급세액이 2천만원 미만인 경우)	거래은행	은행 지점	계좌번호	

❸ 폐 업 신 고	폐업일		폐업 사유	

❹ 과 세 표 준 명 세

업 태	종목	생산요소	업종코드	금 액
(27)				
(28)				
(29)				
(30) 수입금액 제외				
(31) 합 계				

「부가가치세법」 제48조·제49조 또는 제59조와 「국세기본법」 제45조의3에 따라 위의 내용을 신고하며, **위 내용을 충분히 검토하였고 신고인이 알고 있는 사실 그대로를 정확하게 적었음을 확인합니다.**

년 월 일

신고인: (서명 또는 인)

세무대리인은 조세전문자격자로서 위 신고서를 성실하고 공정하게 작성하였음을 확인합니다.

세무대리인: (서명 또는 인)

세무서장 귀하

첨부서류	뒤쪽 참조

세무대리인	성 명		사업자등록번호		전화번호	

※ 이 쪽은 해당 사항이 있는 사업자만 사용합니다.

구분				번호	금액	세율	세액
예정신고 누락분 명세	(7)매출	과세	세금계산서	(32)		10/100	
			기타	(33)		10/100	
		영세율	세금계산서	(34)		0/100	
			기타	(35)		0/100	
		합계		(36)			
	(12)매입	세금계산서		(37)			
		그 밖의 공제매입세액		(38)			
		합계		(39)			

구분			번호	금액	세율	세액
(14) 그 밖의 공제매입세액 명세	신용카드매출전표등 수령명세서 제출분	일반매입	(40)			
		고정자산매입	(41)			
	의제매입세액		(42)		뒤쪽 참조	
	재활용폐자원등 매입세액		(43)		뒤쪽 참조	
	과세사업전환 매입세액		(44)			
	재고매입세액		(45)			
	변제대손세액		(46)			
	외국인 관광객에 대한 환급세액		(47)			
	합계		(48)			

구분		번호	금액	세율	세액
(16) 공제받지 못할 매입세액 명세	공제받지 못할 매입세액	(49)			
	공통매입세액 면세사업등분	(50)			
	대손처분받은 세액	(51)			
	합계	(52)			

구분		번호	금액	세율	세액
(18) 그 밖의 경감·공제세액 명세	전자신고 세액공제	(53)			
	전자세금계산서 발급세액 공제	(54)			
	택시운송사업자 경감세액	(55)			
	현금영수증사업자 세액공제	(56)			
	기타	(57)			
	합계	(58)			

구분			번호	금액	세율	세액
(25) 가산세 명세	사업자미등록등		(59)		1/100	
	세금계산서	지연발급 등	(60)		1/100	
		지연수취	(61)		5/1,000	
		미발급 등	(62)		2/100	
	전자세금계산서 발급명세 전송	지연전송	(63)		5/1,000	
		미전송	(64)		1/100	
	세금계산서 합계표	제출 불성실	(65)		5/1,000	
		지연제출	(66)		3/1,000	
	신고불성실	무신고(일반)	(67)		뒤쪽 참조	
		무신고(부당)	(68)		뒤쪽 참조	
		과소·초과환급신고(일반)	(69)		뒤쪽 참조	
		과소·초과환급신고(부당)	(70)		뒤쪽 참조	
	납부불성실		(71)		뒤쪽 참조	
	영세율 과세표준신고 불성실		(72)		5/1,000	
	현금매출명세서 불성실		(73)		1/100	
	부동산임대공급가액명세서 불성실		(74)		1/100	
	매입자 납부특례	거래계좌 미사용	(75)		뒤쪽 참조	
		거래계좌 지연입금	(76)		뒤쪽 참조	
	합계		(77)			

	업태	종목	코드번호	금액
면세사업 수입금액	(78)			
	(79)			
	(80) 수입금액 제외			
			(81)합계	

계산서 발급 및 수취 명세	(82) 계산서 발급금액	
	(83) 계산서 수취금액	

2단계까지의 특징은 무엇일까요? 매출・매입의 증빙과 그 세액을 조정하는 것이었습니다. 모두 다 적격증빙인 세금계산서, 계산서, 신용카드영수증, 현금영수증의 공급가액과 그 세액에 관한 것입니다. 지금부터는 공부할 각종 공제세액 다음의 서식을 작성하는 것이고 각종 부가가치세의 제도와 관련된 것입니다.

경감・공제세액	그 밖의 경감・공제세액	(18)			
	신용카드매출전표등 발행공제 등	(19)			
	합계	(20)		㉱	
예정신고 미환급 세액		(21)		㉲	
예정고지세액		(22)		㉳	
사업양수자의 대리납부 기납부세액		(23)		㉴	
매입자 납부특례 기납부세액		(24)		㉵	

	구분		금액	세율	세액
(18) 그 밖의 경감・공제세액 명세	전자신고 세액공제	(53)			
	전자세금계산서 발급세액 공제	(54)			
	택시운송사업자 경감세액	(55)			
	현금영수증사업자 세액공제	(56)			
	기타	(57)			
	합계	(58)			

1 경감공제세액

(1) 신용카드매출전표 등의 발급에 대한 세액공제 - 부가가치세법상 공제

1) 적용 대상

일반과세자 중 영수증 발급대상사업자와 간이과세자가 과세되는 재화나 용역을 제공하고 신용카드 매출전표, 직불카드 영수증, 결제대행업체를 통한 신용카드매출전표, 기명식 선불카드 및 현금영수증을 발급하거나 전자적 결제수단에 의하여 대금을 결제받는 경우에 적용합니다. 단 법인사업자와 직전연도의 공급가액의 합계액이 10억원을 초과하는 개인사업자는 적용을 제외합니다.

2) 공제액 = MIN[공급대가 × 공제율, 연간 500만원(2019.1.25. 신고분부터는 연간 1,000만원)]

공제율 1.3%, 단 음식숙박업을 영위하는 간이과세자는 2.0%

3) 제출 양식

■ 부가가치세법 시행규칙 [별지 제23호서식]

신용카드매출전표등 발행금액 집계표

년 제 기 (월 일 ~ 월 일)

※ 아래의 작성방법을 읽고 작성하시기 바랍니다.

1. 제출자 인적사항

① 상호(법인명)	② 성명(대표자)
③ 사업장 소재지	④ 사업자등록번호

2. 신용카드매출전표등 발행금액 현황

구분	⑤ 합계	⑥ 신용·직불·기명식 선불카드	⑦ 현금영수증
합계			
과세 매출분			
면세 매출분			
봉사료			

3. 신용카드매출전표등 발행금액(⑤ 합계) 중 세금계산서(계산서) 발급명세

⑧ 세금계산서 발급금액		⑨ 계산서 발급금액	

4) 더존에서의 처리

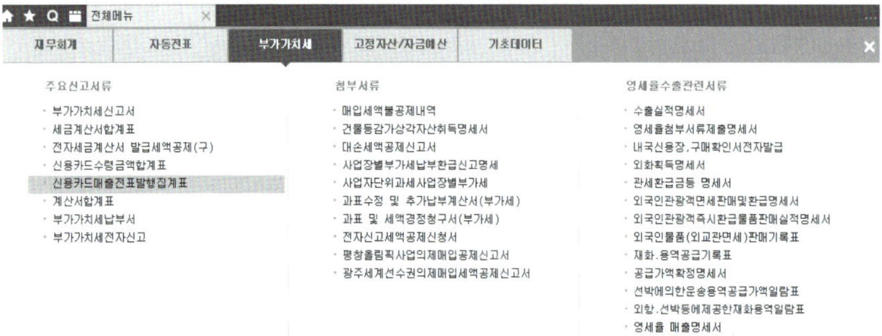

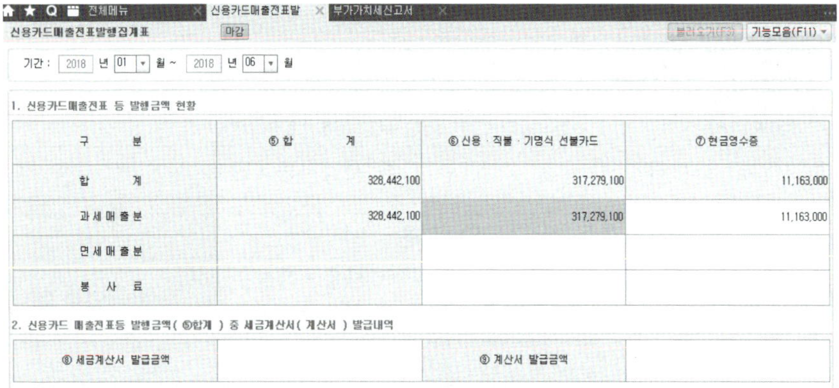

더존에서는 위의 서식에서 불러오면 자동으로 세액공제가 계산됩니다.

(2) 조세특례제한법상 세액공제

1) 전자신고에 따른 세액공제

납세자가 직접 전자신고의 방법으로 부가가치세 확정신고를 하는 경우에는 1만원을 공제합니다.

	구 분		금 액	세율	세 액
(18) 그 밖 의 경감·공제 세액 명세	전 자 신 고 세 액 공 제	(53)			
	전자세금계산서 발급세액 공제	(54)			
	택 시 운 송 사 업 자 경 감 세 액	(55)			
	현 금 영 수 증 사 업 자 세 액 공 제	(56)			
	기 타	(57)			
	합 계	(58)			

2) 일반택시 운송사업자의 부가가치세 납부세액 경감

여객자동차 운수사업법에 따른 일반택시 운송업자에 대하여서는 납부세액의 99%를 경감합니다. 이러한 경감세액은 법에 정한 용도에 따라 사용하여야 합니다.

(3) 더존에서의 세액공제 입력과 분개 처리

1) 분개 처리

위의 세액공제는 자산이나 비용의 매입증빙이 아니라 발급액 자체에 대한 세액공제이므로 납부해야 할 부가가치세 예수금을 감소시키고 잡이익으로 계상합니다.

차) 부가세예수금 ××× 대) 잡이익 ×××

2) 더존에서의 입력

아래와 같이 부가가치세의 신고서식에서 18번란을 더블클릭하면 왼편의 명세가 나옵니다. 여기서 입력하면 됩니다.

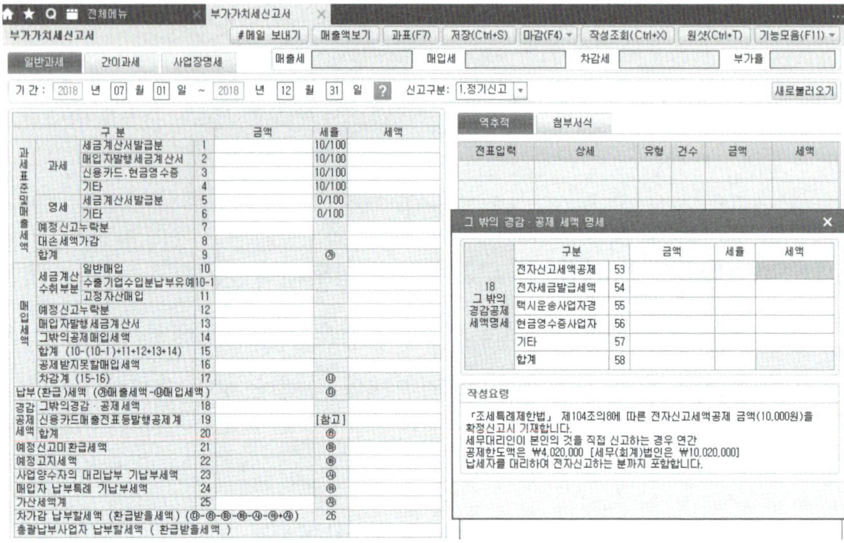

2 예정신고 미환급세액 및 예정고지세액

이 부분은 위의 신고서식에 숫자만 입력하면 되지만 앞서 배웠던 부가가치세의 과세기간과 신고 · 납부의무를 알아야 그 구조를 이해할 수 있습니다. 간이과세자는 추후에 배울 것이므로 일반과세자에 한정해서 알아봅시다.

(1) 일반과세자의 과세기간

세법적으로 일반과세자의 과세기간은 다음과 같이 나눌 수 있습니다.

구분	과세기간		신고·납부기한
제 1 기 (1.1.~6.30.)	예정신고기간	1.1.~3.31.	4.25.
	과세기간 최종 3월	4.1.~6.30.	7.25.
제 2 기 (7.1.~12.31.)	예정신고기간	7.1.~9.30.	10.25.
	과세기간 최종 3월	10.1.~12.31.	1.25.

우리가 흔히 확정신고기간이라고 지칭하는 것을 부가가치세법에서는 '과세기간 최종 3월'이라고 지칭합니다.

(2) 신고와 납부의무, 환급

과세기간에 따라 사업자는 부가가치세를 신고하고 납부하여야 합니다. 다만 개인사업자에게는 신고의무를 면제하고 예정고지 합니다. 따라서 실무적으로 대부분은 다음과 같이 처리됩니다.

① 개인사업자

예정신고기간 : 직전 과세기간의 납부세액의 50%(천원 미만의 단수는 버림)를 세무서에서 고지하여 납부

확정신고시 : 과세기간 6개월 분을 신고하고 예정고지 받은 세액을 차감 후 납부

② 법인사업자 : 매 3월마다 예정신고 및 확정신고 납부

따라서 신고서(22) 예정고지세액은 개인사업자가 예정신고기간 후 세무서로부터 고지받은 세액을 말합니다. 이때 해당 개인사업자가 고지세액을 납부하였는지는 따지지 않습니다. 국세기본법을 배우면 이해하시겠지만 세무서의 고지는 그 자체로 납세의무가 생기는 것이므로 별도로 가산세도 계산되고 따라서 확정신고 시에는 그 납부 여부를 따지지 않고 예정고지세액 란에 입력하여서 차감해야 하는 것입니다.

그렇다고 해서 개인사업자에게 무조건 고지만 되는 것은 아닙니다. 다음과 같은 경우에는 개인납세자도 예정신고납부할 수 있으며 이 경우 세무서의 고지는 없는 것이 됩니다.

① 휴업 또는 사업부진으로 인하여 각 예정신고기간의 공급가액 또는 납부세액이 직전 과세기간의 공급가액 또는 납부세액의 1/3에 미달

하는 경우

② 각 예정신고기간 분에 대하여 조기환급을 받으려는 자.

이제 신고서(22)번을 왜 공제해야 하는지 알았으므로 (21)번에 대해서 알아봅시다. 이것을 이해하기 위해서는 기본적으로 환급은 각 과세기간의 확정신고시에만 생긴다는 것을 알아야 합니다. 부가가치세는 다음에 언급할 조기환급 신청을 제외하고는 확정신고기간 종료 후 1개월 이내에 하도록 되어있기 때문입니다. 따라서 법인사업자가 예정신고하거나 실적이 부진하여 예정신고 대상이 되는 개인사업자가 예정신고를 하고 환급세액이 발생하였다고 해도 예정신고기간에는 환급을 하지 않습니다. 따라서 확정신고기간에는 납부하여야 할 세액에서 예정신고 시 미환급한 금액을 차감하고 납부하는 것입니다.

그런데 아래와 같이 특정한 경우에는 예정신고 혹은 매월, 또는 매 2개월마다 조기환급을 신청할 수 있습니다.

① 사업자가 영세율적용을 받는 경우.

즉 영세율 매출과세표준이 있는 경우 해당 과세기간에 조기환급을 신청할 수 있습니다.

② 사업자가 감가상각대상인 사업설비를 신설·취득·확장 또는 증축하는 경우

③ 사업자가 법에서 정한 재무구조개선계획을 이행 중인 경우

이때 법에서 정한 재무구조개선계획을 이행 중인 경우란 조기환급기간, 또는 예정신고기간 또는 과세기간 종료일 현재 재무구조계획의 승인 권자가 승인한 다음의 재무구조개선계획을 이행 중인 경우를 말합니다.

㉠ 기업구조조정촉진법에 따른 주채권은행 또는 금융채권자협의회가 같은 법에 따라 기업과 체결한 기업개선계획의 이행을 위한

약정

㉡ 채권은행자율협의회가 그 설치 근거 및 재무구조개선 대상기업에 대한 채권을 가진 은행의 공동관리절차를 규정한 협약에 따라 재무구조개선 대상기업과 체결한 기업개선계획의 이행을 위한 특별약정

㉢ 채무자 회생 및 파산에 관한 법률에 따른 회생계획으로서 같은 법에 따라 법원이 인가 결정을 선고한 것.

이렇게 조기환급을 신청하게 되면 관할 세무서장은 신고기간이 지난 날로부터 15일 이내에 환급하여야 합니다.

3 사업양수자의 대리납부 기납부세액

동 기납부세액도 납부해야 할 세액에서 차감하는 것이지만 어떠한 경우에 적용되는지 알아야 할 필요가 있습니다. 앞서 재화와 용역의 공급으로 보지 않는 특별한 경우가 있는데 그 중의 하나가 사업의 양도입니다.

(1) 사업의 양도

사업의 양도란 사업장별로 그 사업에 관한 모든 권리와 의무를 포괄적으로 승계시키는 것을 말하는데 양수자가 승계받은 사업 이외의 새로운 사업의 종류를 추가하거나 사업의 종류를 변경한 경우를 포함합니다. 실무상으로는 상호가 동일하면 사업의 양수도로 보지요. 이때 모든 자산이 다 승계되어야 하는 것은 아니고 다음의 경우를 제외하고 승계하더라도 사업양수도로 봅니다.

① 미수금과 미지급금에 관한 것

외상매출금 등 명칭 여하에 불구하고 사업의 일반적인 거래 외에서

발생한 미지급 채권, 채무

② **해당 사업과 직접 관련이 없는 토지 건물에 관한 것.**

사업양수도를 재화의 공급으로 보지 않는 것은 재화의 공급으로 과세해도 양도자는 부가가치세를 납부하고 양수자는 부가가치세를 환급받게 되므로 환급 시까지 자금만 묶이게 되기 때문입니다. 국가로서는 국고수입도 없는 것이 되구요.

따라서 일반적인 사업양수도는 양도자는 세금계산서를 발행하지 않고, 양수자는 세금계산서를 발급받지 못하므로 매입세액공제를 받지 않게 됩니다.

(2) 사업양수자의 대리납부제도

종전에는 사업양수도일 경우에도 양도자가 세금계산서를 발급하고 신고·납부하는 경우에 예외적으로 양수자의 매입세액공제를 허용하였습니다. 그런데 그렇게 되면 양도자가 세금계산서만 발행하고 신고·납부를 하지 않으면 양수자는 부가가치세를 부담했는데도 불구하고 매입세액을 환급받지 못하는 경우가 생길 수 있었습니다. 따라서 사업양수도의 경우에는 양수자가 대리납부제도에 따라 세액을 징수하고 납부하는 경우에만 재화의 양도로 보도록 규정이 변경되었습니다.

사업양도자가 세금계산서를 발급한 경우 사업양수자는 사업양수자로부터 대가를 지급 시 부가가치세를 징수하여 지급하는 날이 속하는 달의 익월 10일까지 사업장 관할 세무서장에게 대리납부신고서와 함께 납부하여야 합니다.

대리납부신고서는 다음과 같습니다.

■ 부가가치세법 시행규칙 [별지 제37호서식]

부가가치세 대리납부신고서

※ 아래의 작성방법을 읽고 작성하시기 바랍니다.

접수번호	접수일	처리기간 즉시

1. 신고인 인적사항

① 상호(법인명)	② 사업자등록번호
③ 성명(대표자)	④ 사업장 소재지
⑤ 업태	⑥ 종목

2. 대리납부 신고 내용

용역 등 공급자		⑨ 대가지급 연월일	⑩ 공급 받은 금액	⑪ 부가 가치세	⑫ 가산세	⑬ 납부할 세 액
⑦ 성명 (법인명)	⑧ 주소					

「부가가치세법 시행령」 제95조 제1항에 따라 위와 같이 부가가치세 대리납부를 신고합니다.

년 월 일

신고인 (서명 또는 인)

세 무 서 장 귀하

첨부서류	없음	수수료 없 음

작 성 방 법

이 신고서는 아래의 작성방법에 따라 한글과 영문, 아라비아 숫자로 정확하게 적고, 거래금액은 원단위까지 표시합니다.

1. 사업자기본사항

① ~ ⑥: 대리납부신고서를 제출하는 사업자의 인적사항을 적습니다.

2. 대리납부 신고 내용

⑦: 용역 등 공급자의 성명 또는 법인명을 적습니다.

⑧: 용역 등 공급자의 정확한 주소를 적습니다.

⑨: 용역 등 대가 지급일(외화송금일)을 적습니다.

⑩: 용역 등 대가 지급액을 원화로 적습니다. 다만, 원화를 외화로 매입하여 지급하는 경우에는 지급일 현재의 대고객 외국 환매도율에 의하여 계산한 금액으로 하고, 보유 중인 외화로 지급하는 경우에는 지급일 현재의 기준환율 또는 재정환율에 의하여 계산한 금액으로 적습니다.

⑪: 대리납부하는 부가가치세액을 적습니다.

⑫: 「국세기본법」 제47조의5에 따른 가산세가 적용되는 경우 가산세를 적습니다.

⑬: 대리납부하는 부가가치세액과 가산세를 더한 금액을 적습니다.

210㎜×297㎜[백상지 80g/㎡(재활용품)]

양도인이 사업양수도에 따른 세금계산서를 발행한 과세기간에 양도인에게 미리 납부한 세액을 차감하게 되는 것입니다.

4 매입자 납부특례 기납부세액

동 금액 역시 납부세액에서 차감하도록 되어있으므로 신고서상에 입력하면 되지만 왜 차감하는지 이해하기 위해서는 제도를 이해할 필요가 있습니다. **금, 철, 구리 스크랩 관련 부가가치세 매입자 납부특례 제도**란 사업자(간이과세자 포함) 간에 스크랩 등을 거래하는 경우 매출자가 매입자로부터 부가가치세를 징수하지 않고, 매입자가 직접 부가가치세를 지정금융기관을 통하여 국세청에 납부하는 것을 말합니다. 다만, 개인 등 사업자가 아닌 자와의 거래는 부가가치세 매입자 납부특례 대상 거래에 해당하지 않습니다.

이러한 부가가치세 매입자 납부특례 제도를 요약하면 다음과 같습니다.

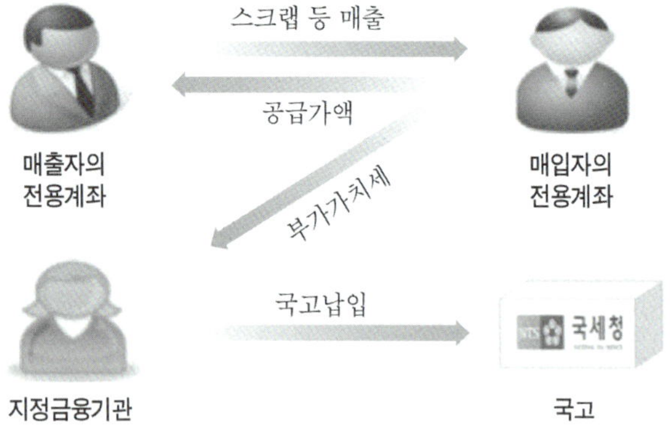

(1) 스크랩 등 법정품목

품 목	내 용
금지금	금괴, 골드바 등 원재료 상태로 순도 99.5% 이상
고 금	소비자 구입사실이 있는 반지 등 제품으로서 순도 58.5%(14K) 이상
구리 스크랩	구리의 웨이스트 및 스크랩, 구리 합금의 웨이스트와 스크랩으로 구리 함유량 40% 이상
금 스크랩	금을 입힌 금속, 금 화합물을 포함하고 있는 것으로서, 금 함유량이 100,000분의 1 이상
철 스크랩	철의 웨이스트와 스크랩 및 철강의 재용해용 스크랩 잉곳

(2) 지정금융기관 이용방법

사업자는 지정금융기관 중 특정은행 1개만 선택하여 전용계좌를 개설해야 하며, 특정은행 내에서 하나의 사업자번호로 둘 이상의 전용계좌를 개설할 수 있습니다. 그리고 영업점창구, 기업인터넷뱅킹, 모바일뱅킹 등을 이용하여 대금결제가 이루어집니다.

(3) 거래대금 결제방법

거래 시 또는 세금계산서를 발급받은 때에 매입자는 제품가액과 부가가치세를 매출자의 전용계좌에 입금하게 되며, 제품가액은 매출자에게, 부가가치세는 부가가치세 관리계좌에 자동입금 처리됩니다.

다만, 기업구매자금대출 등 대통령령으로 정하는 방법으로 제품의 가액을 결제하는 경우는 부가가치세만 전용계좌를 통해 결제가 가능합니다.

(4) 지정금융기관에 입금된 부가가치세의 처리

입금된 부가가치세액은 지정금융기관이 부가가치세 전용계좌에 등록된 매출세액의 한도 내에서 매입세액을 실시간 정산하여 지급하고 분기말 다음 달 25일에 잔액을 국고에 입금합니다.

그리고 각 경우에 따른 부가가치세 신고사항은 다음과 같습니다.

1) 부가가치세 신고기간 동안 매출세액이 매입세액보다 큰 경우

매출세액이 매입세액을 초과하는 만큼을 부가가치세 신고서상의 "매입자 납부특례 기납부세액"에 기재합니다. 거래대금을 주고받을 때 이미 부가가치세를 납부했기 때문에 이중과세를 방지하기 위함입니다.(분기별 국고입금 예정세액 확인 : 은행 고객센터 상담원 또는 인터넷뱅킹 조회, 국세청 홈택스)

이 금액을 부가가치세 신고서 (24) 매입자 납부특례 기납부세액에 기재하는 것입니다.

2) 부가가치세 신고기간 동안 매입세액이 매출세액보다 큰 경우

매출세액을 한도로 기존의 매입세액이 전용계좌를 통해 실시간으로 환급되는 것이기 때문에 이 경우 미환급세액이 존재하게 됩니다. 해당 미환급세액은 사업자 별로 국고에 입금됩니다. 해당 사업자는 부가가치세 신고서 상의 "매입자 납부특례 기납부세액"에 기재하지 않고 일반적인 환급방식대로 환급받습니다. 이는 이중공제를 방지하기 위함입니다.

즉, 매출세액 범위 내의 매입세액은 전용계좌를 통해 실시간으로 환급받고 매출세액을 초과하는 매입세액에 대해서는 부가가치세 신고서를 통해 국가로부터 환급받게 됩니다.

(5) 전용계좌 미사용 시 불이익

1) 전용계좌로 결제하지 않은 경우 매입자와 매출자에게 각각 제품가액의 10%를 가산세로 부과
2) 매입자가 부가가치세를 전용계좌를 통해 입금하지 않는 경우 그 매입세액은 불공제
3) 매입자가 부가가치세를 공급시기 이후에 지연 입금한 경우 1일당 3/10,000(연 환산 10.95%)의 가산세 부과

(6) 구리 스크랩과 철 스크랩을 거래하는 개인사업자의 예정신고

예정신고할 때는 "예정신고서"와 "스크랩 등 매입세액 공제 신고서"를 함께 제출해야 하며 신고한 스크랩 등 의제매입세액은 스크랩 등 전용계좌 상의 매출세액을 한도로 거래은행에 의해 신고자의 전용계좌로 입금됩니다. 스크랩 등 매입세액공제 신고서는 의제매입세액 등을 참조하시면 됩니다.

더존에서는 다음의 서식에서 입력합니다.

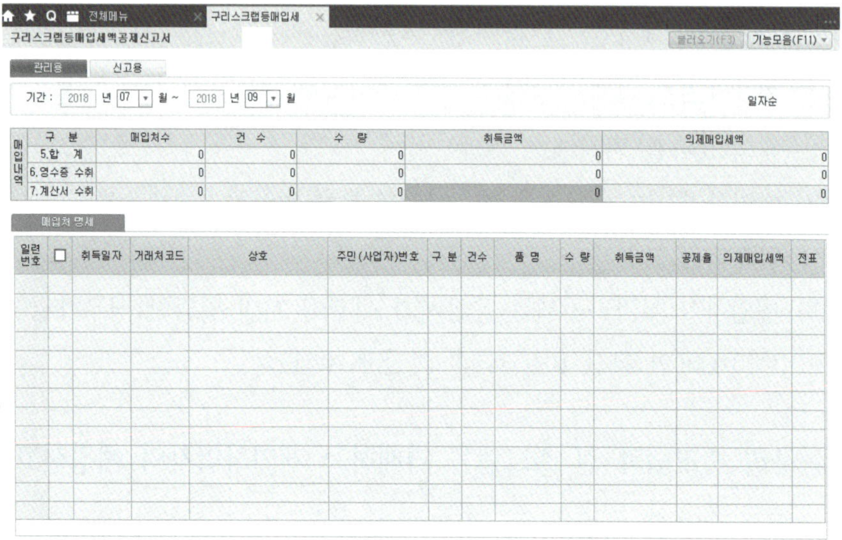

(7) 전용계좌 납부세액 예정고지 차감

예정고지세액 결정 시 전용계좌에서 국고에 납부될 부가가치세액을 차감하여 결정하며, 사업자가 예정신고를 하는 경우 전용계좌에서 국고에 납부된 세액을 차감하여 신고납부합니다. 기존의 예정고지세액은 취소됩니다.

이러한 제도를 스크랩 등을 매입하는 사업자는 잘 알고 있으나 부산물로서 스크랩이 나오는 제조업 등 종사자 중에는 모르시는 사업자가 많습니다. 따라서 철, 구리 등을 가공하여 제품을 만드는 사업자가 있다면 반드시 전용계좌 사용 등을 포함한 제도에 대하여 안내하셔야 합니다.

5 가산세

우리가 부가가치세 신고 시 적용하는 가산세는 국세기본법과 부가가치세법에 규정되어 있습니다. 지금 공부하는 부가가치세법 뿐만 아니라 각 세법의 신고와 납부에 관련된 가산세는 모두 국세기본법에 있습니다.

(1) 국세기본법상의 가산세

1) 신고불성실가산세

구분	구분	계산식
무신고	원칙	무신고납부세액 × 20% + 영세율과세표준신고불성실가산세
	부정행위	무신고납부세액 × 40% + 영세율과세표준신고불성실가산세
과소신고 및 초과환급신고	원칙	과소신고납부세액 등 × 10% + 영세율과세표준신고불성실가산세
	부정행위	과소신고납부세액 등 × 40% + 영세율과세표준신고불성실가산세

여기서 부정행위란 다음의 행위를 말합니다.

① 이중장부의 작성 등 장부의 거짓 기록

② 거짓 증빙 또는 거짓 문서의 작성 및 수취

③ 장부와 기록의 파기

④ 재산의 은닉, 소득 · 수익 · 행위 · 거래의 조작 또는 은폐

⑤ 고의적으로 장부를 작성하지 아니하거나 비치하지 않는 행위 또는 계산서, 세금계산서 또는 계산서합계표, 세금계산서합계표의 조작

⑥ 전사적 기업자원관리설비의 조작 또는 전자세금계산서의 조작

⑦ 그 밖의 위계에 의한 행위 또는 부정한 행위

위의 표에서 영세율과세표준신고불성실 가산세는 다음과 같습니다.

무신고·과소신고한 영세율 과세표준 × 0.5%

영세율과세표준신고불성실 가산세는 영세율 과세표준을 과소신고하거나 환급받을 세액을 초과신고한 경우에 적용하는데, 사업자가 예정신고 또는 확정신고를 할 때 제출한 수출실적명세서, 내국신용장, 구매확인서 전자발급명세서와 영세율 첨부서류명세서의 기재사항이 착오로 기재되었으나 관련 증명자료 등에 의하여 그 사실이 확인되는 경우에는 가산세를 적용하지 않습니다.

신고불성실가산세를 적용할 때 부정과소신고납부세액과 일반과소신고납부세액이 동시에 있는 경우에는 부정과소신고납부세액은 다음과 같이 계산합니다.

$$\text{부정과소신고 납부세액} = \text{과소신고 납부세액등} \times \frac{\text{부정행위로 과소신고한 과세표준}}{\text{과소신고한 과세표준}}$$

이러한 신고불성실가산세는 다음의 경우에는 적용하지 않습니다.

① 전자적 용역을 공급하는 국외사업자의 용역공급에 관한 특례에 따라 전자적 용역을 제공하는 자가 부가가치세를 납부하여야 하는 경우

② 간이사업자로서 직전과세기간(간이사업자이므로 1년을 의미)의 공급대가가 3,000만원 미만이어서 납부의무가 면제되는 경우

2) 납부불성실가산세

사업자가 예정신고기간 혹은 확정신고기간에 무납부하거나 과소납부한 경우 혹은 초과환급받은 경우 다음의 세액을 가산세로 합니다.

$$납부불성실가산세 = 미달납부세액\ 혹은\ 초과환급세액 \times 기간 \times \frac{3^*}{10,000}$$

*2019.1.1. 이후 신고 납부분부터는 2.5

여기에서 기간의 미달납부세액은 납부기한의 익일부터 자진납부일 또는 납세 고지일까지로 하며 초과환급세액은 환급을 받은 날부터 자진납부일 또는 납세 고지일까지의 기간으로 합니다.

납부불성실가산세는 다음의 경우에 그 적용을 배제합니다.

① 사업자가 납부기한까지 어느 사업장에 대한 부가가치세를 다른 사업장에 대한 부가가치세에 더하여 신고납부하는 경우

② 전자적 용역을 공급하는 국외사업자의 용역공급에 관한 특례에 따라 전자적 용역을 제공하는 자가 부가가치세를 납부하여야 하는 경우

③ 대리납부불성실 가산세가 부과되는 부분

④ 매출자가 대손세액공제를 받은 경우 매입자의 매입세액을 차감하지 않아 발생하는 무신고가산세, 과소신고·초과환급가산세, 납부불성실가산세 및 초과환급가산세. 매입자 관할 세무서장이 경정하는 경우도 미적용

3) 사업자가 아닌 자에 대한 가산세 적용

신고·납부불성실가산세는 면세사업자와 같이 사업자가 아닌 자가 환급세액을 신고하는 경우에도 부과하며, 사업자 아닌 자가 환급을 받은경우에도 적용합니다.

4) 예정신고납부와 확정신고납부의 불성실이 중복될 경우

신고불성실가산세와 납부불성실가산세를 적용할 때 예정신고납부와 관련하여 가산세가 부과되는 부분에 대해서는 확정신고 시 적용을 배제

합니다.

(2) 부가가치세법상 가산세

부가가치세법상 가산세는 부가가치세에서 규정한 등록, 신고, 납부, 각종 서류의 제출과 관련하여 발생합니다.

1) 사업자등록불성실가산세

① 미등록 가산세

사업자가 사업개시일로부터 20일 이내에 사업자등록을 신청하지 않는 경우 사업개시일부터 사업자등록을 신청한 날의 직전일까지의 공급가액 합계액의 1%를 가산세로 합니다.

② 명의위장가산세

사업자가 타인의 명의로 사업자등록을 하거나, 타인 명의의 사업자등록을 이용하여 사업을 하는 것으로 확인하는 경우 타인 명의의 사업개시일부터 실제 사업을 하는 것으로 확인되는 직전일까지의 공급가액 합계액의 1%를 적용합니다. 이때 다음의 경우에는 명의 위장 가산세를 부과하지 않습니다.

㉠ 배우자 명의로 사업을 하는 경우

㉡ 상속으로 피상속인이 경영하던 사업이 상속인에게 승계되는 경우 상속세의 과세표준 신고기간(상속개시일로부터 6개월이 되는 날이 속하는 달의 말일)까지 피상속인 명의로 사업한 경우

③ 사업자등록불성실가산세 적용 시 중복적용이 배제되는 가산세

가산세는 각 규정만 알면 되는 것이 아니라 가산세가 적용되는 경우 중복적용을 배제하는 것을 잘 알아야 합니다. 사업자등록불성실가산세가 적용되는 경우 다음의 가산세는 중복을 제외합니다.

㉠ 세금계산서 불성실가산세 중 1%와 0.5%, 0.3%의 가산세율이 적용되는 가산세

ⓐ 세금계산서 발급시기가 지난 후 공급시기가 속하는 과세기간에 대한 확정신고기한까지 세금계산서를 발급(1%)

ⓑ 세금계산서의 필요적 기재사항이 전부 또는 일부가 착오 혹은 과실로 적혀 있지 않거나 사실과 다른 경우(1%)

ⓒ 전자세금계산서를 공급시기가 속하는 과세기간 말의 익월 11일까지 지연 전송하여 발생하는 가산세(0.3%)

ⓓ 전자세금계산서를 공급시기가 속하는 과세기간 말의 익월 11일까지 전송하지 않아서 발생하는 가산세(0.5%)

㉡ 매출처별세금계산서 합계표 불성실 가산세

㉢ 신용카드매출전표 등을 발급받아 예정신고·확정신고를 할 때 제출하여 공제받지 않고 경정 시 경정기관의 확인을 거처 제출하여 매입세액을 공제받는 경우의 가산세(0.5%)

당연한 일이지요. 사업자등록을 하지 않았으면 세금계산서를 발급할 일도 없을 것이고, 명의를 위장했다면 해당 세금계산서는 공급하는 자가 틀린 세금계산서이니까요. 매출처별세금계산서 합계표도 마찬가지입니다.

2) 매출자에게 적용되는 세금계산서 관련 가산세

세금계산서는 발행의 의무를 해태 한 자에게 발급되는 것이 원칙입니다. 따라서 원칙적으로는 매입자는 매입세액공제를 받지 못하는 것으로 불이익을 받습니다. 다만 몇 가지 예외는 있습니다.

매출자는 다음과 같은 경우에 세금계산서 발급 불성실 가산세를 부담합니다.

① 지연발급 : 공급가액의 1%

발급시기가 지난 후 해당 재화·용역의 공급시기가 속하는 과세기간의 확정신고기한까지 발급하는 경우

② 세금계산서 불명 : 공급가액의 1%

세금계산서의 필요적 기재사항의 전부 또는 일부가 착오 또는 과실로 적혀 있지 않거나 사실과 다른 경우에 해당합니다. 다만 일부가 착오나 과실로 잘못 적혀 있더라도 나머지 필요적, 또는 임의적 기재사항으로 보아 거래사실이 확인되는 경우에는 사실과 다른 세금계산서로 보지 않습니다.

③ 미발급

㉠ 해당 재화·용역의 공급시기가 속하는 과세기간의 확정신고기한까지 발급하지 않는 경우 : 공급가액의 2%

㉡ 전자세금계산서를 발급해야 할 의무가 있는 사업자가 전자세금계산서를 발급하지 않고 세금계산서의 발급시기에 종이세금계산서를 발급한 경우 : 공급가액의 1%

④ 지연전송 : 공급가액의 0.3%

전자세금계산서 의무발급사업자가 전자세금계산서 전송기한이 지난 후 재화·용역의 공급시기가 속하는 과세기간의 확정신고기한의 익월 11일까지 전송하는 경우

⑤ 미전송 : 공급가액의 0.5%

전자세금계산서 의무발급사업자가 전자세금계산서 전송기한이 지난 후 재화·용역의 공급시기가 속하는 과세기간의 확정신고기한의 익월 11일까지 전송하지 않은 경우

⑥ 가공발급 : 공급가액의 3%

사업자 혹은 사업자 아닌 자가 재화·용역을 제공하지 않고 세금계

산서, 신용카드 매출전표, 직불카드·기명식 선불카드영수증을 발행하는 경우

⑦ **허위발급 : 공급가액의** 2%

재화·용역을 제공하고 세금계산서, 신용카드 매출전표, 직불카드·기명식 선불카드영수증을 실제로 재화·용역을 공급받는 자가 아닌 다른 자에게 발행하는 경우

이상과 같이 매출자에게 발행되는 세금계산서 관련 가산세가 적용되는 경우에 다음과 같은 가산세는 중복적용이 배제됩니다. 복잡하니 잘 따라 오셔야 합니다.

① 위 ③ 미발급 ㉡, ④ 지연전송, ⑤ 미전송이 적용되는 경우

아래의 매출처별세금계산서합계표 불성실 가산세를 중복적용하지 않습니다. 세금계산서를 미발급하거나 지연전송 혹은 미전송했는데 세금계산서합계표 불성실 가산세가 적용되면 이중으로 처벌되는 셈이기 때문입니다.

② 위 ③ 미발급 ㉠, ⑥ 가공발급, ⑦ 허위발급이 적용되는 경우

매출처별세금계산서합계표 불성실 가산세 및 사업자등록불성실 가산세적용을 배제합니다.

③ 위 ③ 미발급이 적용되는 경우

위 ② 세금계산서 불명 및 ④ 지연전송, ⑤ 미전송을 적용하지 않습니다. 세금계산서가 미발급되었으니 당연히 세금계산서가 불명되었거나 지연전송 되거나 미전송되는 일은 없기 때문입니다.

④ 위 ② 세금계산서 불명에 따른 가산세가 적용되는 경우

위 ④ 지연전송, ⑤ 미전송 가산세가 적용되지 않습니다. 따라서 세금

계산서가 부실기재되었다면 전자세금계산서 관련 가산세는 적용되지 않습니다.

⑤ 위 ⑦ 허위발급 가산세가 적용되는 경우

위 ③ 미발급의 ㉠과 관련된 가산세가 적용되지 않습니다.

이와 같이 가산세의 중복배제에는 모두 이유가 있습니다. 암기에만 의존하지 말고 이유를 생각하면 기억이 좀 더 오래갈 것이라는 생각이 듭니다.

3) 매출자에게 적용되는 매출세금계산서합계표 관련 가산세

매출자가 제출해야 하는 매출세금계산서합계표에 다음과 같은 사항이 있으면 그 공급가액의 0.5%을 가산세로 합니다.

① 미제출. 단 제출기한이 지난 후 1개월 이내에 제출한 경우 50%를 감면합니다. 여기서 기억을 상기해 보아야 합니다. 전자세금계산서를 발행하고 그 내역을 전송한 경우에는 합계표 미제출로 보지 않습니다.

② 매출세금계산서합계표의 기재사항 중 거래처별등록번호 또는 공급가액의 전부 또는 일부가 적혀있지 않거나 사실과 다른 경우. 다만 기재사항이 착오로 적힌 경우로서 세금계산서에 따라 거래사실이 확인되는 경우에는 가산세를 적용하지 않습니다.

③ 예정신고 시 합계표를 제출하지 못하여 해당 예정신고기간이 속하는 확정신고시 제출하는 경우

4) 매입자에게 적용되는 세금계산서 관련 가산세

① 가공 : 공급가액의 3%

매입자가 재화나 용역을 공급받지 않고 사업자 혹은 사업자가 아닌 자로부터 세금계산서 등 적격증빙을 발급받은 경우

② 위장 : 공급가액의 2%

매입자가 재화나 용역을 공급받고 실제로 재화나 용역을 공급한 자가 아닌 자에게 세금계산서 등 적격증빙을 발급받은 경우

③ 과다기재 : 공급가액의 2%

매입자가 재화나 용역을 공급한 자로부터 세금계산서 등 적격증빙의 금액을 과다하게 기재하여 공급받은 경우 동 과다기재금액.

5) 매입자에게 적용되는 세금계산서합계표 관련 가산세

아래와 같은 사유가 있을 때는 해당 공급가액의 0.5%를 가산세로 합니다.

① 경정

매입처별세금계산서합계표를 미제출 혹은 부실기재한 경우로서 경정 시 경정기관의 확인을 거쳐 제출하여 세금계산서 혹은 수입세금계산서에 따라 매입세액공제를 받는 경우

② 지연수령

재화나 용역의 공급시기 이후에 발급받은 세금계산서로서 해당 공급시기가 속하는 과세기간의 확정신고 기한까지 발급받은 경우로서 세금계산서 혹은 수입세금계산서에 의해 매입세액공제를 받는 경우

③ 과다기재

매입처별세금계산서합계표의 기재사항 중 공급가액을 사실과 다르게 과다하게 적어 신고한 경우 그 과다하게 적어 신고한 공급가액

여기서 주의할 것은 위 ①과 ②가 합계표를 통해서 매입세액공제를 받는 것이 아니라 세금계산서를 통해서 매입세액공제를 받을 때 가산세를 부과한다는 것입니다. 따라서 합계표를 통하여 매입세액을 받는 다음의 경우에는 합계표 관련 불성실가산세를 부과하지 않습니다.

① 예정신고 누락분을 확정신고 시 제출하여 매입세액공제를 받는 경우

② 합계표를 수정신고, 경정청구, 기한 후 과세표준신고서와 함께 제출하여 매입세액공제를 받는 경우

6) 매입자에게 적용되는 신용카드매출전표, 현금영수증, 직불카드영수증과 관련된 가산세 : 0.5%

매입자가 신용카드매출전표 등을 발급받아 예정신고 혹은 확정신고를 할 때 제출하여 공제받지 않고 경정 시 경정기관의 확인을 거처 제출하여 매입세액을 공제받는 경우

이와 같이 매입자는 가공, 위장, 과다기재를 하지 않는 한 세금계산서와 관련된 가산세를 적용받지 않으며, 매입처별 합계표도 과다기재하거나 세금계산서 혹은 신용카드 매출전표 등을 경정을 통하여 매입세액공제를 받을 때만 가산세를 부담합니다.

(3) 매입자 입장에서의 매입세액공제와 가산세 적용

구 분	매입세액공제	가산세
합계표 미제출	×	×
예정신고시 제출할 합계표를 확정신고시 제출	○	×
합계표를 수정신고, 경정청구 기한 후 신고시 제출	○	×
합계표 및 신용카드매출전표수령금액합계표를 미제출하고 경정기관의 확인을 거쳐 제출하여 매입세액공제	○	○
합계표 과다기재	×	○
공급시기 후 공급시기가 속하는 과세기간의 확정신고기한까지 세금계산서 수취	○	×
가공 허위세금계산서 수취	×	○

(4) 현금매출명세서 등 제출 불성실 가산세

1) 현금매출명세서 제출 불성실 가산세

① 제출의무자

다음의 사업자는 예정신고, 혹은 확정신고 시에 현금매출명세서를 제출하여야 합니다.

㉠ 전문 인적용역사업자

변호사업, 심판변론인업, 변리사업, 법무사업, 공인회계사업, 세무사업, 경영지도사업, 기술지도사업, 감정평가사업, 기술사업, 측량사업 공인노무사업, 수의사업 등

㉡ 예식장업

㉢ 부동산 중개업

㉣ 보건업 중 병 의원업. 따라서 약사는 제외

② 제출대상 : 증빙을 발행하지 않은 순수한 현금 매출

③ 서식

■ 부가가치세법 시행규칙 [별지 제26호서식]

홈텍스(www.hometax.go.kr)에서도 신청할 수 있습니다.

현금매출명세서

년 제 기 (월 일 ~ 월 일)

※ 아래의 작성방법을 읽고 작성하시기 바랍니다.

① 상호(법인명)	② 성명(대표자)	③ 사업자등록번호

공급가액	④ 합계		⑤ 현금매출		법정영수증 매출					
					⑥ 세금계산서		⑦ 신용카드		⑧ 현금영수증	
	건수	금액	건수	금액	건수	금액	건수	금액	건수	금액

현금매출 명세

⑨ 일련번호	⑩ 의뢰인		⑪ 거래일	⑫ 거 래 금 액		
	주민등록번호 (또는 사업자등록번호)	성명 (또는 상호)		공급대가	공급가액	부가가치세
합계						

작 성 방 법

① ~ ④는 제출자의 상호 또는 법인명과 대표자, 사업자등록번호를 적습니다.

⑤: 세금계산서 발급분 중 「부가가치세법」 제32조 제1항 제2호 단서에 따라 주민등록번호를 적은 부분은 ⑤ 현금매출란에 포함하여 적습니다.

⑥: 세금계산서를 발급한 후 신용카드매출전표를 발행한 경우에는 ⑥ 세금계산서란에만 적습니다.

⑨ ~ ⑫는 현금매출 내용을 적습니다.

210㎜×297㎜[백상지 80g/㎡(재활용품)]

④ 더존에서의 입력

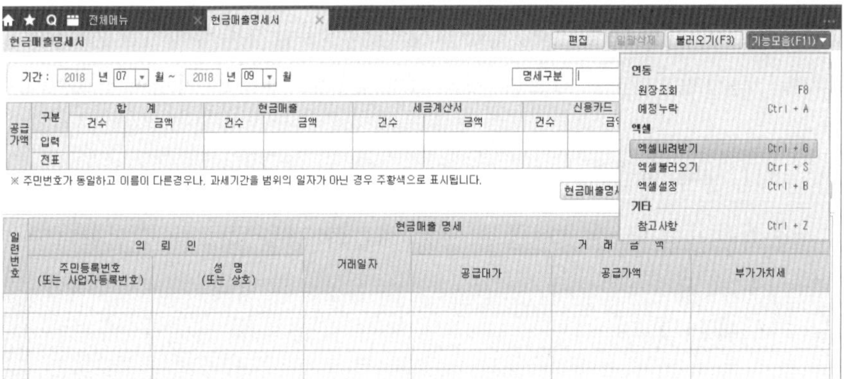

위의 화면에서 엑셀 내려받기를 실행하면 다음과 같은 서식이 나옵니다.

주민등록번호 (사업자등록번호)	성명(상호)	거 래 일 자	공급가액	부가가치세

위의 엑셀을 채우고 다시 불러오기를 실행하면 서식이 작성됩니다.

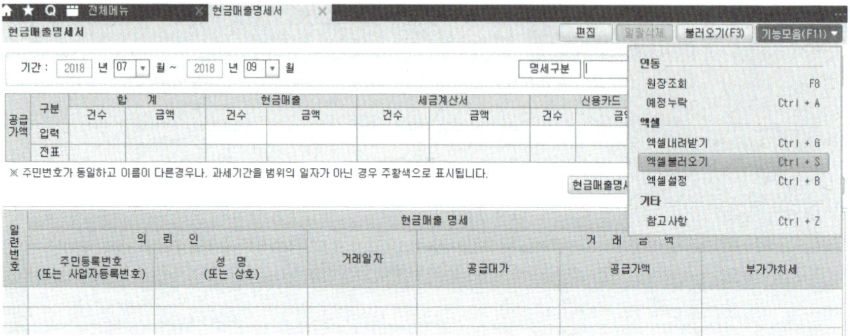

⑤ 가산세

미제출한 경우 미제출한 금액, 사실과 다르게 제출한 경우 사실과 다른 금액의 1%를 가산세로 합니다.

2) 부동산임대공급가액명세서 미제출 가산세

부동산임대업자가 앞에서 배운 부동산임대공급가액명세서를 제출하지 않거나 사실과 다르게 제출한 경우 해당 금액의 1%를 가산세로 합니다.

3) 가산세의 감면

제출기한이 지난 후 1개월 이내에 제출한 경우 50%를 감면합니다.

(5) 가산세의 감면

국세기본법상 혹은 부가가치세법에 따른 가산세의 감면은 국세기본법에 나와 있습니다. 국세기본법상 가산세의 감면은 다음과 같습니다.

1) 과소신고, 초과환급신고 가산세에 대한 감면

① 법정신고기한이 지난 후 6개월 이내 수정신고 : 50%

② 법정신고기한이 지난 후 6개월 초과~1년 이내 수정신고 : 20%

③ 법정신고기한이 지난 후 1년 초과~2년 이내 수정신고 : 10%

다만 세무공무원이 조사에 착수한 것을 알고 수정신고 혹은 기한 후 신고를 한 경우 및 관할 세무서장으로부터 과세자료 해명통지를 받고 수정신고서를 제출한 경우는 감면을 적용하지 않습니다. 또한 세액의 과소신고로 인하여 부과되는 것이 아니라 필수적인 첨부서류를 제출하지 않아 신고된 것으로 보지않게 됨으로써 부과하는 가산세는 영세율첨부서류미제출가산세를 제외하고는 수정신고서를 제출하더라도 감면되지 않습니다.

2) 무신고가산세에 대한 감면

① 법정신고기한이 지난 후 1개월 이내 기한 후 신고 : 50%

② 법정신고기한이 지난 후 1개월 초과~6개월 이내 수정신고 : 20%

3) 기타의 감면

① 과소신고 및 초과환급신고 가산세에 대한 감면규정에도 불구하고 세법에 따른 예정신고기한까지 예정신고를 하였으나 과소신고하거나 초과신고 한 경우로써 확정신고기한까지 과세표준을 수정하여 신고한 경우에는 해당 가산세의 50%를 감면합니다. 단 과세표준과 세액을 경정할 것을 미리 알고 수정신고하는 경우는 제외합니다.

② 무신고가산세의 감면규정에도 불구하고 예정신고기한까지 예정신고를 하지 않았으나 확정신고기한까지 과세표준을 신고한 경우에는 해당 가산세의 50%를 감면합니다.

(6) 더존에서의 가산세 입력 및 가산세의 분개

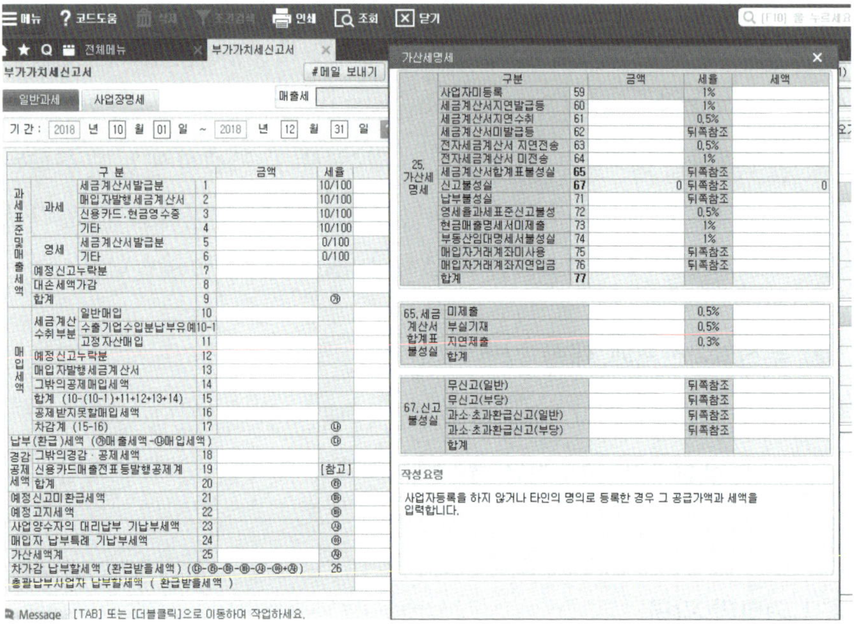

더존 상에서는 부가가치세 신고서식 화면에서 25 가산세액 계를 더블 클릭하면 가산세 명세를 작성하는 팝업창이 나옵니다. 동 팝업창에서 입력하면 됩니다.

가산세를 납부하게 되는 경우 분개는 다음과 같습니다.

부가가치세 납부 시

차) 부가가치세예수금	××	대) 부가가치세대급금	××
잡　　손　　실	××	예　　　　　금	××

바로 가산세 금액만큼 잡손실로 계상하게 됩니다.

그러면 우리가 어디까지 공부했는지 봅시다.

일반과세자 부가가치세 [ ]예정 [ ]확정 [ ]기한후과세표준 [ ]영세율 등 조기환급 신고서

※ 뒤쪽의 작성방법을 읽고 작성하시기 바랍니다. (4쪽 중 제1쪽)

관리번호		처리기간	즉시
신고기간	년 제 기 (월 일 ~ 월 일)		

사업자	상 호(법인명)		성 명(대표자명)		사업자등록번호	- -
	생년월일			전화번호	사업장 / 주소지 / 휴대전화	
	사업장 주소				전자우편주소	

❶ 신 고 내 용

구 분				금 액	세율	세 액
과세표준 및 매출세액	과세	세금계산서 발급분	(1)		10 / 100	
		매입자발행 세금계산서	(2)		10 / 100	
		신용카드·현금영수증 발행분	(3)		10 / 100	
		기타(정규영수증 외 매출분)	(4)			
	영세율	세금계산서 발급분	(5)		0 / 100	
		기 타	(6)		0 / 100	
	예 정 신 고 누 락 분		(7)			
	대 손 세 액 가 감		(8)			
	합 계		(9)		㉮	A
매입세액	세금계산서 수 취 분	일 반 매 입	(10)			
		수출기업 수입분 납부유예	(10-1)			
		고정자산 매입	(11)			
	예 정 신 고 누 락 분		(12)			
	매입자발행 세금계산서		(13)			
	그 밖의 공제매입세액		(14)			
	합계(10)-(10-1)+(11)+(12)+(13)+(14)		(15)			
	공제받지 못할 매입세액		(16)			
	차 감 계 (15)-(16)		(17)		㉯	B
납부(환급)세액 (매출세액㉮-매입세액㉯)					㉰	C
경감·공제세액	그 밖 의 경 감 · 공 제 세 액		(18)			
	신용카드매출전표등 발행공제 등		(19)			
	합 계		(20)		㉱	
예 정 신 고 미 환 급 세 액			(21)		㉲	
예 정 고 지 세 액			(22)		㉳	
사업양수자의 대리납부 기납부세액			(23)		㉴	
매 입 자 납 부 특 례 기 납 부 세 액			(24)		㉵	
가 산 세 액 계			(25)		㉶	
차감·가감하여 납부할 세액(환급받을 세액)(㉰-㉱-㉲-㉳-㉴-㉵+㉶)					(26)	
총괄 납부 사업자가 납부할 세액(환급받을 세액)						

❷ 국세환급금 계좌신고 (환급세액이 2천만원 미만인 경우)	거래은행	은행 지점	계좌번호	
❸ 폐 업 신 고	폐업일		폐업 사유	

❹ 과 세 표 준 명 세

업 태	종 목	생산요소	업종 코드	금 액
(27)				
(28)				
(29)				
(30)수입금액 제외				
(31)합 계				

「부가가치세법」 제48조·제49조 또는 제59조와 「국세기본법」 제45조의3에 따라 위의 내용을 신고하며, 위 내용을 충분히 검토하였고 신고인이 알고 있는 사실 그대로를 정확하게 적었음을 확인합니다.

년 월 일

신고인: (서명 또는 인)

세무대리인은 조세전문자격자로서 위 신고서를 성실하고 공정하게 작성하였음을 확인합니다.

세무대리인: (서명 또는 인)

세무서장 귀하

첨부서류	뒤쪽 참조

세무대리인	성 명		사업자등록번호		전화번호	

		구 분			금 액	세율	세 액
예정신고 누락분 명세	(7)매출	과세	세 금 계 산 서	(32)		10 / 100	
			기 타	(33)		10 / 100	
		영세율	세 금 계 산 서	(34)		0 / 100	
			기 타	(35)		0 / 100	
		합 계		(36)			
	(12)매입	세 금 계 산 서		(37)			
		그 밖의 공제매입세액		(38)			
		합 계		(39)			

	구 분			금 액	세율	세 액
(14) 그 밖의 공 제 매 입 세 액 명 세	신용카드매출전표등 수령명세서 제출분	일 반 매 입	(40)			
		고정자산매입	(41)			
	의 제 매 입 세 액		(42)		뒤쪽 참조	
	재 활 용 폐 자 원 등 매 입 세 액		(43)		뒤쪽 참조	
	과 세 사 업 전 환 매 입 세 액		(44)			
	재 고 매 입 세 액		(45)			
	변 제 대 손 세 액		(46)			
	외국인 관광객에 대한 환급세액		(47)			
	합 계		(48)			

	구 분		금 액	세율	세 액
(16) 공제받지 못할 매입세액 명세	공제받지 못할 매입세액	(49)			
	공통매입세액 면세사업등분	(50)			
	대 손 처 분 받 은 세 액	(51)			
	합 계	(52)			

	구 분		금 액	세율	세 액
(18) 그 밖의 경감·공제 세액 명세	전 자 신 고 세 액 공 제	(53)			
	전자세금계산서 발급세액 공제	(54)			
	택 시 운 송 사 업 자 경 감 세 액	(55)			
	현금영수증사업자 세액공제	(56)			
	기 타	(57)			
	합 계	(58)			

	구 분			금 액	세 율	세 액
(25) 가산세 명세	사 업 자 미 등 록 등		(59)		1 / 100	
	세 금 계 산 서	지연발급 등	(60)		1 / 100	
		지연수취	(61)		5 / 1,000	
		미발급 등	(62)		2 / 100	
	전자세금계산서 발급명세 전송	지연전송	(63)		5 / 1,000	
		미전송	(64)		1 / 100	
	세 금 계 산 서 합 계 표	제출 불성실	(65)		5 / 1,000	
		지연제출	(66)		3 / 1,000	
	신 고 불 성 실	무신고(일반)	(67)		뒤쪽참조	
		무신고(부당)	(68)		뒤쪽참조	
		과소·초과환급신고(일반)	(69)		뒤쪽참조	
		과소·초과환급신고(부당)	(70)		뒤쪽참조	
	납 부 불 성 실		(71)		뒤쪽참조	
	영세율 과세표준신고 불성실		(72)		5 / 1,000	
	현금매출명세서 불성실		(73)		1 / 100	
	부동산임대공급가액명세서 불성실		(74)		1 / 100	
	매입자 납부특례	거 래 계 좌 미 사 용	(75)		뒤쪽참조	
		거 래 계 좌 지 연 입 금	(76)		뒤쪽참조	
	합 계		(77)			

	업 태		종 목	코 드 번 호	금 액
면세사업 수입금액	(78)				
	(79)				
	(80)	수입금액 제외			
				(81)합 계	

계산서 발급 및 수취 명세	(82) 계산서 발급금액	
	(83) 계산서 수취금액	

위의 서식에서 붉은 부분까지 배운 것입니다. 이제 파란색 부분을 설명하여 일반과세자의 신고서를 마감해 봅시다.

XI

일반과세자의 부가가치세 신고 시 기타사항

① 과세표준 명세의 작성

부가가치신고서상에서 F7을 누르면 아래와 같이 과세표준명세 팝업창이 생깁니다.

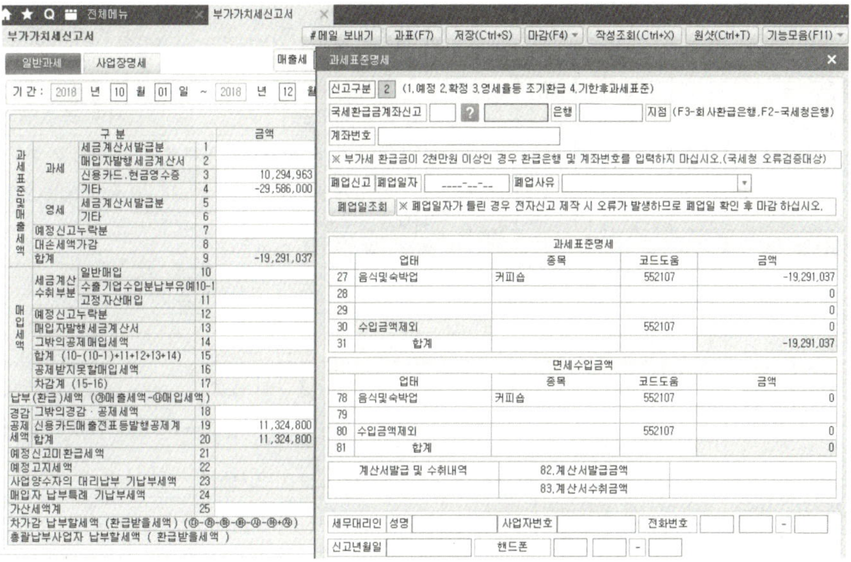

앞서 우리가 배운 모든 서식을 작성하였다면 과세표준 명세와 면세수입금액, 계산서발급 및 수취 내역 등이 모두 작성되어 있을 것입니다.

과세표준 명세를 확인하여 위의 란 들에 숫자가 들어있지 않다면 세금계산서 및 계산서합계표가 마감되지 않은 것입니다.

이 란에서는 신고 구분을 확인하여 영세율 등 조기환급 혹은 기한후과세표준 신고라면 신고 구분을 고치셔야 합니다. 그리고 환급신고인 경우에는 계좌번호를 확인하고 폐업에 따른 폐업 부가가치세 신고라면 폐업일자와 폐업사유를 꼭 기입하여야 합니다.

여기서 우리가 배우지 않은 것은 수입금액 과세표준명세 30과 면세수입금액 80의 수입금액 제외란 입니다. 30번란은 부가가치세법상은 과세표준에 해당하나 고정자산매각, 직매장공급 등 소득세수입금액에서 제외되는 금액을 적고, (31)란의 합계액이 신고서의 (9)란의 금액과 일치해야 합니다. 80번란도 소득세 수입금액에서 제외되는 금액을 적습니다. 이 과세표준 명세서가 작성되면 신고서의 다음 칸이 모두 작성된 것입니다.

❹ 과 세 표 준 명 세				
업 태	종목	생산요소	업종코드	금 액
(27)				
(28)				
(29)				
(30)수입금액 제외				
(31)합 계				

「부가가치세법」 제48조·제49조 또는 제59조와 「국세기본법」 제45조의3에 따라 위의 내용을 신고하며, **위 내용을 충분히 검토하였고 신고인이 알고 있는 사실 그대로를 정확하게 적었음을 확인합니다.**

년 월 일

신고인: (서명 또는 인)

세무대리인은 조세전문자격자로서 위 신고서를 성실하고 공정하게 작성하였음을 확인합니다.

세무대리인: (서명 또는 인)

세무서장 귀하

첨부서류	뒤쪽 참조

세무대리인	성 명		사업자등록번호		전화번호	

	업 태		종 목	코 드 번 호	금 액
면세사업 수입금액	(78)				
	(79)				
	(80)	수입금액 제외			
				(81)합 계	

계산서 발급 및 수취 명세	(82) 계산서 발급금액	
	(83) 계산서 수취금액	

2 사업자단위 과세와 주사업장총괄납부제도

이것을 공부하는 이유는 아래의 총괄납부 사업자가 납부할 세액(환급받을세액)란을 작성하기 위함입니다. 앞서 이 부분을 언급한 바 있는데 이제 알아봅시다.

차감·가감하여 납부할 세액(환급받을 세액)(㉰－㉱－㉲－㉳－㉴－㉵+㉶)	(26)	
총괄 납부 사업자가 납부할 세액(환급받을 세액)		

원래 사업자등록번호는 사업장마다 하나의 사업자등록번호가 부과되고 부가가치세도 사업장 단위별로 신고하고 납부하는 것이 원칙입니다.

하지만 여러 사업장을 운영하고 있는 사업자의 경우 한 사업장에서 환급이 발생하면 자금부담이 생깁니다. 예를 들어 개인사업자 A가 갑과 을 두 곳의 사업장을 운영하고 있는데 1기 확정신고 기간에 갑에서는 납부세액이 1억원이고 을 사업장은 환급세액이 1억원이라고 합시다. 이 경우 갑 사업장에서는 7.25.에 납부하게 되지만 7.25.에 환급신청을 사업장의 환급금은 한 달이 지나야 환급이 됩니다. 따라서 7.25.부터 환급 시까지 자금부담이 생기는 것이지요. 이러한 점을 감안하여 시행하고 있는 제도가 주사업장총괄납부제도와 사업자단위과세제도입니다.

(1) 주사업장총괄납부제도

주사업장총괄납부제도는 여러 사업장을 가진 사업자의 부가가치세를 주사업장에서 총괄납부하거나 환급받도록 하는 제도입니다. 납부 뿐만 아니라 환급도 하나의 사업장서 받는다는 점을 기억합시다. 더 중요한 것은 납부와 환급만 총괄해서 하므로 신고 및 각종 첨부서류의 제출은 각 사업장별로 하여야 한다는 점입니다.

1) 주된 사업장

법인은 본점 혹은 지점, 개인사업자는 주된 사업장입니다.

2) 총괄납부의 신청

주사업장총괄납부자가 되려는 사업자는 납부하려는 과세기간 개시 20일 전에 주사업장 관할 세무서장에게 주사업장총괄납부신청서를 제출하여야 합니다.

다만 신규로 사업을 개시하는 자는 주된 사업장의 사업자등록증을 받은 날부터 20일 이내에 신청서를 제출하여야 하며 이 경우 신청일이 속하는 과세기간부터 총괄하여 납부합니다.

3) 총괄납부의 적용 제외

주사업장 총괄납부 사업자가 다음 중 어느 하나에 해당하는 경우 주된 사업장 관할 세무서장은 주사업장 총괄납부를 적용하지 않을 수 있으며 이 경우 적용을 하지 않게 된 날이 속하는 과세기간의 다음 과세기간부터 각 사업장에서 납부하여야 합니다.

4) 주사업장 총괄납부의 포기

주사업장 총괄납부 사업자가 주사업장총괄납부를 포기하고자 하는 경우 각 사업장에서 납부하려는 과세기간 개시 20일 전에 주사업장 총괄납부 포기신청서를 주사업장 관할 세무서장에게 제출하여야 합니다. 이 경우 포기한 날이 속하는 과세기간의 다음 과세기간부터 각 사업장에서 납부합니다.

5) 주사업장 총괄납부의 효력

① 총괄납부하는 경우에도 사업자는 신고를 각 사업장별로 하여야 하며 세금계산서 역시 각 사업장별로 발급하고 수취하여야 합니다. 또한 사업장에 대한 결정 및 경정도 각 사업장 관할 세무서장이 합니다. 즉 납부와 환급만 주사업장에서 합니다.
따라서 총괄납부사업자가 타 사업장의 부가가치세 신고를 주사업장에서 하나의 신고서로 신고하는 경우 주사업장 외의 사업장은 무신고가 됩니다.

② 판매목적 타사업장 반출재화의 공급의제는 적용을 배제합니다.

⑵ 사업자단위 과세제도

둘 이상의 사업장을 가진 사업자가 사업자단위로 사업자등록을 신청한 경우에는 사업자단위로 부가가치세를 신고 납부할 수 있습니다.

1) 사업자단위과세 사업자의 납세지 : 본점 또는 주사무소의 소재지

2) 신청과 포기

사업자단위과세 사업자가 되려는 자는 최초 사업자등록 시 사업자단위 과세자로 사업자등록을 신청하거나 사업자단위과세자가 되려는 과세기간의 개시 20일 전에 사업자등록 변경신청서를 주사업장 혹은 본점관할 세무서장에게 제출하여야 합니다.

사업자단위를 포기하려는 자는 사업자단위과세 포기신청서를 과세기간 개시 20일 전에 제출하여야 합니다.

3) 효력

① 사업자단위과세는 납부 및 환급뿐 아니라 부가가치세법상 모든 신고 납부의무를 하나의 사업자로 하는 것입니다. 따라서 세금계산서도 하나의 사업자등록번호로 발급하고 수취하여야 하면 사업자단위과세 적용 전 종된 사업장은 기존 사업자등록증을 반납하여야 합니다.

② 판매목적 타사업장 반출 재화의 공급의제는 적용을 배제합니다.

그럼 아래의 부가가치세신고서식에서 파란 부분이 생기는 것은 어떤 경우일까요?

차감 • 가감하여 납부할 세액(환급받을 세액)(㉰－㉱－㉲－㉳－㉴－㉵+㉶)	(26)	
총괄 납부 사업자가 납부할 세액(환급받을 세액)		

그렇습니다. 주사업장 총괄 납부사업자의 부가가치세 신고서에 나타납

니다.

사업자단위 과세는 신고와 납부를 하나의 사업자로 보고 신고서를 작성하므로 타 사업장의 납부 환급세율을 조정할 필요가 없으니 이 부분이 나타날 수가 없는 것이죠.

이제 우리는 일반과세자의 부가가치세 신고에 대해서 배웠습니다. 이제는 간이과세자의 부가가치세 신고를 알아봅시다.

XII

간이과세자의 부가가치세 신고

1 간이과세자의 정의

간이과세자는 직전연도의 공급대가가 4,800만원에 미달하는 개인사업자를 말합니다. 직전 과세기간이 아니고 직전연도이니 1.1.~12.31.까지이고, 공급가액이 아니고 부가가치세가 포함된 공급대가를 기준으로 계산하고, 개인사업자라고 했으니 법인사업자는 간이과세자가 될 수 없다는 것을 기억합시다. 개인사업자는 사업자등록 시 간이과세자로 사업자등록을 할 수 있고, 뒤에서 설명할 과세유형 변경에 해당하면 관할 세무서장이 간이과세자로 변경하기도 합니다. 다만 다음의 경우에는 간이과세자 자체가 될 수 없습니다.

(1) 간이과세가 적용되지 않는 다른 사업장을 보유한 사업자

단 개인택시운송업, 용달 및 개별화물자동차운송업, 그 밖의 도로화물운송업, 이용업, 미용업, 그 밖의 이와 유사한 것으로서 대통령령이 정하는 사업장에 대해서는 다른 사업장에 관계없이 해당 사업장이 간이과세 기준에 해당하면 간이과세자로 봅니다.

(2) 법에서 정하는 업종을 경영하는 사업자

① 광업

② 제조업. 다만 주로 최종소비자에게 직접 재화를 공급하는 사업으로서 과자점업, 도정업, 제분업 및 떡방앗간, 양복점, 양장점, 양화점업 그 밖에 자기가 공급하는 재화의 50% 이상을 최종소비자에게 공급하는 사업으로서 국세청장이 정하는 사업은 간이과세자가 될 수 있습니다.

③ 도매업

소매업을 겸영하는 경우를 포함하되 재생용 재료수집 및 판매업은 제외합니다.

④ 부동산매매업

⑤ 개별소비세법 제1조 제4항에 해당하는 과세유흥장소를 경영하는 사업으로서 기획재정부령이 정하는 것

⑥ 부동산임대업으로서 기획재정부령으로 정하는 것

⑦ 일정한 전문 자격사업

변호사업, 심판변론인업, 변리사업, 법무사업, 공인회계사업, 세무사업, 경영지도사업, 기술지도사업, 감정평가사업, 손해사정인업, 통관업, 기술사업, 건축사업, 도선사업, 측량사업, 공인노무사업, 의사업, 한의사업, 약사업, 한약상업, 수의사업, 그 밖의 이와 유사한 사업

⑧ 일반과세자로부터 포괄적으로 양수한 사업

다만 간이과세 배제기준에 해당하는 업종이 아닌 경우 사업을 양수한 후 공급대가의 합계액이 4,800만원에 미달하는 경우에는 간이과세자가 될 수 있습니다.

⑨ 사업장 소재지역, 사업의 종류, 규모 등을 고려하여 국세청장이 정하는 기준에 해당하는 것

⑩ 전전연도 기준 복식부기의무자가 경영하는 사업

⑪ 둘 이상의 사업장이 있는 사업자가 경영하는 사업으로서 그 둘 이상의 사업장의 공급대가 합계액이 4,800만원 이상인 경우

위의 간이과세 배제기준에 관해서는 국가법령정보사이트의 행정규칙상에서 간이과세를 검색하면 다음과 같이 검색되니 참고하시면 됩니다.

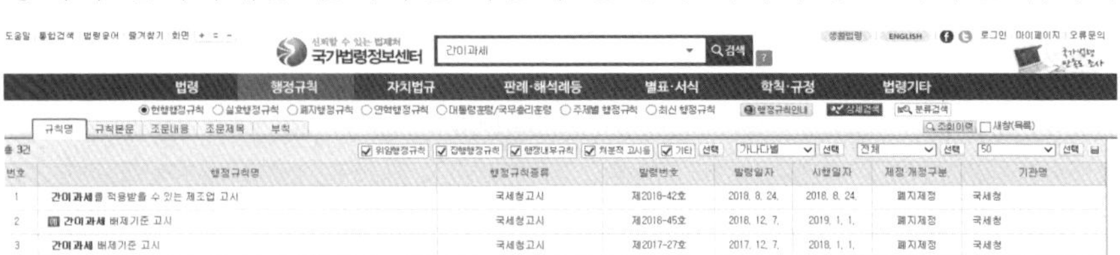

번호	행정규칙명	행정규칙종류	발령번호	발령일자	시행일자	제정·개정구분	기관명
1	간이과세를 적용받을 수 있는 제조업 고시	국세청고시	제2018-42호	2018. 8. 24.	2018. 8. 24.	폐지제정	국세청
2	간이과세 배제기준 고시	국세청고시	제2018-45호	2018. 12. 7.	2019. 1. 1.	폐지제정	국세청
3	간이과세 배제기준 고시	국세청고시	제2017-27호	2017. 12. 7.	2018. 1. 1.	폐지제정	국세청

2 과세유형의 변경

직전연도의 공급대가가 4,800만원인지 여부에 따라 간이과세자는 일반과세자로, 일반과세자는 간이과세자로 유형이 변경됩니다. 과세유형이 변경되면 관할 세무서장은 변경되는 과세기간 개시 20일 전까지 그 사실을 통지하여야 하며 해당 통지는 다음과 같은 효력을 가집니다.

① 일반과세자 → 간이과세자

변경통지와는 관계없이 간이과세자에 관한 규정을 적용합니다. 다만 부동산 임대업을 경영하는 사업자의 경우 변경통지를 받은 날이 속하는 과세기간까지는 일반과세자에 관한 규정을 적용합니다.

② 간이과세자 → 일반과세자

변경통지를 받은 날이 속하는 날까지는 간이과세자로 봅니다.

모두 납세자에게 유리하게 되어있지요? 극단적으로는 간이과세자가 일반과세자로 변경이 되었어야 하는데 세무서장이 통지하지 않았다면 통지받는 과세기간까지는 간이과세를 적용받을 수 있습니다.

이런 과세유형의 변경은 다음에 따라 이루어집니다.

① 일반적인 경우

간이과세자에 대한 규정이 적용되거나 적용되지 아니하게 되는 기간은 1역년(1.1.~12.31.)의 공급대가가 4,800만원에 미달하거나 이상이 되는 해의 다음해 7.1.~그 다음 해의 6.30.까지로 합니다.

사 례

2018.1.1.~2018.12.31.의 공급대가가 4,800만원 미만이 되면 2019.7.1.~2020.6.30.까지를 간이과세로 봅니다.

② 신규사업자의 경우

신규로 사업을 개시한 사업자의 경우 간이과세자에 대한 규정이 적용되거나 적용되지 아니하게 되는 기간은 최초로 사업을 개시한 해의 다음 해의 7.1.~그 다음 해의 6.30.까지로 한다.

③ 간이과세자가 간이과세 배제 사업을 신규로 겸영하는 경우

위의 경우에는 해당 사업의 개시일이 속하는 과세기간의 다음 과세기간부터 간이과세에 관한 규정을 적용하지 않습니다.

④ 간이과세가 적용되지 않는 다른 사업장(기준사업장)이 있는 경우

㉠ 기준사업장의 1역년의 공급대가가 4,800만원에 미달하는 경우

미달하는 해의 7.1.~그 다음 해의 6.30.까지의 기간동안에 기준사업장과 기준사업장을 보유함에 따라 일반과세자로 전환된 사업장 모두에 간이과세 규정을 적용

㉡ 기준사업장이 폐업되는 경우

기준사업장이 폐업되는 경우에는 기준사업장으로 인하여 일반과세자로 전환되는 사업장에 대하여 기준사업장의 폐업일이 속하는 연도의 다음연도부터 간이과세자에 관한 규정을 적용합니다.

다만 위 두 가지 경우 모두 기준사업장을 보유함에 따라 일반과세로 전환된 사업장의 1역년의 공급대가가 4,800만원 이상이거나, 간이과세 배제사업을 겸영하는 경우에는 간이과세를 적용하지 않습니다.

⑤ 간이과세자가 간이과세의 포기신고를 하는 경우

일반과세자에 대한 규정을 적용받으려는 달이 속하는 과세기간의 다음 과세기간부터 해당 사업장 외의 사업장에 대하여 간이과세에 관한 규정을 적용하지 않습니다.

⑥ 간이과세자가 일반과세자에 대한 규정을 적용받는 사업장을 신규로 개설하는 경우에는 해당 사업장이 속하는 과세기간의 다음 과세기간부터 간이과세에 관한 규정을 적용하지 않습니다.

3 간이과세의 포기

간이과세를 포기하고자 하는 사업자는 적용받고자 하는 달의 전달 말일까지 간이과세 포기신고서를 납세지 관할 세무서장에게 제출하여야 합니다. 이 경우 납부서를 제출한 익월 1일부터 일반과세가 적용됩니다.

4 간이과세자의 세액계산 구조

■ 부가가치세법 시행규칙 [별지 제44호서식] <개정 2017. 3. 10.> 홈택스(www.hometax.go.kr)에서도 신청할 수 있습니다.

간이과세자 부가가치세 [ ]예정신고서 [ ]신고서 [ ]기한후과세표준신고서

(앞쪽)

관리번호				처리기간	즉시	
신고기간	년 (월 일 ~ 월 일)					
사업자	상 호		성명(대표자명)		사업자등록번호	- -
	생년월일		전화번호	사업장	주소지	휴대전화
	사업장 소재지			전자우편주소		

❶ 신고내용

구 분				금 액	부가가치율	세율	세 액
과세표준 및 매출세액	과세분	전기·가스·증기 및 수도사업	(1)		5/100	10/100	
		소매업, 재생용 재료수집 및 판매업, 음식점업	(2)		10/100	10/100	
		제조업, 농·임·어업, 숙박업, 운수 및 통신업	(3)		20/100	10/100	
		건설업, 부동산임대업, 그 밖의 서비스업	(4)		30/100	10/100	
	영세율 적용분		(5)			0/100	
	재고납부세액		(6)				
	합계		(7)			㉮	
공제세액	매입세금계산서 등 수취세액공제		(8)			뒤쪽 참조	
	의제매입세액공제		(9)				
	매입자발행 세금계산서 세액공제		(10)				
	전자신고세액공제		(11)				
	신용카드매출전표 등 발행세액공제		(12)				
	기타		(13)				
	합계		(14)			㉯	
매입자 납부특례 기납부세액			(15)			㉰	
예정고지(신고)세액			(16)			㉱	
가산세액	미등록 및 거짓등록 가산세		(17)				
	신고불성실	무신고(일반)	(18)				
		무신고(부당)	(19)				
		과소신고(일반)	(20)				
		과소신고(부당)	(21)				
	납부불성실 가산세		(22)				
	결정·경정기관 확인 매입세액 공제 가산세		(23)				
	영세율 과세표준 신고 불성실 가산세		(24)				
	매입자 납부특례	거래계좌 미사용	(25)				
		거래계좌 지연입금	(26)				
	합계		(27)			㉲	
차감 납부할 세액(환급받을 세액) (㉮-㉯-㉰-㉱+㉲)						(28)	

❷ 과세표준 명세

	업 태	종 목	업종코드	금 액
(29)				
(30)				
(31)	기타(수입금액 제외분)			
(32)	합 계			

❸ 면세수입금액

	업 태	종 목	업종코드	금 액
(33)				
(34)				
(35)	수입금액 제외분			
(36)	합 계			

❹ 국세환급금계좌신고	거래은행	은행 지점	계좌번호	
❺ 폐 업 신 고	폐업연월일	. .	폐업사유	

「부가가치세법 시행령」 제114조 제3항 및 「국세기본법」 제45조의 3에 따라 위의 내용을 신고하며, 위 내용을 충분히 검토하였고 신고인이 알고 있는 사실 그대로를 정확하게 작성하였음을 확인합니다.

년 월 일

신고인: (서명 또는 인)

세무대리인은 조세전문자격자로서 위 신고서를 성실하고 공정하게 작성하였음을 확인합니다.

세무대리인: (서명 또는 인)

세무서장 귀하

세무대리인	성 명		사업자등록번호		전화번호	

210㎜×297㎜[백상지 80g/㎡(재활용품)]

과세표준 － 1역년(1.1.~12.31.)의 공급대가

× 업종별부가가치율
× 세　　　율(10%)
= 납부세액
+ 재고납부세액
－ 공제세액　매입세금계산서 등 수취세액공제, 의제매입세액공제
　　　　　　매입자발행 세금계산서 세액공제, 전자신고세액공제
　　　　　　신용카드매출전표 발급 등에 대한 세액공제
－ 예정고지(신고)세액
+ 가　　산　　세

= 차감 납부할 세액

(1) 업종별 부가가치율

① 전기, 가스, 증기 및 수도사업 : 5%

② 소매업, 재생용 재료수집 및 판매업, 음식점업 : 10%

③ 제조업, 농업, 임업 및 어업, 숙박업, 운수 및 통신업 : 20%

④ 건설업, 부동산임대업, 그 밖의 서비스업 : 30%

둘 이상의 업종에 공통으로 사용하던 재화를 공급하여 업종별 실지 귀속을 구분할 수 없는 경우 다음과 같은 율의 합계를 부가가치율로 합니다.

$$\text{해당 재화와 관련된 각 업종별 부가율} \times \frac{\text{해당 재화의 공급일이 속하는 과세기간의 각 업종별 공급대가}}{\text{해당 재화의 공급일이 속하는 과세기간의 업종별 공급대가 합계}}$$

(2) 재고매입세액 및 재고납부세액

이 부분은 과세유형이 전환될 때 발생합니다. 실무적으로는 변경신고를 하고 승인을 해야 하는 절차를 거치므로 그리 많이 발생하지는 않지만 중요한 부분입니다. 논리를 살펴보면 다음과 같습니다.

① 간이과세자 → 일반과세자 : 재고매입세액

간이과세자는 매입세액공제를 하지 않습니다. 발급받은 세금계산서에 대해 매입세액의 일부를 세액공제를 통해 일부 감면하기는 하지만, 그것이 매입세액공제는 아닙니다. 반면에 일반과세자는 매입세액공제를 하지요. 따라서 간이과세에서 일반과세자로 전환된 경우 남아있는 재화에 대해 매입세액공제를 해주어야 합니다.

② 일반과세자 → 간이과세자 : 재고납부세액

반대로 일반과세자가 간이과세자로 전환되었다면 일반과세자일 때 공제 받았던 세액은 다시 납부해야 합니다. 간이과세자가 되면 일반과세자의 매출에 비해 부가가치세 부담이 적기 때문입니다.

1) 대상 재화

① 재고품 : 상품, 제품, 반제품, 재공품, 재료 및 부재료

따라서 저장품은 계산대상이 아닙니다.

② 건설 중인 자산

③ 감가상각대상 자산

건물 또는 구축물 : 취득, 건설 혹은 신축 후 10년 이내의 것

그 밖의 감가상각 자산 : 취득 또는 제작 후 2년 이내의 것

위의 재화 중 포괄적 사업양도에 따라 사업양수자가 양수한 자산으로서 사업양도자가 매입세액공제를 받은 재화도 위의 계산대상 재화에 포

함합니다.

2) 재고품 등의 신고 및 승인

① 재고품 등의 신고

위의 대상자산은 사업자가 마음대로 신고하고 결정하는 것이 아니라 관할 세무서장의 승인을 받아야 합니다. 과세유형이 변경되는 경우에는 그 변경되는 날 현재의 재고품 등을 그 변경되는 날의 직전 과세기간에 대한 신고 또는 확정신고와 함께 재고품 등 신고서를 작성하여 사업장 관할 세무서장에게 신고하여야 합니다. 이러한 신고를 하지 않거나 과소하게 신고하는 경우에는 다음과 같이 처리합니다.

㉠ 일반과세자에서 간이과세자로 과세유형이 변경된 사업자
관할 세무서장이 재고금액을 조사하고 재고납부세액을 결정, 통지

㉡ 간이과세자에서 일반과세자로 변경된 사업자
별도로 관할 세무서장이 재고매입세액을 결정, 통지하지는 않습니다.

이 때 제출해야 하는 서식은 다음과 같습니다.

■ 부가가치세법 시행규칙 [별지 제18호서식]

[ ]일반 / [ ]간이 과세전환 시의 재고품등 신고서

※ 아래의 작성방법을 읽고 작성하시기 바랍니다.

접수번호	접수일	처리기간	즉시

1. 신고인 인적사항

① 상호(법인명)	② 사업자등록번호
③ 성명(대표자명)	④ 전화번호
⑤ 사업장(주된 사업장) 소재지	
⑥ 업태	⑦ 종목

2. 과세유형 전환 내용

※ 일반과세자로 유형전환 시 작성합니다.				※ 간이과세자로 유형전환 시 작성합니다.	
⑧ 일반과세 적용시기	년 월 일부터			⑩ 간이과세 적용기간	년 월 일부터 년 월 일까지
⑨ 일반과세 적용사유	일반과세 전환통지	간이과세 포기신고	기타	⑪ 간이과세 전환통지일	년 월 일

3. 재고품, 건설 중인 자산 및 감가상각자산 명세

⑫ 품명	⑬ 규격	⑭ 수량	⑮ 단가	⑯ 금액 (부가가치세포함)	⑰ 재고매입 세액	⑱ 보관장소	⑲ 취득일 (감가상각자산만 해당함)

「부가가치세법 시행령」 [[ ]제86조 제1항에 따라 일반 / [ ]제112조 제1항에 따라 간이] 과세전환 시의 재고품등을 신고합니다.

년 월 일

신고인 (서명 또는 인)

세 무 서 장 귀하

더존에서 동 서식은 아래와 같이 작성합니다.

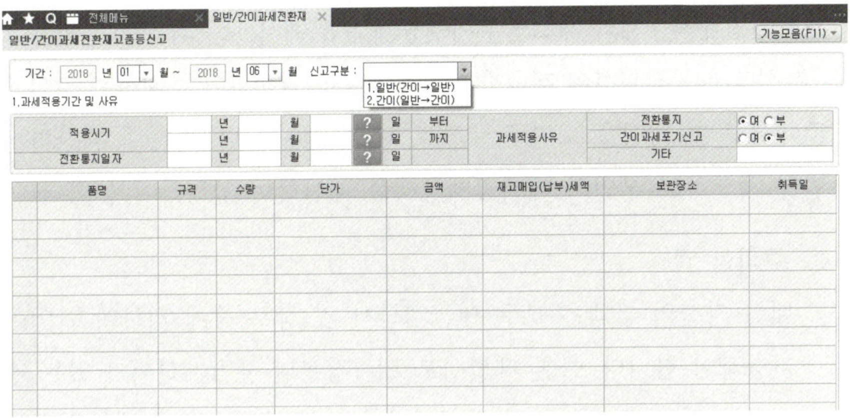

위에서 신고구분을 선택하고 과세 적용사유에 전환통지 여부, 간이과세포기신고 여부를 체크하여 신고합니다.

② 재고품 등의 승인 및 통지

신고를 받은 세무서장은 재고금액을 조사하여 승인하고 다음의 기한 내에 해당 사업자에게 재고매입세액 및 재고납부세액을 통지하여야 하며, 기한내에 통지하지 않는 경우에는 해당 사업자가 신고한 재고금액을 승인한 것으로 봅니다.

㉠ 재고매입세액 : 신고기한이 지난 후 1개월 이내

㉡ 재고납부세액 : 간이과세자로 변경된 날로부터 90일 이내

3) 공제방법 및 납부방법

과세표준 및 매출세액	과세분	전기·가스·증기 및 수도사업	(1)		5/100	10/100	
		소매업, 재생용 재료수집 및 판매업, 음식점업	(2)		10/100	10/100	
		제조업, 농·임·어업, 숙박업, 운수 및 통신업	(3)		20/100	10/100	
		건설업, 부동산임대업, 그 밖의 서비스업	(4)		30/100	10/100	
	영세율적용분		(5)			0/100	
	재고납부세액		(6)				
	합계		(7)			㉮	

4) 재고매입세액공제의 계산

재고매입세액공제와 재고납부세액공제는 위에서 보듯이 과세전환재고품 등 신고서를 작성하여 제출하면 세무서장이 결정하여 통지하는 것이고 더존에서도 그 작성을 도와주는 프로그램이 없습니다. 따라서 계산하는 방법을 숙지하고 본인이 세액공제금액을 계산하여 입력하여야 합니다.

① 주의할 점

대상 자산의 금액은 모두 세금계산서 및 장부 등에 의하여 확인이 가능해야 합니다. 물론 세법상으로는 장부나 세금계산서가 없는 경우 시가에 따른다는 조항이 있지만 실무상으로는 거의 적용받기 어렵습니다.

② 재고품의 재고매입세액

$$\text{재고금액} \times \frac{10}{110} \times (1 - \text{업종별부가가치율})$$

③ 건설 중인 자산의 재고매입세액

건설 중인 자산 관련 매입세액 × (1 − 업종별부가가치율)

$$\text{취득가액} \times (1 - \text{감가율} \times \text{경과된 과세기간 수}) \times \frac{10}{110} \times (1 - \text{업종별부가가치율})$$

④ 매입한 감가상각 자산

⑤ 자신이 제작, 건설, 신축한 감가상각자산

제작 등과 관련된 매입세액 × (1 − 감가율 × 경과된 과세기간 수) × (1 − 업종별부가가치율)

위의 산식이 어려운 것 같지만 결국 논리는 동일합니다. 간이과세자로서 공제받지 못한 매입세액을 공제한다는 것입니다.

③과 ⑤에서는 계산을 시작하는 기준이 매입세액이니 10/110을 적용하지 않습니다. 반면 ②와 ④에서는 계산을 시작하는 기준이 취득가액인데 간이과세자는 매입세액공제를 하지 않으니 취득금액에 부가가치세가 포함되어 있어 10/110을 하여 매입세액으로 돌리는 것일 뿐입니다. 또한 (1 - 업종별부가가치율)을 곱하는 것은 간이과세자인 경우에도 업종별 부가율만큼은 매입세액공제를 받았으니 그 부분은 공제하고 공제한다는 의미입니다.

위에서 적용되는 감가율은 일반과세자의 경우 건물 구축물 5%, 그 밖의 감가상각자산은 25%인데 재고매입세액에서는 두배인 10%, 50%를 적용합니다. 일반과세자는 과세기간이 6개월인데 간이과세자는 과세기간이 12개월이니까요.

다만 업종별 부가율은 감가상각자산이 아닌 자산은 일반과세자로 전환되기 직전의 부가율, 감가상각자산은 취득시기에 속하는 과세기간의 부가율을 사용합니다.

5) 재고납부세액의 계산

① 재고품

$$\text{재고금액} \times \frac{10}{100} \times (1 - \text{업종별부가가치율})$$

② 건설 중인 자산의 재고매입세액

$$\text{건설 중인 자산관련 매입세액} \times (1 - \text{업종별부가가치율})$$

③ 매입한 감가상각자산

$$\text{취득가액} \times (1 - \text{감가율} \times \text{경과된 과세기간 수}) \times \frac{10}{100} \times (1 - \text{업종별부가가치율})$$

④ 자신이 제작, 건설, 신축한 감가상각자산

$$\text{제작 등과 관련된 매입세액} \times (1 - \text{감가율} \times \text{경과된 과세기간 수}) \times (1 - \text{업종별부가가치율})$$

재고매입세액과 그 논리가 동일합니다. 다만 일반과세자였다가 간이과세자로 전환된 것이므로 그 취득가액에는 부가가치가 없으므로 재고매입세액과는 달리 10/100을 적용하는 것이고 감가율도 재고매입세액의 반인 건물 구축물 5%, 기타의 자산 25%를 적용한다는 것입니다.

이렇게 각각 계산한 금액을 과세전환재고품 등 신고서상에 작성하여 제출하면 됩니다.

사 례

제조업자인 개인사업자 A가 과세유형 2018.1.1.에 다음의 자산을 보유하고 있습니다. 업종별 부가율은 2017년까지는 30%, 2018년은 20%라고 가정 합니다.

제품 : 취득시기 2017.12.20. 취득가액 1,100,000원(부가세 포함)

매입건물 : 취득시기 2014.1.12. 취득가액 55,000,000원(부가세 포함)

간이과세자가 일반과세자로 전환된 경우의 재고매입세액

제품 : 매입세액공제를 하지 않으므로 취득가액 1,100,000 × 10/110 × (1 − 직전 부가율 0.3) = 70,000

건물 : 매입세액공제를 하지 않으므로 취득가액 55,000,000 × 10/110 × (1 − 취득시 부가율 0.3) × (1 − 감가율 0.1 × 간이과세자의 과세기간 경과수 4) = 2,100,000

일반과세자에서 간이과세자로 변경될 경우의 재고납부세액

제품 : 매입세액공제를 하지 않으므로 취득가액 1,000,000 × 10/100 × (1 - 변경일의 부가율 0.2) = 80,000

건물 : 매입세액공제를 하지 않으므로 취득가액 55,000,000 × 10/110 × (1 - 변경일의 부가율 0.2) × (1 - 감가율 0.05 × 일반과세자의 과세기간 경과수 8) = 2,400,000

(3) 간이과세자의 공제세액

일반과세자는 매출세액에 대비하여 매입세액공제를 받지만 간이과세자는 원칙적으로 매입세액공제를 하지 않습니다. 다만 신고서식상에 나와있듯이 아래의 금액을 세액공제 합니다.

공제세액	매입세금계산서 등 수취세액공제	(8)			뒤쪽 참조	
	의제매입세액공제	(9)				
	매입자발행 세금계산서 세액공제	(10)				
	전자신고세액공제	(11)				
	신용카드매출전표 등 발행세액공제	(12)				
	기타	(13)				
	합계	(14)			㉯	

1) 매입세금계산서 등 수취세액공제

간이과세자가 매입처별세금계산서합계표 또는 신용카드매출전표 등 수령금액 합계표를 제출하는 경우 다음의 금액을 납부세액에서 공제합니다.

① 일반적인 경우 : 매입세액 × 업종별부가율

② 부가가치율이 서류 다른 업종을 겸영하는 경우

업종의 실지 귀속에 따르되 업종별 실지귀속을 구분할 수 없는 경우에는 매입세액의 5%

③ 과세사업과 면세사업을 겸영하는 경우

$$\text{매입세액} \times \frac{\text{해당과세기간의 과세공급대가}}{\text{해당과세기간의 총공급대가}} \times \text{업종별부가가치율}$$

따라서 간이과세자의 경우에도 부가가치세 신고서 작성 전에 아래의 세금계산서 합계표 및 신용카드수령금액합계표를 마감하여야 합니다.

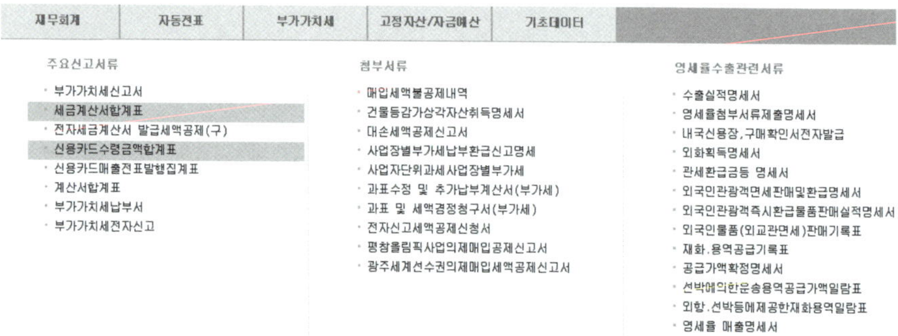

2) 의제매입세액공제

간이과세자도 일반과세자와 같이 부가가치세가 면제되는 농산물 등을 원재료로 하여 제조 혹은 가공한 과세재화나 용역을 제공하는 경우 의제매입세액공제를 합니다. 공제금액은 다음과 같습니다.

의제매입세액공제 = 면세농산물 등의 가액 × 공제율

공제율: 음식점업 중 과세유흥장소 경영자와 제조업경영자 4/104
그 밖의 사업자 8/108(과세표준 4억원 이하이면 9/109)
*제조업 경영자는 2019.1.1. 이후분은 6/106

이렇게 공제한 의제매입세액은 다음의 경우 추징합니다.

① 면세농산물을 그대로 양도

② 면세농산물 등을 면세받은 사업 등을 위하여 사용하거나 소비한 경우

간이과세자가 의제매입세액공제를 받기 위해서는 의제매입신고서와 매입처별계산서합계표, 신용카드매출전표 등 수령금액합계표를 제출하여야 합니다. 따라서 간이과세자도 신고서 작성 전에 두가지 서식이 마감되어 있어야 합니다.

다만 음식점업을 영위하는 간이과세자는 신용카드수령금액합계표 또는 계산서합계표가 없는 경우에도 농어민 등으로부터 직접 공급받은 금액은 공급대가 × 5% 한도 내에서 의제매입신고서만 제출하고 세액공제를 받을 수 있습니다. 일반과세자와 간이과세자의 의제매입세액공제 상의 차이는 다음과 같습니다.

구분	일반과세자	간이과세자
업종의 제한	없음	음식점과 제조업만 공제
공제액	① 제조업자 : 농어민으로부터의 구입분은 증빙이 없어도 의제매입세액공제 가능 ② 음식점업 등 위 이외의 업종 반드시 증빙이 있어야 함.	반드시 증빙이 있어야 함. 단 음식점업은 과세기간 공급대가의 5% 한도 내에서 의제매입세액공제 신고서만으로 공제 가능
한도	있음	없음

3) 신용카드 등 발급세액공제

간이과세자도 일반과세자와 같이 과세되는 재화나 용역을 공급하고 세금계산서 등의 발급시기에 신용카드매출전표 등을 발급하는 경우 세액공제를 합니다. 공제율도 일반과세자와 동일하나 음식점업을 영위하는 간이과세자는 2.6%의 세액을 공제합니다.

4) 기타의 세액공제

간이과세자도 일반과세자와 같이 전자신고에 대한 세액공제, 현금영수증 사업자에게 적용하는 세액공제를 동일하게 적용합니다.

5) 세액공제의 한도

일반과세자는 환급세액이 발생하지 않습니다. 따라서 위에서 언급한 세액공제는 납부세액을 한도로 하여 적용합니다.

구 분				금 액	부가가치율	세율	세 액
과세표준 및 매출세액	과세분	전기·가스·증기 및 수도사업	(1)		5/100	10/100	
		소매업, 재생용 재료수집 및 판매업, 음식점업	(2)		10/100	10/100	
		제조업, 농·임·어업, 숙박업, 운수 및 통신업	(3)		20/100	10/100	
		건설업, 부동산임대업, 그 밖의 서비스업	(4)		30/100	10/100	
	영세율적용분		(5)			0/100	
	재고납부세액		(6)				
	합계		(7)			㉮	

즉 위의 서식에서 재고납부세액을 포함한 (7)합계란을 한도로 하여 위에서 언급한 모든 세액공제를 적용합니다.

(4) 간이과세자의 가산세

간이과세자는 앞서 세금계산서 제도를 배울 때 언급했지만 매출세금계산서를 발행하지 못합니다. 따라서 매출세금계산서와 관련된 가산세는 존재할 수 없습니다. 또한 매입세금계산서 등을 통해서 세액공제를 받지 않는다면 매입세금계산서와 관련된 가산세도 없습니다.

따라서 간이과세자에게 부과되는 가산세는 다음과 같습니다.

<table>
<tr><td rowspan="11">가
산
세
액</td><td colspan="2">미등록 및 거짓등록 가산세</td><td>(17)</td><td></td><td></td><td></td><td></td></tr>
<tr><td rowspan="4">신고불성실</td><td>무신고(일반)</td><td>(18)</td><td></td><td></td><td></td><td></td></tr>
<tr><td>무신고(부당)</td><td>(19)</td><td></td><td></td><td></td><td></td></tr>
<tr><td>과소신고(일반)</td><td>(20)</td><td></td><td></td><td></td><td></td></tr>
<tr><td>과소신고(부당)</td><td>(21)</td><td></td><td></td><td></td><td></td></tr>
<tr><td colspan="2">납부불성실 가산세</td><td>(22)</td><td></td><td></td><td></td><td></td></tr>
<tr><td colspan="2">결정·경정기관 확인 매입세액 공제 가산세</td><td>(23)</td><td></td><td></td><td></td><td></td></tr>
<tr><td colspan="2">영세율 과세표준 신고 불성실 가산세</td><td>(24)</td><td></td><td></td><td></td><td></td></tr>
<tr><td rowspan="2">매입자 납부특례</td><td>거래계좌 미사용</td><td>(25)</td><td></td><td></td><td></td><td></td></tr>
<tr><td>거래계좌 지연입금</td><td>(26)</td><td></td><td></td><td></td><td></td></tr>
<tr><td colspan="2">합계</td><td>(27)</td><td></td><td></td><td>㉳</td><td></td></tr>
</table>

위와 같이 사업자 미등록가산세, 신고불성실가산세, 납부불성실가산세 등 세금계산서와 관련 없는 가산세만 존재합니다. 단 위에서 붉은색으로 표시된 바와 같이 매입세금계산서나 신용카드매출전표 등을 경정기관의 확인을 통해 세액을 공제받는 경우에만 세금계산서 등과 관련하여 가산세가 적용됩니다. 공제율 및 기타 사항은 일반과세자에서 설명드린 바를 참조하시면 됩니다.

(5) 간이과세자의 신고와 납부

1) 예정부과와 납부

간이과세자는 직전 과세기간의 납부세액의 50%를 매년 7.25.에 고지납부하는 것이 원칙입니다. 다만 휴업 또는 사업부진 등으로 인하여 예정부과기간의 공급대가 또는 납부세액의 1/3에 미달하는 경우에는 예정신고를 할 수 있으며 동 예정신고가 있는 경우 예정부과는 없는 것으로 합니다. 다만 다음의 경우에는 예정부과액을 징수하지 않습니다.

① 징수해야 할 세액이 20만원 미만인 경우

② 간이과세자가 일반과세자로 변경되는 연도로서 그 과세기간이 1.1.~6.30. 경우

2) 확정신고와 납부

간이과세자는 과세기간의 과세표준과 납부세액을 과세기간 종료일부터 25일 폐업하는 경우에는 폐업일이 속하는 달의 익월 25일까지 신고납부하여야 합니다.

3) 납부의무의 면제

간이과세자가 해당 과세기간에 대한 공급대가가 3,000만원 미만인 경우 납부세액을 납부할 의무를 면제합니다. 다만 재고납부세액이 있을 경우 재고납부세액의 납부의무는 있습니다. 다음의 경우에는 공급대가를 다음에 해당하는 월을 12개월로 환산한 금액을 기준으로 합니다.

① 신규사업개시한 간이과세자
사업개시일~과세기간 종료일

② 휴업자 또는 폐업자 및 과세기간 중 과세유형을 전환된 간이과세자
과세기간 개시일부터 휴업일, 폐업일, 과세유형 전환일

따라서 8.1. 개업한 신규 간이과세자의 12.31.까지의 공급대가가 15,000,000원이거나(12개월 환산금액 36,000,000원) 5.31.에 폐업한 간이과세자의 1.1.~5.31.까지의 공급대가가 15,000,000원(12개월 환산금액 36,000,000원)이라면 납부의무가 면제되지 않습니다.

(6) 간이과세자의 신고와 실무

1) 분개의 이해

간이과세자는 연간 매출이 48,000,000원 이하인 사업자이므로 일반 사

업자와 같이 복식부기로 장부를 작성하는 경우는 별로 없습니다. 소득세법상 추계신고자 중 단순경비율 적용대상이거나 간편장부로 신고하기 때문입니다. 하지만 굳이 복식부기를 통해 장부를 작성하고자 한다면 매출과 매입을 계상할 때 부가가치세 대급금 및 예수금을 기재할 필요는 없습니다.

부가가치세를 포함한 공급대가를 수익 혹은 비용으로 계상하면 됩니다. 부가가치세를 납부할 때도 상계처리 할 부가가치세 예수금이 없으므로 잡손실 혹은 세금과 공과로 분개하면 됩니다.

2) 신고서의 작성

① 신고서를 작성하기 전에 더존의 사업자 기초사항에 가서 사업자 유형 간이과세로 수정합니다.

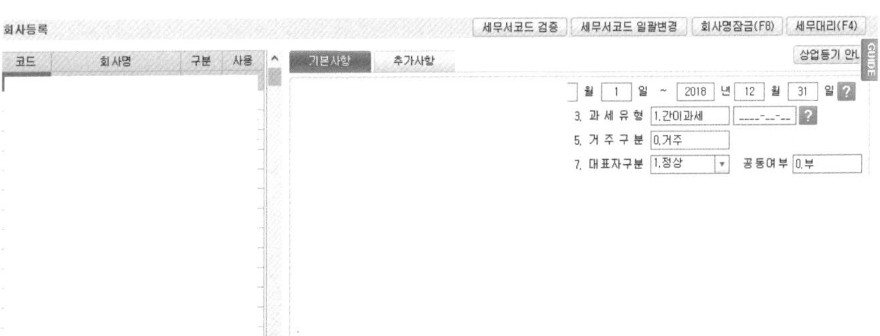

② 자동전표에서 매입자료를 수집합니다. 수집한 자료는 전표 전송하

고 수기 전표는 입력합니다.

③ 각종 세액공제를 받기 위하여 세금계산서합계표, 신용카드수령금액 합계표, 신용카드매출전표발행집계표, 계산서합계표를 마감합니다.

④ 의제매입세액공제 등이 있다면 일반과세자와 같이 작성합니다.

⑤ 부가가치세신고서를 작성합니다.

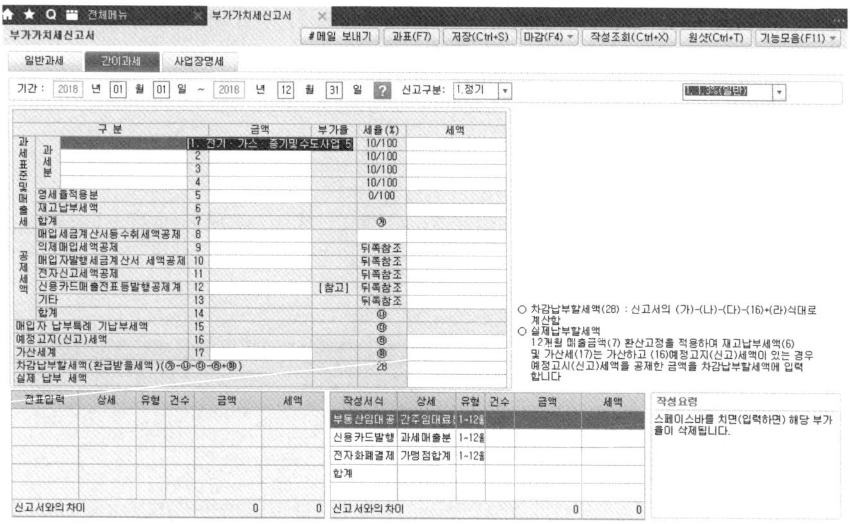

매출분은 과세표준란에 구분에 커서를 놓으시면 업종이 있으니 업종별 부가율에 맞는 칸을 찾아 입력하면 됩니다.

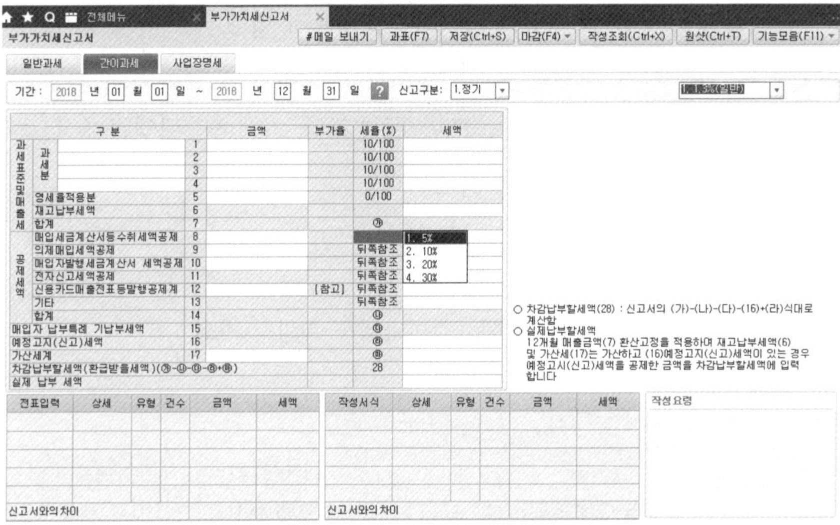
전체메뉴
부가가치세신고서
#메일 보내기
과표(F7)
저장(Ctrl+S)
마감(F4)
작성조회(Ctrl+X)
원샷(Ctrl+T)
기능모음(F11)
일반과세
간이과세
사업장명세
기간 : 2018 년 01 월 01 일 ~ 2018 년 12 월 31 일
신고구분: 1.정기
구 분
금액
부가율
세율(%)
세액
10/100
0/100
영세율적용분
재고납부세액
합계
매입세금계산서등수취세액공제
의제매입세액공제
매입자발행세금계산서 세액공제
전자신고세액공제
신용카드매출전표등발행공제계
기타
뒤쪽참조
[참고]
매입자 납부특례 기납부세액
예정고지(신고)세액
가산세계
차감납부할세액(환급받을세액)(㉮-㉯-㉰-㉱+㉲)
실제 납부 세액
1. 5%
2. 10%
3. 20%
4. 30%
○ 차감납부할세액(28) : 신고서의 (가)-(나)-(다)-(16)+(라)식대로 계산함
○ 실제납부할세액
12개월 매출금액(7) 환산고정을 적용하여 재고납부세액(6) 및 가산세(17)는 가산하고 (16)예정고지(신고)세액이 있는 경우 예정고시(신고)세액을 공제한 금액을 차감납부할세액에 입력합니다
전표입력
상세
유형
건수
금액
세액
작성서식
작성요령
신고서와의 차이

매입세금계산서 수취 등 세액공제는 합계표가 마감되었다면 금액란은 표시가 되므로 위의 그림과 같이 업종별 부가율만 선택하면 됩니다.

나머지 공제세액은 앞서 말씀드린 합계표와 의제매입세액공제신고서가 작성되면 자동으로 표시될 것입니다.

사 례

정육점업과 음식점업을 겸영하는 간이과세자 A씨의 자료

(1) 과세기간 2018.1.1.~2018.12.31.

(2) 과세기간의 공급대가

구 분	정육점업	음식점업
영수증발행분	3,000,000	8,000,000
신용카드매출전표발행분	7,000,000	22,000,000
합 계	10,000,000	30,000,000

(3) 과세기간의 매입액(공급대가)

구 분	정육점업	음식점업
세금계산서 수취		2,200,000
일반과세자가 발행한 신용카드매출전표수취		3,300,000
계산서 수취	4,000,000	10,000,000
합 계	4,000,000	15,500,000

(4) 고정자산 취득 : 세금계산서 수취분

2018.7.7.에 새 트럭을 22,000,000원에 구입하여 정육점업과 음식점업에 공통으로 사용

(5) 직전 과세기간 정육점업과 음식점업 공급대가 비율은 30:70

(6) 당기 예정부과기간 고지납부세액 300,000원

① 매출 및 매입자료를 정리합니다.

위의 내역을 간략하게 정리하면 다음과 같이 정리되어 있을 것입니다.

위의 증빙에서 주의할 점은 기초코드에서 사업자 유형을 간이과세자로 설정하면 매출의 경우 부가가치세 금액이 입력되지 않고, 매입의 경우 세금계산서 수취분이라도 부가가치세를 포함한 공급대가가 자산 혹은 비용계정에 입력된다는 점입니다.

트럭의 경우 공통사용재화이므로 불공으로 입력하고 사유를 공통매입세액안분 계산분이라고 적습니다.

② 각종 부속서류를 마감합니다.

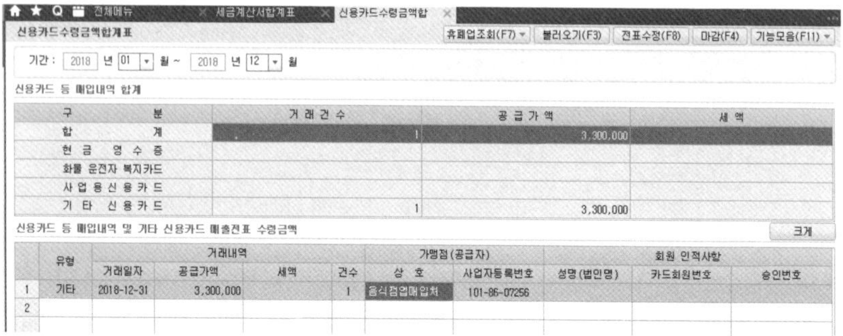

③ 의제매입신고서를 마감합니다.

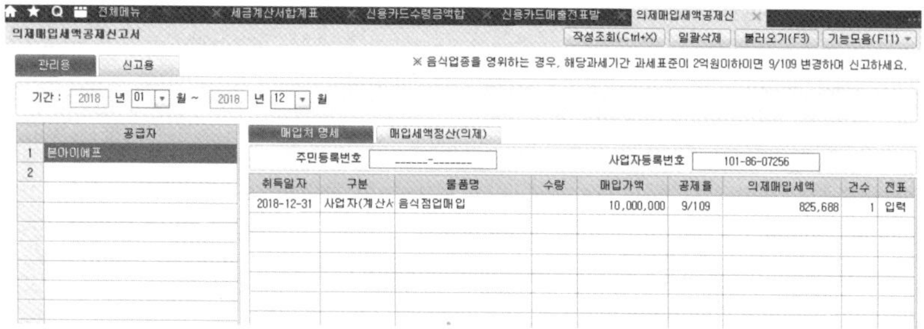

④ 불공제매입세액을 마감합니다.

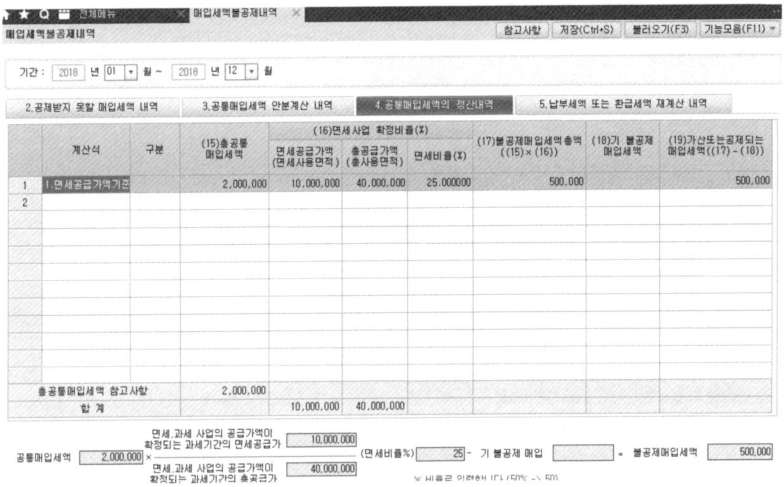

⑤ 고정자산 취득이 있었으므로 건물 등 감가상각자산취득명세서를 불러옵니다.

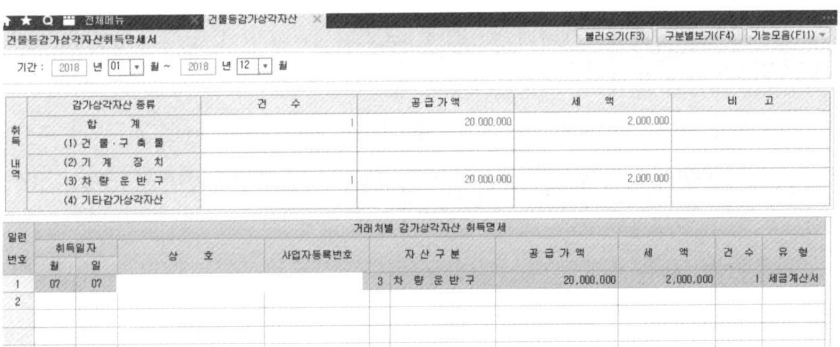

⑥ 부가가치세신고서를 작성합니다.

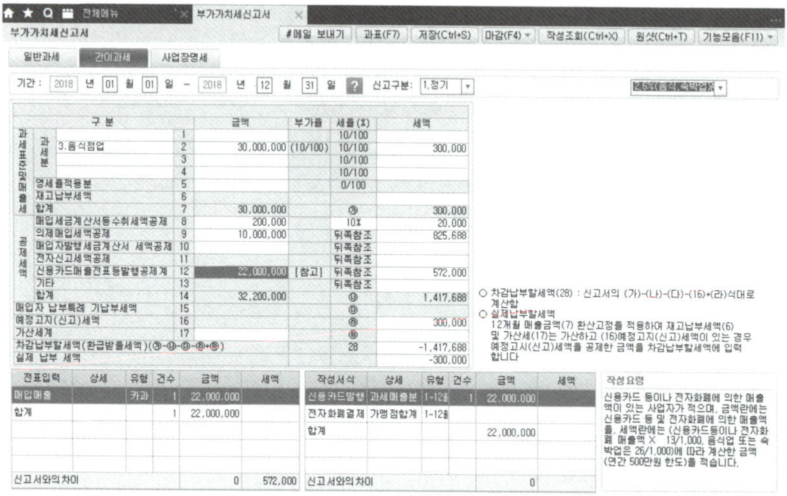

신고서 상의 금액이 맞는지 점검해 볼까요?

매출세액

과세공급대가 30,000,000원 × 부가율 10% × 10% = 300,0000원

매입세금계산서 등 수취 세액공제

매입세액 500,000원 × 부가율 10%

\+ 공통매입세액 2,000,000원 × 당 과세기간 과세공급비율 75% × 10%

= 200,000원

의제매입세액공제

= 10,000,000원 × 9/109 = 825,688원

신용카드 등 발행세액공제

= 22,000,000원 × 2.6% = 572,000원

모든 숫자가 맞지요? 그러나 간이과세자는 환급이 되지 않으므로 환급세액은 예정고지납부한 300,000원만 환급이 됩니다.

[보론] 부가가치세 계산 구조의 이해를 위한 제언

지금까지 우리는 일반적인 부가가치세 신고와 관련된 공부를 마쳤습니다. 앞에서 부가가치세를 공부할 때 숙지해야 할 것이 많아서 지금 어디를 공부하고 있는지 고민이 되었던 때가 많았다고 했던 것을 기억하실 겁니다. 따라서 여러분께 드리고 싶은 말씀은 어느 정도 각 규정에 대해서 배웠다면 큰 구조를 보라고 말씀드리고 싶습니다.

일반사람들은 기억력에 한계가 있어서 위의 규정들을 다 외우지는 못합니다. 실무를 하시는 여러분도 마찬가지입니다. 이 책을 한번 다 읽으셨다면 책을 보면서 하나하나 신고서를 작성할 수는 있겠지만, 그리고 정형화 된 일이라면 숙달을 통해서 빨리 처리를 할 수도 있겠지만, 부가가치세에 대해 완전한 전문가가 되기는 어렵습니다. 시중에 팔리는 여러 부가가치세 실무책자는 2천page가 넘습니다. 부가가치세가 워낙 다양한 거래와 업종에 대해서 다루다 보니 업종마다 해야 할 일들이 많습니다. 그럴 때 부가가치세의 구조에 대한 이해는 여러분이 그 두터운 실무책자를 보면서도 좀 더 빠른 이해를 위한 힘이 되어 줄 것입니다.

책의 앞 부분에 있는 목차를 뒤돌아보면 총 4page에 달하는 제법 긴 목차입니다. 목차를 보시고, 혹시나 다른 책을 보신 경험이 있으신 분이라면 제 책의 목차 순서가 다른 책과는 조금 다르다는 것을 알 수 있으실 것입니다. 더존 등 범용 회계프로그램을 설명하는 책들은 쟁점 별로 입력 순서만 나열한 경우가 많아 각 주제의 연결성이 명확하지 않고, 세법개론과 같은 이론서들은 연관된 주제별로 이론 중점으로 설명하다 보니 서식 작성의 순서와는 조금 맞지 않는 면이 있습니다.

그런데 부가가치세법에서 사용하는 서식이야말로 부가가치세를 가장 잘 이해할 수 있는 도구입니다. 각 서식의 구조는 다음과 같습니다.

부가가치세 신고서 1page의 집계

← 부가가치세 신고서 2page의 세부집계

← 세금계산서 합계표, 신용카드 등 발행금액집계표, 신용카드 등 수령명세서, 의제매입세액공제 신고서 등 각종 부속서식의 설명

따라서 부가가치세 신고서의 1page는 부가가치세를 이해하는 가장 좋은 도구입니다. 이 책은 동 서식을 따라 작성한 것입니다. 따라서 공부를 할 때 각 장에서 설명한 것 중 다음의 것은 기억하고 그 이유를 생각해 보는 시간을 가지시길 바랍니다. 그리고 각 주제에서 도출된 숫자들이 어떤 부속서식에서 작성되어 신고서 2page에 기록되고 그 합계가 신고서 1page에 어떻게 표시되었는지 항상 관심을 가지고 업무를 처리하시면 어느 순간 부가가치세의 계산 구조가 머리에 들어올 것입니다.

목차의 각 주제별로 이 책을 처음 읽었을 때 꼭 기억하셔야 하는 주제는 다음과 같습니다.

Ⅰ. 부가가치세의 정의

부가가치란 덧붙여진 가치를 의미하고 부가가치세의 계산은 다음의 구조로 이루어진다.

$$\text{매출} \times \text{세율} = \text{매입} \times \text{세율}$$

Ⅱ. 사업자

- 우리의 주된 관심은 일반과세자인데 사업자의 정의에 따른 사람은 사업자등록 유무에 관계없이 부가가치세 신고의무가 있다.
- 실무상 사업자등록을 하려면 특별한 요건이 있으니 이 경우에는 세무서 민원실에 문의하여 해당 요건을 갖추어야 한다.

Ⅲ. 과세기간

- 일반사업자의 과세기간은 1.1.~6.30., 7.1.~12.31.이고 그 기간 중 예정신고기간이 각각 1.1.~3.31., 7.1.~9.30.까지 있다.
  간이과세자의 과세기간은 1년이다.
- 일반과세자 중 개인사업자는 예정신고기간에는 고지납부가 원칙이고 법인사업자는 신고납부가 원칙이다.

Ⅳ. 영세율과 면세

- 재화와 용역의 공급 중 영세율과 면세가 있는데 영세율의 경우 매입세액을 공제하지만 면세의 경우 세금계산서를 발행하는 것이 아니므로 매입세액을 공제하지 않는다.

Ⅴ. 과세거래 : 재화와 용역의 공급, 재화의 수입

- 과세되는 거래는 재화와 용역의 공급, 재화의 수입에 해당한다.
- 재화와 용역의 공급에는 실제로 공급이 이루어지지 않아도 공급으로 의제하는 것이 있는데, 용역의 경우에는 특수관계자에게 부동산임대용역을 공급하는 것만 공급으로 본다.
- 재화와 용역의 공급시기가 바로 세금계산서를 발급하는 때이다. 특히 장기할부판매 및 중간지급부 판매의 경우 계약서와 세금계산서 발급시기가 틀린 경우 문제의 소지가 있다.

Ⅵ. 세금계산서 등 거래 증빙

- 세금계산서와 기타 적격증빙은 동일한 것이 아니다. 신용카드 등은 거래가 있었음을 나타내는 영수증일 뿐이다. 따라서 간이과세자나 특정 업종처럼 세금계산서를 발급하지 못하는 경우 신용카드 등으로

결제했다고 해도 매입세액을 공제받지 못한다.

- 전자세금계산서는 공급일이 속하는 달의 익월 10일까지 발행해야 하고 그 다음 날까지 국세청에 전송하여야 한다.

Ⅶ. 과세표준의 계산

- 겸영사업자의 경우 또는 면세가 적용되는 경우 과세표준 계산에 유의해야 한다.

Ⅷ. 부가가치세 신고준비 및 과세표준까지의 더존 활용

- 더존과 같은 범용회계프로그램을 사용하려면 홈텍스의 아이디와 패스워드를 납세자에게서 받고, 개인사업자의 경우 사업용신용카드도 꼭 등록해야 한다.

Ⅸ. 매입세액공제

- 매입세금계산서를 받았다고 해서 다 매입세액공제가 되는 것은 아니며 세금계산서의 발급시기, 사업과의 관련성 등의 원인으로 불공제되는 매입세액이 있다.
- 의제매입세액공제, 재활용폐자원 매입세액공제와 같이 세금계산서 없이 공제되는 매입세액도 있다.
- 겸영사업자는 임대료와 같이 과세사업과 면세사업에 공통으로 사용되는 매입이 있다면 과세사업분을 계산해서 공제받아야 한다.

Ⅹ. 일반과세자의 부가가치세 신고시 기타사항

- 부가가치세의 경우 사업장별 신고납부가 원칙이지만 주사업장총괄납부처럼 납부와 환급을 한 사업장에서 하는 경우와 사업자단위 과

세처럼 모든 부가세법상 의무를 하나의 사업자번호로 하는 경우가 있다.

XI. 간이과세자의 부가가치세 신고

- 공급대가를 기준으로 1역년에 4,800만원 이하인 자는 간이과세자일 수 있다. 신고를 하기 전에 반드시 사업자등록증을 확인해서 사업자 유형을 구분해야 한다.
- 간이과세자는 일반과세자처럼 매출 × 세율 − 매입 × 세율로 세액을 계산하는 것이 아니고 매출 × 세율 − 각종 공제세액의 구조로 신고납부하고 환급은 없다.

위의 사항을 머리속에 숙지를 하고 있다면 이 책을 두 번째 읽으실 때에는 좀더 이해가 쉬우시리라 생각합니다.

| 저 | 자 | 소 | 개 |

곽장미

- 제24대 한국세무사고시회 회장
- 나이스세무법인 본점 대표세무사
- 중앙대학교 경영학박사
- 고려대학교 법학박사(수료)
- 서울시 감사위원회 감사위원
- 서울지방국세청 국세심사위원(전)

조덕희

- 제24대 한국세무사고시회 국제이사
- 서울지방세무사회 연수위원
- 세무법인 위드플러스 이사
- 숭실대학교 경영대학원
- 건국대학교 경영학과
- 용산세무서 영세납세자지원단